## 모르면 호구 되는
# 금융상식

# 모르면 호구 되는 금융상식

당당하게 돈의 주인으로 거듭나기 위한
최소한의 금융상식 떠먹여드림

김호균, 도현수 지음

한스미디어

**프롤로그**

## 돈의 주인으로 거듭나기 위한
## 가장 쉬운 첫걸음

혹시 "모르면 호구 된다"라는 말을 들어보셨나요? 금융의 세계에서는 이 말이 정말 딱 들어맞습니다. 돈과 투자의 원리를 모르면 호구(속기 쉬운 사람)가 되어 소중한 자산을 잃기 쉽다는 뜻이죠. 저 역시 현직 증권사 PB Private Banker로 일하면서 많은 고객들을 만나 이 사실을 절감했습니다. 잘못된 투자 정보로 한순간에 큰 손실을 보는 분들, 남들이 다 산다는 소문만 믿고 주식 한 종목에 올인했다가 낭패를 겪는 분들을 숱하게 보았습니다. 그때마다 금융 지식의 필요성을 간절히 느끼며 안타까운 마음을 감출 수 없었습니다.

금융 문맹, 남의 이야기만은 아닐지도 모릅니다. 우리는 학교에서 다양한 과목을 배우지만, 정작 평생을 좌우할 돈 관리와 투자법은 배우지 못한 채 사회에 나옵니다. 그러니 처음 경제활동을 시작한 사람이라면 누구나 금융 문맹 상태일 수밖에 없습니다. 문제는 이렇게 돈에 대한 지식 없이 지내다 보면 원치 않게 호구가 될 상황을 자주 맞닥뜨리게 된다는 것입니다. 실제로 한 조사에 따르면 우리나라 성인의 절반 이상이 금융상식이 부족해 잘못된 의사결정으로 손해를 본 경험이 있다고 합니다. 안타깝게도 모르면 당할 수밖에 없는 게 바로 돈의 세계입니다.

이 책은 금융이 막연하고 어렵게 느껴져 시작을 망설였던 초보 투자자분들, 한두 번 투자에 실패한 기억이 있어 다시 도전하기 두려운 분들, 그리고 이미 재테크를 하고 있지만 투자와 투기의 경계에서 혼란을 느끼는 분들 모두를 위한 책입니다. 이 책에서는 큰 그림 속에서 돈을 굴리는 법을 알려드리고자 합니다. 계란을 한 바구니에 담지 않고 여러 자산에 나누어 담는 지혜를 여러분과 나눌 예정입니다. 평소 경제 기사를 어렵게 느꼈던 분들도 걱정하지 마세요. 전문가만 아는 정보가 아닌 생활 밀착형 금융상식을 최대한 쉬운 언어로 차근차근 소개할 테니까요. 책을 덮을 때쯤엔 그동안 막연했던 금융 개념들이 하나둘 머릿속에 채워지고, 마침내 돈의 흐름이 보이기 시작할 것입니다. 이를 통해 금융 문맹 상태에서 헤매는 분들이 현명하게 금융 지식을 익혀 돈 앞에서 속수무책으로 휘둘리는 게 아니라 당당한 주인이 되길 바랍니다.

이 책에서 얻을 수 있는 혜택과 배움은 다양합니다.

첫째, 돈에 대한 올바른 마인드셋을 갖게 될 것입니다. 돈은 우리의 삶을 풍요롭게도 빈곤하게도 만드는 도구입니다. 이 도구를 제대로 활용하려면 먼저 돈에 대한 건강한 가치관이 필요합니다.

둘째, 투자와 투기의 차이를 분명히 알게 됩니다. 투기는 요행을 바라는 행위지만 투자는 미래를 위한 준비입니다. 이 책을 통해 여러분은 눈앞의 유혹에 휘둘리지 않고 장기적인 안목으로 자산을 불리는 법을 배우게 될 것입니다.

셋째, 자산 배분 전략을 익혀 실천할 수 있게 됩니다. 주식, 채권, 부동산, 예·적금, 현금성 자산 등 여러 가지 투자 자산들을 어떻게 조합하면 좋을지 구체적인 가이드라인을 제시합니다. 이를 통해 한 가지 자산에 치중하는 위험을 피하고, 시장의 등락에도 끄떡없는 튼튼한 포트폴리오를 구축할 수 있을 것입니다.

넷째, 궁극적으로 평생 지속할 수 있는 재테크 습관을 갖추게 됩니다. 단기간에 부자가 되는 비법은 세상에 없습니다. 대신 작은 금액부터 꾸준히 투자하고 복리의 마법을 활용하는 장기 투자 습관이야말로 평생의 경제적 자유를 향한 길이라는 사실을 강조하고 싶습니다.

이 책은 기초부터 응용까지 단계적으로 금융상식을 다질 수 있도록 구성했습니다. 처음에는 돈에 대한 기본 상식과 마음가짐을, 중반부에는 본격적으로 자산 배분 전략을, 후반부에는 글로벌 경제 흐름을 파악하는 몇 가지 팁을 전하며 독자 여러분이 경제적 자유로 나아갈 수 있도록 돕고 있습니다. 독자 여러분이 책을 다 읽고 난 후 스스로 자신의 재정 상태를 점검하고 미래를 계획할 수 있도록 실천적인 조언과 체크리스트도 담았습니다.

이 책을 집어든 여러분께 진심 어린 응원의 말씀을 전하고 싶습니다. 변화는 결코 한순간에 이루어지지 않지만, 지금 이 순간 금융 문맹을 탈출하겠다고 결심한 것이 그 변화의 첫걸음입니다. 저도 여러분과 같은 길을 걷는 한 사람으로서 평생 투자라는 여정에 함께할 것을 약속드립니다. 때로는 시장 상황에 실망할 수도 있고, 계획대로 되지 않아 불안한 밤을 보낼 수도 있습니다. 그럴 때일수록 이 책에서 쌓았던 금융상식을 떠올리며 처음의 마음가짐을 잃지 마세요. 여러분은 할 수 있습니다. 그동안 막막하게만 느껴지던 금융의 세계가 이젠 친구처럼 친숙하게 다가올 것입니다. 부디 돈에 끌려다니지 않고 돈을 움직이는 삶으로 나아가는 데 이 책이 도움이 되기를 희망합니다.

# 차례

프롤로그  돈의 주인으로 거듭나기 위한 가장 쉬운 첫걸음 ... 4

## 1장
## 나는 왜 돈을 모을 수 없을까?

| 01 | 왜 나는 돈을 모으지 못할까? | 15 |
| 02 | 금융을 모르면 평생 돈에 끌려다닌다 | 20 |
| 03 | 은행, 증권사, 보험… 도대체 뭐가 다른 걸까? | 25 |
| 04 | 월급만으로는 부자가 될 수 없는 이유 | 31 |
| 05 | 돈이 흘러가는 길을 알아야 돈이 모인다 | 36 |
| 06 | 돈 관리의 시작, 초보자를 위한 예산 계획 가이드 | 41 |
| 07 | 돈을 더 빨리 모으는 사람들의 7가지 월급 관리 습관 | 47 |

**더 재밌는 금융 이야기**  금융 문맹이 부른 현실 속 황당한 경제 실수들 ... 54

## 2장
## 돈의 속성 샅샅이 파헤치기

| 01 | 돈의 역사, 돈이 처음 생긴 날부터 지금까지 | 59 |
| 02 | 우리가 쓰는 돈은 어떻게 만들어지는 걸까? | 67 |
| 03 | 돈의 가치가 매일 변하는 이유 | 75 |
| 04 | 돈의 또 다른 형태: 금리, 환율, 주가지수 | 83 |
| 05 | 돈을 움직이는 기관, 중앙은행과 상업은행의 차이 | 89 |
| 06 | 디지털 화폐와 암호화폐, 돈의 미래는? | 95 |
| 07 | 돈의 흐름을 바꿔놓은 사건들 | 102 |

**더 재밌는 금융 이야기**  세계를 경악시킨 짐바브웨, 베네수엘라의 하이퍼인플레이션 ... 109

## 3장
## 부자가 되고 싶다면 저축부터

| 01 | 저축 vs 소비 습관, 돈을 모으려면 '이것'부터 | 115 |
| 02 | 은행에 돈 넣으면 끝? 예·적금, 제대로 알고 넣자 | 119 |
| 03 | 시간과 이자의 관계, 복리의 마법 | 123 |
| 04 | 자동저축시스템, 재테크의 첫걸음 | 127 |
| 05 | '선저축, 후소비' 습관 만들기 | 131 |
| 06 | 소비 다이어트, 불필요한 지출을 잡아라 | 135 |
| 07 | 돈이 줄줄 새는 구멍 막기 | 139 |
| 08 | 1년에 1,000만 원, 목표를 정하고 모으자 | 143 |
| 더 재밌는 금융 이야기 | 100만 원으로 10억 원 만든 투자법은 가능할까? | 147 |

## 4장
## 신용 관리 초급 가이드, 신용이 없으면 돈도 없다

| 01 | 신용점수는 나의 금융 이력서 | 151 |
| 02 | 신용카드, 혜택보다 중요한 신용 관리법 | 155 |
| 03 | 좋은 신용을 만들면 이런 혜택이 따라온다! | 158 |
| 04 | 신용점수 1점이 내 삶을 어떻게 바꿀까? | 162 |
| 05 | 나도 모르게 신용점수 갉아먹는 흔한 실수 5가지 | 166 |
| 06 | 대출받을 때, 신용점수가 높으면 뭐가 달라질까? | 170 |
| 07 | 신용카드 포인트, 마일리지, 대출 금리 활용법 | 174 |
| 더 재밌는 금융 이야기 | 신용불량자가 되고 나서야 깨달은 것들 | 179 |

# 5장
## 대출 기초 완전 정복!
## 대출은 똑똑하게 써야 돈이 된다

| | | |
|---|---|---|
| 01 | 대출이 나쁘다고? 잘 쓰면 부자 되는 지름길 | 183 |
| 02 | 전세자금대출, 신용대출, 주택담보대출… 뭐가 다를까? | 186 |
| 03 | 나는 얼마나 대출을 받을 수 있을까? | 190 |
| 04 | 절대 손해 보지 않는 최소 이자 대출 가이드 | 194 |
| 05 | 갭투자, 전세대출… 부동산 대출 체크리스트 | 197 |
| 06 | 부동산 불황에도 흔들리지 않는 대출 전략 | 200 |
| 07 | 이자 폭탄 피하는 대출 상환 방법 | 204 |
| 더 재밌는 금융 이야기 | 빚으로 돈 버는 사람들의 5가지 비밀 | 208 |

# 6장
## 부자가 되기 위해
## 반드시 알아야 할 필수 투자 개념

| | | |
|---|---|---|
| 01 | 돈 잃을까 봐 무서운 투자, 그래서 투자가 뭔데? | 213 |
| 02 | ETF? 펀드? 초보자가 쉽게 따라 할 수 있는 투자법  ETF, 펀드 편 | 218 |
| 03 | 금, 달러, 암호화폐… 대체 투자가 뭐야?  대체 자산 편 | 223 |
| 04 | 투자 수익률보다 중요한 리스크 관리법  리스크 관리 편 | 229 |
| 05 | 배당주 투자, 안정적인 현금흐름 만들기  배당주 투자 편 | 234 |
| 06 | 인덱스 펀드 vs 개별 주식, 어디에 투자해야 할까?  ETF, 개별 주식 편 | 240 |
| 07 | 채권 투자, 안전한 투자 수단 이해하기  채권 투자 편 | 245 |
| 08 | 장기 투자 vs 단기 투자, 어떤 전략이 더 유리할까?  혼합 투자 전략 편 | 250 |
| 더 재밌는 금융 이야기 | "나스닥은 미국 대표 지수니까 언젠간 오르겠지"라는 착각 | 255 |

## 7장
## 당신의 돈을 더 크게 만들기

| 01 | 현명한 자산 증식 전략, 예·적금만으로는 부족하다 | 259 |
| 02 | 연금은 선택 아닌 필수 | 263 |
| 03 | 부동산, 언제 사고 언제 팔아야 할까? | 267 |
| 04 | 주식과 채권으로 자산의 버팀목을 세우자 | 272 |
| 05 | 글로벌 투자, 쉽고 간편하게 시작하기 | 277 |
| 06 | 절세 투자 전략, 세금은 줄이고 돈은 불리는 법 | 282 |

**더 재밌는 금융 이야기** 급등주 따라잡다 지갑이 텅텅, 주식은 마라톤! 287

## 8장
## 국제 경제 흐름을 이해해야 돈이 보인다

| 01 | 미국 경제가 흔들리면 내 월급도 영향을 받는 이유 | 291 |
| 02 | 환율이 오르면 뭐가 달라질까? 물가와 환율의 관계 | 295 |
| 03 | 해외 투자를 하면 어떤 점이 좋을까? | 299 |
| 04 | 글로벌 경제 위기 속 무너지지 않는 생활 밀착형 생존 전략 | 304 |
| 05 | 뉴스에서만 보던 환율, 투자 도구로 활용하기 | 309 |
| 06 | 미중 패권 경쟁에서 우리는 어떻게 대응해야 할까? | 314 |
| 07 | 글로벌 경제 뉴스, 이젠 똑똑하게 써먹자 | 318 |

**더 재밌는 금융 이야기** 중요한 건 흐름, 뉴스만 믿고 투자했다가 본 쓴맛 322

## Special Part 01
## 금융 상품 실전 투자 마스터하기

| 01 | 투자의 첫 단추는 자기 포지션 파악하기 | 326 |
| 02 | 20대, 지금부터 시간을 사라 | 330 |
| 03 | 30대, 커리어와 자산을 함께 키워야 할 시기 | 334 |
| 04 | 40대, 내 자산이 일하게 만들어야 할 시점 | 337 |
| 05 | 50대, 자산 보호와 현금흐름 확보가 핵심 | 341 |
| 06 | 실제 금융인들은 어떻게 투자하고 있을까? | 345 |
| 07 | 투자에서 절대 하지 말아야 할 5가지 실수 | 350 |
| 08 | 나만의 투자 로드맵 그리기 | 354 |
| 09 | 현직 PB가 추천하는 실전 금융 상품 12선 | 357 |

## Special Part 02
## 투자 초보자를 위한 실전 금융 용어 사전    364

# 나는 왜
# 돈을 모을 수 없을까?

# 01

## 왜 나는 돈을 모으지 못할까?

`#나의 금융 습관은?` `#돈의 흐름` `#저축하지 못하는 이유` `#돈이 새는 구멍`

월급은 정기적으로 통장에 들어오지만, 왜 통장 잔고는 늘 제자리일까요? 결론부터 말하자면 돈을 모으는 사람과 모으지 못하는 사람 사이에는 '습관'과 '마인드셋'의 차이가 있기 때문입니다. 돈이 모이지 않는 사람들은 대개 월급이 들어오면 목표 없이 바로 써버립니다. 반면 돈이 잘 모이는 사람들은 월급을 받으면 저축부터 합니다. 그 후 남은 돈으로 소비하면서 적더라도 분명한 목표를 가지고 지출을 통제하지요.

즉 같은 소득이라도 돈에 대한 태도와 생활 습관이 다르기 때문에 결과가 크게 달라지는 것입니다. 이는 돈에 대한 기본적인 인식과도 밀접한 관련이 있습니다. 돈에 대한 인식이 부족한 직장인의 경우, 월급날 별 감흥이 없습니다. 어차피 신용카드 대금과 각종 할부금으로 곧 '텅장'이 되기 때문입니다. 반면 돈에 대한 인식이 충분한 직장인의 경우, 체크카드를 사용하고 현금흐름을 명확히 통제하기 때문에 월급날을 기대하게 됩니다.

예를 들어 35세 직장인 A 씨와 B 씨는 연봉과 생활 여건이 비슷하지만 금융 습관은 정반대라고 해봅시다. A 씨는 월급날만 되면 '한 번 사는 인생, 나도 오늘을 즐기자'라며 보상 심리 때문에 충동적인 소비를 합니다. 커피, 배달 음식 등으로 소소하게 지출하는 돈이 한 달에 수십만 원에 달하지만 본인은 의식하지 못하지요. "이 정도 금액쯤이야" 하면서 작은 지출을 대수롭지 않게 여겨 돈을 거의 다 써버립니다.

한편 B 씨는 월급의 일정 부분을 먼저 저축한 뒤 생활비 예산 안에서 지출합니다. 필요한 지출과 원하는 지출을 구분하고 불필요한 소비는 줄이려고 노력하지요. 또한, 분명한 목표가 있어 돈을 차곡차곡 모읍니다. '3년 후 종잣돈 3,000만 원 마련', '1년 후 차량 구입 자금 5,000만 원 마련'과 같은 구체적인 금전 목표를 세워두었기 때문에 순간적인 소비 유혹을 이겨내기가 한결 수월합니다. 이렇게 B 씨처럼 뚜렷한 목표가 있는 사람은 자연히 돈을 모으게 됩니다.

또 다른 차이는 돈의 흐름을 인지하고 있느냐입니다. A 씨는 한 달 동안 본인이 돈을 어디에 얼마나 썼는지 잘 모릅니다. 월말이 되면 "이번 달도 돈이 다 어디 갔지?" 하며 어리둥절해하죠. 반면 B 씨는 지출 내역을 손으로 기록하거나 앱으로 관리하여 자신의 돈이 어디로 흘러가는지 늘 파악하고 있습니다. 그러다 보니 불필요한 지출을 발견하면 바로 잡아나갈 수 있습니다. 예컨대 B 씨는 직접 기록한 가계부를 보고 한 달에 커피값이 15만 원이나 된다는 사실을 깨달은 뒤 커피를 자주 사 먹는 습관을 고칩니다. 이렇게 돈이 새는 작은 구멍을 인식하고 재정비하는 습관이 B 씨가 돈을 모을 수 있는 힘입니다.

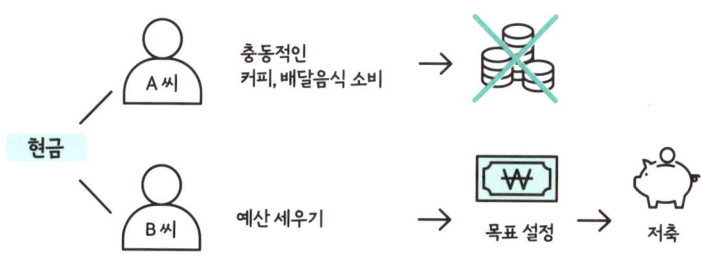

큰돈을 쓰지도 않는데 이상하게 월급이 남지 않는다고 느끼는 이유는 잦은 소액 지출, 예를 들면 간식이나 앱 정기 결제 같은 것들이 누적되어 월급을 잠식하기 때문입니다. 돈을 모으는 사람은 티끌도 모으면 태산이 된다는 걸 알기 때문에 작은 지출에도 신경 쓰지만, 돈을 모으지 못하는 사람은 만 원 아껴서 뭐 하냐며 허투루 쓴다는 차이가 있죠. 큰돈을 벌기 위해서는 작은 돈도 아끼는 습관을 늘 지녀야 합니다.

흥미롭게도 20대에 돈을 다루는 자세가 30대 이후 자산 차이를 만든다는 분석도 있습니다. 이 조사에 따르면 20대에는 서로 자산이 비슷했던 친구들도 30대에 접어들면 저축 습관에 따라 격차가 크게 벌어지기 시작한다고 합니다. 20대에 좋은 소비 습관을 형성하지 못한 사람은 30대에도 자산을 크게 늘리지 못하지만, 20대에 좋은 소비 습관을 형성한 사람은 30대엔 이미 남들과 더 큰 격차를 벌리고 있는 것이죠.

사실 이건 습관의 문제입니다. 습관은 바꾸기 쉽지 않기 때문에 처음에 잘 들여야 돈에 대해 바람직한 태도를 가지고 살아갈 수 있습니다. 이러한 습관의 차이는 20대에는 두드러지게 나타나진 않을지 몰라도 30대부터는 완전히 다른 결과를 불러옵니다. 실제로 주변을 보면 어떤 동료는 결혼 자금도 모으고 내 집 마련의 기반도 닦으며 안정적으로 살아가는데, 어떤 동료는 똑같이 벌고도 모아놓은 돈이 전혀 없는 경우가 있습니다. 이러한 차이는 소득의 규모보다는 돈을 다루는 태도와 습관의 누적 효과에서 비롯되는 것입니다.

마지막으로, 현대 사회의 욜로YOLO, You Only Live Once 문화도 소비 습관을 부추기는 데 한몫하고 있습니다. 젊은 층 사이에서는 '지금 행복이 중요하지, 저축은 나중에 할 일'이라는 인식이 퍼지며 소비를 우선하는 경향이 있죠. 실제 설문에서도 한국 20, 30대는 다른 나라 또래보다 현재의 소비 만족을 중시하고 저축을 등한시하는 편이라고 합니다. 직장인들이 보상 심리 때문에 값비싼 외식이나 쇼핑으로 스트레스를 푸는 경우가 그렇습니다. 그러다 보면 저축할 돈은 남지 않지요. 젊을 때 누리자는 마음으로 소비를 중시하는 라이프스타일은 순간의 행복을 줄지는 몰라도 장기적으로는 자산 형성을 가로막는 큰 요인이 됩니다. 결국 돈을 모으는 사람과 모으지 못하는 사람의 결정적인 차이는 미래를 위해 현재 소비를 절제하느냐, 아니면 미래보다 현재 만족을 우선하느냐의 차이로 요약할 수 있습니다.

이제 자신의 모습을 돌아볼 차례입니다. 혹시 여러분은 A 씨에 더 가깝나요, B 씨에 더 가깝나요? 돈 관리 습관은 노력하면 개선할 수 있습니다. 지금부터 작은 습관이라도 바꿔본다면 돈이 그저 스쳐 지나가는 통장이 아니라 돈이 쌓이는 통장으로 바꿀 수 있습니다. 돈을 모으기 위해서는 본인의 현금흐름을 명확히 파악해야 하고, 그러기 위해선 본인의 수입과 지출에 대해 명확히 따져보는 것부터 출발해야 합니다.

### 생각해볼 질문

요즘 소비 습관을 돌아봤을 때, 여러분은 돈이 모이는 편인가요, 새는 편인가요? 그 이유는 무엇이라고 생각하나요?

### 실천 미션

지난 한 달간의 소비 내역을 꼼꼼히 확인해 보세요. 카드 명세서나 가계부 앱을 통해 돈이 어디로 흘러갔는지 항목별로 적어보고, 불필요한 지출이 있었다면 표시해 봅시다.

## 02

# 금융을 모르면
# 평생 돈에 끌려다닌다

#내가 금융 문맹? #기초적인 금융 공부 #현명한 선택을 위해 #돈을 부리는 삶

　돈 좀 모아야겠다고 다짐해도 번번이 실패하는 이유는 금융상식이 부족하기 때문입니다. 돈을 버는 것도 물론 중요하지만 열심히 번 돈을 지키고 불리는 방법을 모르면 평생 돈에 끌려다니기 쉽습니다. 길을 모르는 말이 이끄는 마차에 탄 것처럼 도리어 끌려가는 꼴이 되고 맙니다. 하지만 금융 지식을 갖추면 직접 돈의 고삐를 쥐고 운전할 수 있지요. 기본적인 금융상식을 익히는 것이 경제적 자립의 첫걸음인 이유입니다.

　실제로 우리나라 성인의 금융 이해력은 매우 낮은 편입니다. 2018년 S&P Global financial Survey에서 실시한 조사에 따르면 한국 성인의 금융 비문맹률은 33%에 불과해 조사 대상 142개국 중

81위에 그쳤습니다. 이를 뒤집어 말하면 국민의 67%가 금융 문맹이라는 뜻인데요. 쉽게 말해 10명 중 6~7명은 이자나 대출, 투자와 같은 기본적인 금융 개념을 잘 모른다는 의미입니다.

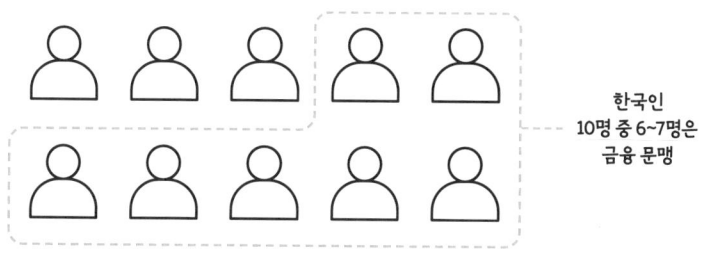

한국인 10명 중 6~7명은 금융 문맹

학교에서도 금융 교육을 제대로 받지 못하고 사회에 나오니 많은 사람들이 돈을 버는 법은 알아도 다루는 법은 배우지 못한 채 생활하고 있죠. 그 결과는 종종 참담하게 나타납니다.

한 사례로, 대학생 C 씨는 대출 원리금 상환 체계를 제대로 이해하지 못한 채 학자금 대출을 받았습니다. 취업한 뒤 매달 월급에서 생각지도 못한 이자가 빠져나가는 걸 보고 한숨만 늘었다고 합니다. C 씨는 결혼이나 내 집 마련은커녕 빚의 굴레에 빠져 허덕이고 있다고 토로했죠.

금융 지식이 부족하면 젊은 나이에 쉽게 빚더미에 오를 수 있습니다. 사회 초년생들 중에서 신용카드를 무작정 만들었다가 신용등급이 하락하는 줄도 모르고 연체를 하거나, 대출을 쉽게 받아 썼다가 감당하지 못해 신용불량자가 되는 경우가 허다합니다. 실제 통계에 따르면 불법 사채 피해자의 57%가 20, 30대 청년층이라고 합니다. 처음 잘못 낀 단추는 시간이 지난 뒤 다시 끼우려면 아주 큰 노력이 필요합니다.

금융을 모르면 눈앞의 달콤한 돈을 쓴 대가로 더 큰 이자와 불이익을 치러야 합니다. 과거 우리 사회도 이러한 금융 문맹의 대가를 치른 적이 있습니다. 2000년대 초반 신용카드 대란이 대표적입니다. 당시 카드 빚에 대한 경각심 없이 소비하는 젊은 층이 늘어나 전국적으로 신용불량자가 속출했지요. 또, 저축은행 후순위채 사태나 펀드 사기 사건(라임, 옵티머스 펀드 사태 등)도 있었습니다. 많은 사람이 금융 상품의 위험성을 모른 채 높은 이율만 보고 돈을 맡겼다가 큰 손실을 봤습니다. 이처럼 금융 지식의 중요성을 뼈저리게 일깨우는 사건들이 몇 차례 있었지만, 여전히 대다수의 사람들은 기초적인 금융 지식조차 없이 살아가고 있습니다.

전문가들은 금융을 모른 채 돈을 굴리다간 '영끌(영혼까지 끌어모은 대출)'이나 '빚투(빚내서 투자)'로 자산 거품의 꼭짓점에 매달릴 위험이 크다고 지적합니다. 리스크를 고려하지 않은 상태로 감정적으로 투자하는 경우 필패할 수밖에 없다고 생각합니다. 흔히 부동산은 장기 우상향의 자산이라고 알려져 있죠. 2020~2021년 부동산·주식 광풍이 일었을 때 많은 청년들이 최대한도로 대출을 받아 투자했지만 이후 시장 조정으로 고스란히 빚만 떠안게 되었습니다. 지금도 고점 대비 가격은 반 토막 이상 났는데 빚만 갚고 있는 20, 30대 신혼부부가 참 많습니다. 이는 금융 지식 없이 남들 따라 무작정 투자한 결과라고 할 수 있습니다.

금융 지식이 있으면 같은 상황에서 더 현명한 선택을 할 수 있습니다. 예를 들어 신용카드를 만들 때도 신용등급과 상환 규칙을 알고 있다면 한도를 함부로 늘리거나 연체를 방치하지 않을 겁니다. 대출을 받더라도 금리와 상환 기간, 조기 상환 수수료 등을 따져보고 자신의 상환 능력 내에서 적절히 빌릴테고요.

또, 높은 수익을 강조하며 원금을 보장한다는 식의 사기성 투자 제안에 속지 않을 눈을 가질 수 있겠지요. 한마디로 금융 지식은 내 돈을 지키는 방패와 같은 역할을 해줍니다. 금융 문맹 상태에서는 남이 하라는 대로 하거나 당장의 이익만 보고 움직이기 쉽지만 금융 지식이 있으면 스스로 판단하고 결정할 수 있게 됩니다. 돈의 규칙을 아는 사람만이 돈의 주도권을 잡을 수 있기 때문입니다.

이제부터라도 금융 개념들을 하나씩 알아가 보세요. 작은 개념부터 차근차근 배워두면 어느 순간 돈의 흐름을 통제하고 있다는 자신감이 생길 것입니다. 금융 문맹에서 탈출하는 순간, 비로소 돈을 부리는 삶이 시작됩니다.

대출, 보험, 투자 등의 금융 상품을 선택할 때 원리를 충분히 이해하고 결정하나요? 아니면 남들이 한다는 이유로 따라 한 적이 있나요?

### 🎯 실천 미션

신용카드 개설, 대출, 투자 등 지난 1년간의 금융 결정을 떠올려보세요. 그때 모른 채 넘어갔던 금융 용어를 찾아서 공부해 봅시다.

> **예시**
>
> "연 5% 이자"의 의미
>
> "복리"의 원리

# 03

# 은행, 증권사, 보험…
# 도대체 뭐가 다른 걸까?

#서로 다른 목적 #안전한 보관 #투자 #위험에 대비 #재무 설계의 세 축

시중에는 은행, 증권사, 보험사 등 여러 금융회사가 있는데, 이들의 역할은 각각 다릅니다. 금융 문맹 상태에서는 이 차이를 몰라서 막연히 은행 통장만 붙들고 있거나 잘 알지도 못하는 보험에 가입하곤 합니다. 그러나 은행·증권·보험의 기능을 이해하면 내 돈을 어디에 어떻게 맡겨야 할지 길이 보입니다. 쉽게 말해 은행은 돈을 보관하는 곳, 증권사는 돈을 굴리는 곳, 보험사는 불확실한 위험에 대비하는 곳이라고 정리할 수 있습니다. 이 세 군데를 적절히 활용하는 것이 현명한 금융 생활의 기본입니다.

먼저 은행(시중은행)은 가장 친숙한 금융기관이죠. 은행의 주요 역할은 예금을 받고 대출을 내주며 돈의 중개자 역할을 하는 것입니다. 우리는 월급 통장, 적금, 예금 등으로 은행에 돈을 맡겨두고 필요할 때 인출합니다. 은행에 돈을 맡기면 약간의 이자를 받을 수 있는데 이는 은행이 그 돈을 다른 사람에게 빌려주고 높은 이자를 받아오기 때문에 가능한 일입니다.

예를 들어 은행이 예금에는 연 1% 이자를 주고 대출에는 연 5% 이자를 받는다고 하면 그 차이인 4%가 은행의 이익이 됩니다. 이처럼 은행은 주로 대출 이자 수익과 각종 수수료(계좌 유지비, 송금 수수료 등)로 돈을 벌고 있죠.

은행에 돈을 맡기는 건 안전성이 높습니다. 정부의 예금자 보호 제도로 한 사람당 최대 5,000만 원까지 예금이 보호되고(25.09.01.부터 1억 원으로 상향), 언제든 현금화하기 수월하죠. 다만 수익성(이자)은 낮습니다. 요즘같이 금리가 낮은 시기에는 은행 적금 이자가 물가상승률만도 못한 경우도 많습니다. 1년 동안 3%대 적금에 매달 100만 원씩 납입해도 실제로 손에 쥐는 이자는 16만 원 남짓에 불과하다는 계산도 있습니다. 세금과 예치 기간 등을 고려하면 광고 이율에서 기대한 이익을 얻지 못할 수도 있다는 거지요. 따라서 은행은 돈을 안전하게 보관하거나 생활자금을 관리하는 용도로 쓰되 목돈을 크게 불리기 위한 수단으로는 한계가 있다는 걸 알아야 합니다.

다음으로 증권사(금융투자회사)입니다. 증권사는 주식, 채권, 펀드 등 투자 상품을 거래하고 자산을 운용하는 창구 역할을 합니다. 쉽게 말해 돈을 투자해서 불리고 싶을 때 이용하는 곳이지요. 요즘은 증권사 계좌를 개설해 직접 투자하는 직장인도 많습니다. 증권사는 이런 매매 중개를 해주며 수수료를 받거나 고객 예탁금을 운용해 이익을 내기도 합니다. 증권사 계좌에 돈을 넣어두면 종합자산관리계좌<sub>Cash Management Account, CMA</sub>처럼 예탁금을 단기 금융 상품에 투자해 수익을 창출하는 상품으로 운용되어 은행보다는 약간 높은 이자를 주기도 합니다.

무엇보다 증권사를 통해 주식이나 펀드에 투자하면 물가상승률 이상의 수익을 낼 기회를 얻을 수 있습니다. 저금리 시대엔 투자 없이는 자산을 지키기 어렵다거나 주식시장이 장기적으로 연 7~10% 정도 성장해 왔다는 말들을 들어본 적 있을 겁니다. 다만 증권사를 통한 투자에는 항상 원금 손실의 위험이 따릅니다. 은행 예금과 달리 투자에서의 손실은 예금자 보호도 안 되기 때문에 투자자가 온전히 감수해야 하죠. 그러므로 증권사를 이용할 때는 반드시 투자 상품의 위험도를 이해한 뒤 자신의 투자 성향에 맞는 상품을 선택해야 합니다. 요컨대 증권사는 돈을 굴리는 역할을 한다고 할 수 있습니다. 우리가 할 일은 여윳돈으로 적절한 투자처를 찾아 증권사를 통해 돈을 불리고 수시로 투자 현황을 점검하는 것입니다. 은행이 안전벨트라면 증권사는 가속페달에 비유할 수 있겠네요.

마지막으로 보험사입니다. 보험사는 우리에게 각종 보험 상품(생명보험, 건강보험, 자동차보험 등)을 팔고, 사고나 질병 등 예상치 못한 위험이 발생했을 때 약속된 금액을 보상해 줍니다. 의료비, 화재, 사망 등 갑작스러운 상황에서 한꺼번에 거액의 돈이 나가 파산하는 일이 없도록 미리미리 조금씩 돈을 내는 것이지요. 즉 보험사는 내 미래의 위험을 대신 떠안는 대가로 다달이 보험료를 받으며 만약의 사태에 대비한 안전판 역할을 합니다.

보험사의 수익 구조는 '고객이 내는 보험료 - 보험금 지급액 = 이익'으로 아주 단순합니다. 여기에 보험사는 받은 보험료를 투자하여 운용 수익을 올리기도 합니다. 보험 상품은 구조가 복잡해서 잘 이해하지 못하면 손해 보기 쉽습니다. 예를 들어 변액연금보험 같은 것은 투자 상품과 보험을 섞어놓아 설명서만 수십 쪽에 달합니다. 보험약관은 일반인이 다 이해하기 어렵기 때문에 흔히 요약 자료를 따로 줄 정도죠. 그래서 충분한 설명을 듣고 자신에게 필요한 보장만 선택하는 것이 중요합니다. 가입한 후에도 보험료를 과도하게 지출하지 않도록 정기적으로 보험 내용을 점검해야 합니다. 또한, 보험은 어디까지나 위험 대비용이지 투자 수단이 아님을 명심해야 합니다. 간혹 보험설계사가 몇 년 후 해지하면 목돈 된다는 식으로 보험을 판매하기도 하는데 대부분은 초기에 사업비 등이 떼어서 몇 년 내 해지하면 원금도 못 돌려받을 수 있습니다. 보험사는 위험 관리를 해주는 곳이라는 사실을 잊지 마세요.

정리하자면, 은행은 '안전한 보관과 결제', 증권사는 '투자를 통한 자산 증식', 보험사는 '위험 대비'를 위해 존재한다고 볼 수 있습니다. 우리 삶에서 이 3가지 금융 서비스는 모두 필요하지만 역할이 다르므로 활용법도 달라야 합니다. 예를 들어 비상금이나 생활비는 은행 예금으로 두어 유동성을 확보하고, 장기적으로 불릴 자금은 증권사의 투자 상품에 일부 넣어서 물가 상승을 이겨낼 수 있도록 합니다. 그리고 큰 사고나 질병에 대비해 보험은 실손의료보험, 자동차보험처럼 꼭 기본적인 상품으로 가입합니다. 이렇게 은행, 투자, 보험의 조화가 개인 재무설계의 세 축이라 할 수 있지요. 금융 문맹일수록 은행에만 집착하거나 혹은 검증되지 않은 투자나 보험에 올인하는 실수를 합니다. 그러나 금융 지식을 갖춘 사람은 필요에 따라 3가지 금융 서비스

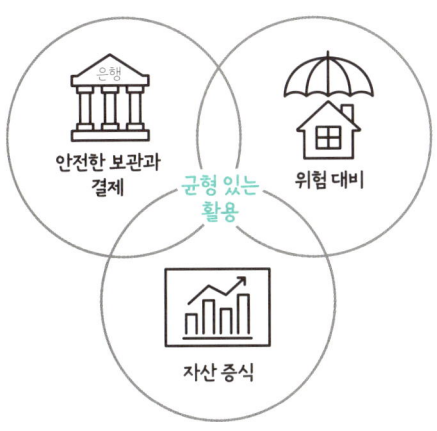

를 균형 있게 활용합니다.

거듭 강조하지만 금융회사를 이용할 때는 그들의 수익 구조, 다시 말해 그들이 어떻게 돈 버는지를 알고 있어야 합니다. 그래야 자신에게 유리한 선택을 할 수 있기 때문입니다. 은행 창구 직원이 예금보다 투자 상품을 권유한다면 '아하! 은행은 펀드나 방카슈랑스 Bancassurance(은행이 보험사와 협력하여 보험 서비스를 제공하는 것)를 팔 때 수수료 수입이 생기니 그러는구나' 하고 이해해야 합니다. 증권사가 자주 매매하라고 조언하면 '아 수수료를 더 벌려는 거구나' 하고 과열

을 경계해야 합니다. 보험 설계사가 복잡한 보험을 권하면 '이 사람이 초년도 수당을 많이 받으려고 그러나 보다' 하고 더 따져봐야 합니다. 즉 금융회사의 말만 그대로 믿기보다 그들의 동기를 한 번 더 생각하고 판단하면 돈을 효율적으로 관리할 수 있습니다.

결론적으로 우리 딱 본질만 기억합시다. 은행은 돈을 빌려주는 게 본질인 곳이고 증권사는 돈을 불리는 게 본질인 곳입니다. 보험사는 혹시 모를 사고에 대비해 주는 게 본질인 곳이고요. 괜히 은행 가서 펀드 가입하거나 증권사 가서 대출받지 마시길 바랍니다.

### 생각해볼 질문

지금까지 여러분은 은행, 증권사, 보험사를 어떻게 이용해 왔나요? 혹시 어느 하나에만 치우쳐 이용했거나 몰라서 활용하지 못했던 적은 없었나요?

### 실천 미션

자산을 현금·예금, 투자, 보험 이 세 부분으로 나눠보세요.
현재 여러분의 돈은 주로 어디에 얼마나 있나요? 예를 들어 예금 80%, 투자 10%, 보험 관련 적립 10%라면 이 비율이 여러분이 생각하는 이상적인 모습과 부합하는지 고민해 보세요.

# 04

# 월급만으로는 부자가 될 수 없는 이유

#저축만 하면 부자된다?
#미미한 예금 복리  #라이프스타일 인플레이션  #월급 외 수입원

　많은 직장인들이 월급만 꼬박꼬박 모으면 언젠가 부자가 될 것이라고 생각하지만 현실은 그렇지 않습니다. 월급 소득만으로는 큰 부를 이루기 어렵습니다. 왜 그럴까요? 우선 월급은 생활에 필요한 기본 자금이기 때문에 성장하는 데 한계가 있습니다. 매달 나오는 급여는 대개 생활비, 세금, 대출 상환 등 필수 지출로 상당 부분 빠져나갑니다. 겨우 얼마 남지 않는 돈을 저축해 봐야 그 돈이 돈을 더 벌어오는 구조가 아니라면 증식 속도는 매우 느릴 수밖에 없습니다. 게다가 물가는 해마다 오르는데 월급 인상률은 물가상승률을 따라가지 못하는 경우가 많습니다. 실제 통계를 보면, 2024년 한국의 가구 소득 증가율은 2% 남짓인데 물가상승률은 5% 가까이 되었습니다. 이처럼 월급의 실질 가치가 줄어들면, 월급을 모으기만 해서는 오히려 자산이 제자리걸음일 수 있습니다.

또, 과거보다 부의 기준을 달성하기 어려워진 것도 한 가지 요인입니다. 예전에는 억만장자가 아니어도 집을 마련하고 노후 대비하는 데 큰 문제가 없었지만, 요즘엔 웬만큼 모아서는 주택 한 채 장만하기도 버겁습니다. 예를 들어 서울에서 중간 가격대의 아파트를 사려면 가구 연 소득의 약 20배가 필요하다는 조사도 있습니다.

쉽게 말해 한 푼도 안 쓰고 20년을 모아야 집 한 채 산다는 뜻이죠. 평범한 월급쟁이가 가정을 꾸리고 아이를 키우면서 이렇게 모으기란 사실상 불가능에 가깝습니다. 이렇듯 부의 목표를 달성하기 힘든 구조에서 받는 대로 월급을 은행에 넣어두기만 해서는 '부자'의 반열에 오르기 어렵습니다.

대부분의 부자들에게는 월급 이외의 수입원이 있다는 사실에 주목해야 합니다. 흔히 '부자는 돈이 일하게 한다'거나 '잠자는 동안에도 돈이 들어오는 구조를 만든다'고 하지요. 실제로 부자들의 자산 형성 방법을 보면 사업소득, 부동산 임대소득, 금융투자소득 등 복수의 수입원을 가지고 있는 경우가 많습니다. 반면 월급은 자신의 시간을 들여 일해야만 얻을 수 있는 단일한 소득입니다. 아무리 고액 연봉자라도 하나의 소득에만 의존하면 질병이나 실직 시 큰 위험에 처할 수 있고 수입을 증가시키는 데에도 한계가 있습니다. 한 재테크 전문가는 "당신이 부자가 아닌 이유는 수입원이 하나뿐이기 때문이다"라고 단언하기도 했습니다. 월급 이외에 돈이 들어올 파이프라인을 늘리는 게 중요하죠. 물론 직장에서 커리어를 발전시켜 연봉 자체를 올리는 노력도 병행해야 합니다.

이때 연봉이 오르면 소비도 함께 늘어나는 '라이프스타일 인플레이션Life style Inflation'을 경계해야 합니다. 연봉이 올랐다고 차를 바꾸고 집을 넓히면 결국 저축 여력은 그대로니까요. 소비를 통제하기 위해서는 많은 역경을 견뎌야 합니다. 결혼을 했거나 아이가 있다면 본인만 안 쓴다고 끝나는 게 아니라 배우자뿐만 아니라 양가 부모님에게도 다소 양해를 구해야 하는 상황이 발생할 수 있습니다.

월급만으로 부자가 되기 어려운 또 다른 이유는 복리 효과의 미미함 때문입니다. 돈을 모을 때 복리(이자가 이자를 낳는 것)의 마법이 중요하다고 하지만, 월급 저축만으로는 복리가 크게 작용하지 않습니다. 예컨대 은행 예금의 이자가 2%라면 100만 원을 1년 맡겨봐야 102만 원이 됩니다. 대부분의 직장인은 수천만 원대 자산을 만들기까지 수십 년이 걸리는데, 그동안 이자율이 낮으면 복리 효과는 거의 없고 물가 상승에 돈의 가치만 잠식될 수 있습니다. 반면 주식이나 부동산처럼 상승 폭이 큰 자산에 일찍 투자한 경우, 복리 효과로 자산이 기하급수적으로 늘기도 합니다. 부자들 중에서는 젊을 때 종잣돈으로 거둔 투자 소득을 다시 재투자하면서 자산을 키워온 사례가 많지요. 월급 저축만으로는 이러한 자산 증식에 가속도를 붙이기 어려운 현실입니다.

물론 월급은 부의 여정의 시작입니다. 안정적인 월급이 없으면 종잣돈 마련이나 대출 상환 자체가 힘들어지니 월급을 소홀히 여겨선 안 됩니다. 안정적인 월급은 부를 쌓는 발판이 되어줍니다. 즉 월급은 출발점으로 보고 이를 활용해 다른 자산을 마련해야 한다는 뜻입니다. 예컨대 꾸준한 월급으로 생활비를 충당하면서 남는 돈으로 차근차근 주식이나 펀드에 투자할 수 있습니다. 또는 월급을 모아 작은 부동산을 사서 임대수익을 낼 수도 있겠지요. 월급 그 자체만으로는 큰 돈이 안 되지만, 월급을 씨앗 자금으로 활용하면 자산 증식의 선순환을 시작할 수 있습니다.

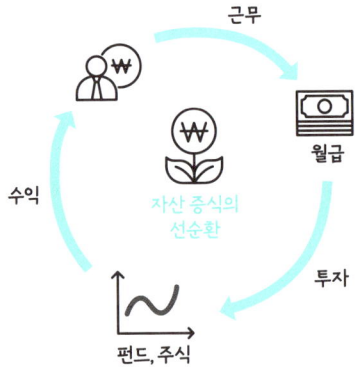

월급에 의지하여 저축만 하고 있다면 그 속도는 매우 느려 답답할 수 있습니다. 부자가 되고 싶다면 "월급 외에 돈이 돈을 벌게 하라"는 조언을 새겨들어야 합니다. 예를 들어 저축액이 어느 정도 모였다면 예금의 금리가 아니라 투자 수익률로 돈이 늘어나도록 해야 한다는 뜻이죠. 또, 자기계발이나 사이드 프로젝트에 시간을 투자해 추가적인 소득원을 만들 수 있도록 노력해야 합니다. 기본 생활은 월급으로 지탱하면서 그 외의 부분은 미래의 부를 창출할 수 있는 활동에 투자하는 셈이죠.

월급만으로 부자가 되기는 힘든 세상입니다. 그러나 월급은 부자의 씨앗입니다. 월급을 자산이라는 나무를 키우는 씨앗으로 만들어보세요. 이후의 장에서 다룰 투자, 복리, 자산 배분 등의 내용이 바로 그 전략을 제시해 줄 것입니다.

돈을 굴리기 전에 조그마한 조약돌로 굴릴 것인지, 힘들더라도 일단 큰 드럼통을 만들어서 굴릴 것인지 스스로 질문해 보는 게 좋습니다. 저는 처음엔 힘들더라도 드럼통을 먼저 만드는 편이 40세 이후 큰 자금으로 돌아올 것이라고 생각합니다.

### 생각해 볼 질문

지금 여러분의 소득 구조는 어떤가요? 투자나 부업 등 월급 외의 다른 수입원이 있나요? 없다면 앞으로 어떤 방법으로 추가 수입을 만들 수 있을까요?

### 🎯 실천 미션

현재 월 저축액은 10년 후 모두 얼마가 될까요? '내 집 마련 자금'처럼 자신이 원하는 목표 자산에 도달하려면 추가로 얼마를 모아야 할지 계산해 봅시다. 이 숫자를 보면서 월급 저축만으로 충분한지 아니면 다른 방법이 필요한지 감을 잡아보세요.

## 05

# 돈이 흘러가는 길을 알아야 돈이 모인다

#통장이 텅장인 이유 #돈의 흐름 #가계부를 쓰자 #탄탄한 재무 계획

"월말만 되면 통장이 텅텅 비는데 도대체 내 돈이 어디로 새는지 모르겠다"라고 하는 분들이 많습니다. 해답은 간단합니다. 그건 바로 돈이 흘러가는 길을 제대로 모르기 때문입니다. 돈 관리의 출발은 자신의 돈이 언제, 어디로, 어떻게 쓰이고 있는지 파악하는 것입니다. 돈의 흐름을 알아야 새는 곳을 막고 모이는 곳을 확장할 수 있기 때문이죠. 많은 금융 전문가들이 예산을 세우고 가계부를 써보라고 조언하는 것도 바로 이 이유 때문입니다. 자기 돈의 흐름을 투명하게 파악하는 것이야말로 바로 돈 모으기의 0단계입니다.

30대 직장인 D 씨는 이상하게 매달 월급이 사라지는 마술을 겪고 있습니다. 분명히 월급을 받았는데 월말이 되면 통장 잔액이 거의 남지 않는 거죠. 그래서 D 씨는 지난달 지출을 돌이켜봤습니다. 기억을 더듬어보니 출퇴근길에 편의점에서 쓴 돈, 동료들과 먹고 마신 돈, 온라인 쇼핑으로 쓴 돈, 각종 구독료 등이 떠올랐습니다. 하나하나로는 큰 금액이 아니었지만, 모아보니 월급의 대부분이 그런 자잘한 지출로 사라졌던 거죠. D 씨는 그제야 자신의 돈이 흘러간 경로를 알게 되었습니다.

이후 D 씨는 가계부 앱으로 매일 지출을 기록하기 시작했습니다. 그리고 한 달 후 놀라운 변화를 체감했습니다. 어디에 돈을 썼는지 일목요연하게 보이기 시작하니 불필요한 소비는 줄이고 필요한 소비에 돈을 더 쓰는 식으로 조정이 가능했던 겁니다.

예컨대 한 달 배달음식비가 30만 원이나 된다는 걸 알게 되자 배달음식을 시켜 먹는 횟수를 주 1회로 줄였고 겹치는 줄도 모르고 구독해 왔던 OTT 서비스 하나를 해지했습니다. 그렇게 절약된 돈 10여만 원을 저축으로 돌리자 다음 달에는 월말에 돈이 남는 경험을 했습니다. 이제 D 씨는 "돈이 흘러가는 길을 알았더니 비로소 돈이 내게 남기 시작했다"라고 말합니다.

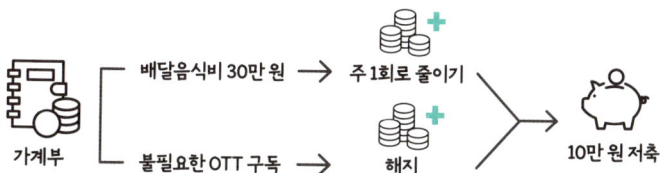

이렇듯 내 돈이 어디서 들어와 어디로 빠져나가는지 꿰뚫고 있는 사람만이 돈을 지휘할 수 있습니다. 아주 단순한 원리인데도 막상 실천하기는 어렵죠. 왜냐하면 많은 분들이 가계부 쓰기나 예산 세우는 것을 어려워하기 때문이죠. 하지만 "가계부는 부자가 되기 위해 선택이 아닌 필수"라는 말도 있듯이 돈을 모으기로 마음먹었다면 반드시 가계부를 쓰면서 자신의 현금흐름을 명확히 파악해야 합니다.

가계부를 쓰면 나도 몰랐던 소비 습관이 드러나고 불필요한 지출을 줄일 근거 자료가 생깁니다. 가계부를 쓰면서 한 달에 옷을 사는 데 이렇게 많이 쓰고 있었다는 사실을 깨닫게 되면 다음 달부터는 의류 지출을 줄일 마음을 먹게 되지요. 또한, 가계부는 예산 수립과 연결됩니다. 이번 달 식비로 40만 원을 썼다면 다음 달엔 35만 원으로 줄이는 식으로 구체적인 목표를 설정할 수 있습니다. 단순히 아끼자고 다짐할 때는 막연하지만, 숫자로 보면 현실적으로 어디에서 얼마나 줄일지 그림이 그려집니다.

돈이 흘러가는 길을 알면 장기적인 재무 계획도 세우기 쉬워집니다. 월별로 지출 추이를 보면 "내년에 차를 바꾸면 유지비가 이만큼 증가하겠구나", "아이 교육비가 앞으로 얼마나 들겠다" 이런 예측도 가능합니다. 이는 곧 미래를 미리 대비할 수 있는 힘이 됩니다.

반대로 자신의 돈이 어디로 가는지도 모르는 사람은 늘 돈에 이끌려 다닙니다. 카드값 결제일이 다가와서야 이번 달은 너무 많이 썼다고 후회하거나, 통장 잔고가 바닥나고 나서야 다음 달부턴 아껴야겠다고 다짐하죠. 그러나 정작 어디서 아껴야 할지 모르니 같은 일이 반복됩니다. 이 악순환을 끊는 첫걸음이 바로 돈의 흐름을 기록하고 분석하는 것입니다.

그다지 멋진 비법은 아닐지 모르지만 가계부를 쓰는 것이야말로 부의 목표를 달성하는 데 가장 효과적인 방법이라는 사실은 수많은 사례가 증명합니다. 부자들의 이야기를 들어보면 거의 예외 없이 초창기에는 꼬박꼬박 가계부를 쓰면서 예산을 관리했다고 합니다. 기록하고 분석함으로써 자신의 돈이 말을 듣도록 길들이는 셈이지요. 꼭 수기로 장부를 적지 않아도 됩니다. 스마트폰의 가계부 앱이나 카드사에서 지출 내역을 자동으로 분류해 주는 서비스를 활용하면 손쉽게 지출 추적이 가능합니다.

중요한 것은 매달 벌어들인 돈을 어디에 얼마나 썼는지 한눈에 볼 수 있는 형태로 정리하는 일입니다. 이는 사업을 하는 사람이 재무제표를 챙기는 것과 같습니다. 개인도 가계부라는 자신만의 재무제표가 있어야 재정 상태를 개선할 수 있습니다.

이제는 실천할 때입니다. 어렵게 생각하지 말고 이번 달 1일부터 30일까지 모든 수입과 지출을 적어보는 것부터 시작하세요. 작은 노트에 적어도 좋고 스마트폰 앱을 활용해도 좋습니다. 한 달만 해도 반드시 얻어가는 게 있을 것입니다. 돈 관리가 통제 불능으로 느껴지던 분들도 눈으로 현금흐름을 확인하면 주도권을 되찾은 기분이 들 것입니다.

월말에 가계부를 총정리하며 "아, 내가 한 달을 이렇게 살았구나"

라고 돌아보는 습관을 들여봅시다. 어느새 불필요한 지출은 줄고 필요한 저축은 늘어나는 긍정적인 변화가 시작될 거예요. 돈은 흐르는 물과 같아서 그 물을 담을 그릇(기록)을 준비해야 모아둘 수 있다는 점, 기억하세요!

### 생각해볼 질문

최근 3개월 치 카드 명세서나 통장 거래 내역을 확인해 보세요. 가장 지출이 많았던 항목은 무엇인가요? 그 항목이 꼭 필요한 소비였는지 아니면 줄일 수 있는 부분이었는지 자문해 보세요.

### 실천 미션

오늘부터 일주일 동안 모든 지출을 금액과 용도까지 세세히 기록해 보세요. 일주일 후에 자신이 어떤 소비를 했는지 카테고리별로 합산해 보고 느낀 점을 적어봅시다.

## 06
# 돈 관리의 시작, 초보자를 위한 예산 계획 가이드

#예산 계획 가이드 #필수 지출 #유동 지출 #저축 #나만의 패턴을 찾자

돈의 흐름을 파악했다면 다음 단계는 '예산 세우기'입니다. 예산을 짠다는 것은 한마디로 이번 달에 돈을 어디에 얼마나 쓸지 미리 계획한다는 의미입니다. 예산을 세우는 것만으로도 한정된 월급 내에서 원하는 목표(저축, 투자)를 달성하고 과소비를 막을 수 있습니다. 즉 예산은 내가 돈에게 나침반처럼 '가야 할 곳'을 미리 지시하는 것입니다. 그래야 돈이 어디로 갔는지 나중에 헤매지 않게 되죠. 미국 재무 전문가 데이브 램지Dave Ramsey의 유명한 말이 있습니다. "예산은 돈이 어디로 갔는지 궁금해하는 대신 돈이 어디로 가야 하는지 알려주는 것이다." 그만큼 예산은 내 돈의 사전 지도와 같습니다.

많은 분들이 예산 세우는 걸 어려워하지만, 사실 몇 가지 팁만 알면 누구나 할 수 있습니다. 그럼 초보자를 위한 예산 계획 가이드를 함께 따라가 볼까요? 차근차근 단계별로 설명하겠습니다.

1단계, 한 달 총수입을 확정 지어봅시다. 급여명세서를 보고 월급의 세후 실수령액을 확인하세요. 만약 부업 소득이나 용돈, 기타 수입이 있다면 모두 합산합니다. 예를 들어 월급의 실수령액이 300만 원, 부업으로 얻은 소득이 20만 원이면 총 320만 원이 이번 달 쓸 수 있는 돈입니다. 이 한도 내에서 게임을 시작하는 겁니다.

2단계, 고정지출 항목을 설정해 봅시다. 매달 금액이 거의 정해져 있는 필수 지출을 먼저 떼어둡니다. 예를 들면 월세·관리비, 대출 상환금, 보험료, 통신비, 교통비, 공과금 등이 있겠죠. 이런 것들은 선택의 여지 없이 내야 하는 돈이니 우선적으로 배정합니다. 예를 들어 고정지출 합계가 150만 원이라면, 320만 원 중 150만 원은 이미 빠져나간 셈 치고 남은 돈을 계산하는 겁니다. 이제 이 금액을 잘 기억해 두세요.

3단계, 저축 및 투자 목표를 배정해 봅시다. 이제 남은 돈에 자신의 재무 목표를 반영합니다. 매달 얼마를 저축하거나 투자할지를 결정하는 것이죠. 흔히 재테크 고수들은 "먼저 저축하고 남은 돈으로 살아라"라고 조언합니다. 예를 들어 종잣돈을 마련하는 게 목표라면 월급의 20%를 저축하기로 정하는 식입니다. 만약 이번 달 남은 돈 170만 원 중 20%인 34만 원을 저축하기로 했다면 그 34만 원은 월초에 자동이체로 빼두는 게 좋습니다. 이렇게 해야 흔들리지 않고 저축 목표를 달성할 수 있습니다. 투자도 마찬가지입니다. 예컨대 매달 10만 원씩 투자 상품에 넣기로 정했다면 그 금액을 이 단계에서 배정하세요. 목표 달성의 핵심은 '꾸준한 저축'이라는 사실을 기억하세요. 금액은 적더라도 꾸준한 저축이 쌓여 목돈을 만듭니다.

4단계, 변동지출 예산을 배정해 봅시다. 변동지출이란 식비, 쇼핑, 여가, 교육, 경조사비 등 매달 액수가 변동될 수 있는 항목들이죠. 지난 소비 기록을 참고하여 현실적인 금액을 정합니다. 예를 들어 식비는 지난달에 50만 원을 썼는데 조금 아껴서 45만 원으로 잡고, 유흥 오락비는 20만 원, 쇼핑은 15만 원으로 잡으며 항목별 한도를 설정합니다. 모든 항목을 합쳤을 때 처음 파악한 총수입 범위를 넘지 않아야겠지요.

이 과정에서 흔히 말하는 '50/30/20 예산법'을 활용할 수 있습니다. 세후 소득의 50%는 꼭 필요한 지출, 30%는 원하는 지출, 20%는 저축 및 부채 상환에 쓰라는 간단한 원칙입니다. 이 예산법은 사람마다 비율 조정이 가능해 가이드로 활용하면 균형 잡힌 예산을 짜는 데 도움이 됩니다. 예를 들어 세후 수입이 300만 원이라면 150만 원은 주거·식비 등 필수 지출, 90만 원은 취미나 외식 등 유동 지출, 60만 원은 저축에 배분하는 식이죠. 이 방법을 참고하면 기본 생활과 즐거움을 챙기면서 미래도 대비할 수 있는 예산이 완성됩니다.

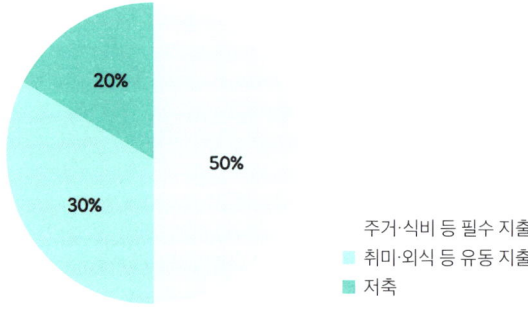

50/30/20 예산법

　5단계, 예산에 맞춰 지출하고 모니터링해 봅시다. 예산을 다 짰다면 이제 한 달 동안 그 예산대로 지출하려고 노력해야 합니다. 이때 중간중간 예산 대비 얼마나 쓰고 있는지 점검하는 게 중요합니다. 요즘 금융 앱들은 예산 대비 얼마가 남았는지 보여주는 기능도 있습니다. 아니면 수기로 주간 합계를 내봐도 됩니다. 만약 어떤 항목에서 예산을 초과하고 있다면 다른 항목에서 조절하거나 남은 기간 지출을 줄여 균형을 맞추는 식으로 탄력적으로 관리하면 됩니다. 그리고 한 달이 지나면 실제 지출과 예산을 비교해야 합니다. 지출이 계획대로 됐는지, 계획과 다르다면 어디서 틀어졌는지 분석하는 거죠. 예산이 크게 남았다면 무리하게 지출을 줄였는지, 초과했다면 계획이 비현실적이었는지 혹은 지출 통제가 안 된 건지 원인을 생각해 봅시다.

　이 과정을 반복하면 점점 나에게 맞는 예산이 완성됩니다. 첫 달에는 시행착오가 있을 수 있지만 좌절하지 마세요. 누구나 처음엔 예산과 실제 지출 사이에 차이가 있기 마련입니다. 중요한 건 계속 시도하며 조정하는 겁니다. 이렇게 서너 달만 해보면 한 달 생활에 식비는 얼마가 적당하고 저축은 얼마나 할 수 있는지 자신만의 패턴이 보일 것입니다. 그리고 그 패턴 안에서 조금씩 저축률을 높이거나 불필요한 지출을 줄이는 노력을 이어가면 됩니다. 예산을 세우고 지키는 과정 자체가 돈에 대한 주인의식을 키워줍니다. 생각 없이 지출할 땐 어느새 돈이 바닥나지만, 예산이라는 계획이 있으면 돈이 내 통제 아래 있다는 안도감이 생깁니다.

팁으로, 예비비 항목을 하나 넣어두세요. 친구 결혼식 축의금이나 수리비처럼 예기치 못한 돌발 지출이 발생할 수 있으니 수입의 5~10% 정도는 기타 예비비로 남겨두면 예산이 덜 흔들립니다. 만약 예비비가 쓰이지 않고 남으면 기말에 저축하거나 다음 달로 이월해 활용하면 됩니다.

이상으로 예산 세우는 법을 살펴봤습니다. 예산은 나를 옭아매는 족쇄가 아니라 내가 진정으로 원하는 곳에 돈을 쓸 수 있도록 도와주는 나침반입니다. 처음 몇 달만 수고하면 이후에는 오히려 소비 스트레스가 줄고 돈이 알아서 척척 모이는 경험을 하게 될 것입니다. 당장 이번 주말에라도 노트와 펜을 들고 다음 달 예산을 짜보는 건 어떨까요?

지금까지 월급이 들어오면 얼마큼 쓰고 저축할 건지 미리 계획을 세워봤나요? 아니면 계획 없이 써버리는 편이었나요? 그동안 돈을 쓸 때 계획성이 있었는지 돌아봅시다.

### 실천 미션

이번 주말에 종이나 엑셀로 다음 달 월간 예산표를 한번 만들어보세요. 월 예상 수입에서 필수 지출과 저축 목표, 생활비 항목을 적어 구체적인 금액을 할당해 보세요. 그리고 그 예산표를 휴대폰으로 캡처하거나 눈에 띄는 곳에 붙여놓고 한 달 동안 따라봅시다.

# 07
# 돈을 더 빨리 모으는 사람들의 7가지 월급 관리 습관

#일상 속 작은 습관 #본업에 충실하자 #자기계발에 화끈한 투자
#정보 교류 #검소한 생활

똑같은 월급을 받아도 돈을 빨리 모으는 사람이 있습니다. 비결이 뭘까요? 바로 남들과 다르게 월급을 관리하는 몇 가지 습관 덕분입니다. 하루아침에 부자가 될 수 있는 건 아니지만, 일상 속 작은 습관이 큰 격차를 만들어냅니다.

여기서는 월급쟁이들이 돈을 더 빨리 모으기 위해 실천할 수 있는 똑똑한 습관들을 짚어보겠습니다. 이미 앞에서 언급한 내용들과 겹칠 수 있지만 그만큼 중요하니 다시 한번 정리해 보세요.

### ⚖️ 습관 1
### 월급을 받자마자 저축부터 한다

　돈 빨리 모으는 직장인들의 공통된 습관 1위는 '저축을 자동화하기'입니다. 월급이 들어오면 가장 먼저 일정 금액을 저축용 계좌로 자동이체하는 거죠. '보이지 않는 돈은 안 쓰게 된다'는 원리를 활용하는 것입니다. 이렇게 하면 강제 저축 효과가 생겨 절약이 훨씬 쉬워집니다. 실제 한 은행 VIP 고객은 월급날마다 생활비를 제외한 금액을 모두 저축한 덕에 정년퇴직 시 거액의 재산을 모았다고 합니다. 여러분들도 20~30% 정도 월급의 일정 비율을 먼저 저축해 보세요. 초반에는 팍팍하게 느껴질지 몰라도 그만큼 통장 잔고는 빠르게 늘어납니다.

### ⚖️ 습관 2
### 소비 목표보다 저축 목표를 먼저 세운다

　대부분의 사람은 "이번 달엔 이것도 사고 저것도 해야지" 하면서 소비 계획부터 세우지만, 빨리 모으는 사람은 "이번 달에 100만 원 모을 거야"와 같이 저축 목표를 가장 먼저 세웁니다. 이때 돈을 모으는 뚜렷한 목적을 설정하면 자연스레 소비를 조절할 수 있습니다. 예컨대 '올해 말까지 1,000만 원 모아서 부모님 여행 보내드리기'처럼 동기

부여가 되는 목표를 가지고 있으면 충동구매를 참기가 훨씬 쉬워집니다. 목돈을 모으는 목표가 없는 사람은 하루하루 버는 대로 쓰기 쉽지만, 목표가 분명한 사람은 돈을 모으게 된다는 사실을 기억합시다.

### 습관 3
**자신의 지출을 철저히 파악하고 관리한다**

앞에서도 강조했듯, 가계부를 써서 한 달 지출을 정확히 파악하는 습관은 돈을 빠르게 모으는 지름길입니다. 돈을 잘 모으는 이들은 월말에 결산을 한 뒤 다음 달 예산을 조정합니다. 이들은 작은 지출도 놓치지 않고 관리하기 때문에 티끌 모아 태산 효과로 남들보다 더 많이 저축해 나갈 수 있죠. 또, 불필요한 수수료나 이자 낭비를 매우 싫어한다는 공통점이 있습니다. 그렇기 때문에 수수료를 내지 않는 생활을 습관화합니다. 예를 들어 ATM을 이용할 때 급하지 않으면 되도록 은행 영업시간에 맞춰 수수료를 면제받고, 신용카드 값도 반드시 전액 상환해서 이자를 피하죠. 이처럼 작게 새는 돈을 막으면 빠르게 돈을 모을 수 있습니다.

⚖️ **습관 4**
### 라이프스타일 인플레이션을 경계한다

　월급이 오르면 씀씀이도 덩달아 커지는 게 인지상정입니다. 하지만 돈을 빨리 모으는 사람들은 수입이 늘어나도 생활 수준을 유지하면서 남는 돈은 저축과 투자로 돌리는 절제력을 보입니다. 예컨대 연봉이 올라 더 넓은 집, 더 좋은 차에 대한 욕심이 날 때도 당장 바꾸지 않고 현재 생활을 한동안 유지합니다. 그 덕에 생긴 여유자금을 착실히 모아 더 큰 자산 목표를 달성하지요. 반면 돈을 못 모으는 사람은 연봉이 오르면 바로 소비를 늘려 통장엔 남는 게 없습니다. 남들보다 돈을 빨리 모으고 싶다면 검소하고 간소한 삶의 태도를 갖추는 게 핵심입니다.

⚖️ **습관 5**
### 수입 자체를 키우기 위해 노력한다

　돈을 빨리 모으는 사람들은 본업에서 성과를 내 급여를 올리거나 부업이나 자격증을 통해 추가 수입원을 만드는 노력도 병행합니다. 월급쟁이 부자들의 이야기를 들어보면 회사에서 성과급을 받거나 승진으로 소득을 높이기 위해 부지런히 일하는 경우가 많습니다. 또, 퇴근 후 시간을 활용해 사이드잡 Side Job 이나 프리랜서 일을 하면서 수입을 늘린 사람들도 많지요. 동시에 늘어난 수입은 저축과 투자로 연결시켜 자산을 더욱 빨리 불립니다. 말 그대로 벌기도 열심, 모으기도 열심인 것이죠.

## 습관 6
### 필요한 지출에는 과감히 투자한다

다소 의외로 들릴 수 있지만 돈을 잘 모으는 사람일수록 자기계발, 건강과 일의 효율을 높이는 데 돈을 아끼지 않는 경향이 있습니다. "돈을 잘 쓰는 것이 돈을 잘 모으는 것"이라는 말처럼, 돈을 빨리 모으는 사람은 소비에도 철학이 있습니다. 겉보기엔 절약의 아이콘 같아도 돈을 써야 할 곳과 아껴야 할 곳을 구분한다는 뜻이지요. 예를 들어 유료 직무 교육이나 도서 구매, 헬스장 이용 등에 쓰는 돈은 쓸데없는 지출로 보기보다는 미래에 더 벌기 위한 투자로 여기고 과감하게 씁니다. 대신 명품 소비나 과시성 지출은 최소화합니다. 이런 현명한 소비 태도를 바탕으로 필요한 능력을 갖춰 수입을 늘리고 불필요한 소비는 줄이는 거죠. 개인적으로는 1억 원을 모을 때까지는 악착같이 모아야 한다고 생각합니다. 그러나 그 이후부터는 수입을 늘리고, 건강에 신경 쓰고, 투자를 잘해야 합니다. 그러기 위해선 이와 관련된 지출에 과감히 투자하는 게 좋습니다.

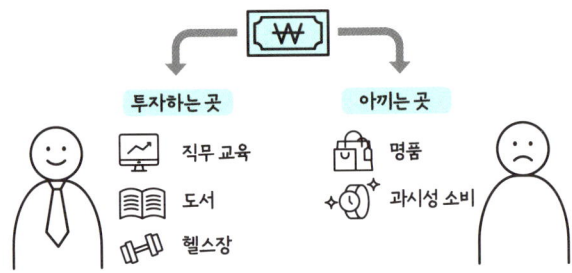

### ⚖️ 습관 7
### 돈에 대한 정보를 교류한다

마지막으로, 주변인들과 함께 부지런히 금융 지식을 습득하고 좋은 재테크 정보는 나누는 습관을 가져야 합니다. 돈을 빨리 모으는 이들은 끊임없이 부족한 게 뭔지 찾고 공부합니다. 세테크(세금 절약) 방법, 정부지원제도, 시중 금리 동향 등에 관심을 가지고 챙깁니다. 회사에서 제공하는 사내 복지나 연금제도, IRP나 비과세 저축 등의 혜택도 잘 활용합니다. 또한, 믿을 만한 재테크 모임이나 온라인 카페에서 정보를 얻고 공유하지요. 이러한 학습과 네트워킹 습관이 쌓이면 다른 이들보다 유리한 기회를 빨리 포착하여 재정적으로 한발 앞서갈 수 있습니다.

위에서 살펴본 습관들은 특별한 재능을 필요로 하지 않습니다. 누구나 마음먹고 실천하면 따라 할 수 있는 것들입니다. 물론 말처럼 쉽진 않지만 한 번에 다 실천할 필요도 없습니다. 위의 습관 중 지금 내 상황에서 가장 부족한 부분만 골라 실천해 보세요. 예를 들어 지금껏 저축을 하지 않았다면 다음 월급날부터 10%라도 자동이체해 본다든지, 가계부를 이번 달부터 쓴다든지 작은 변화부터 시작하는 겁니다. 습관은 서서히 몸에 배는 것이니까요. 우선 작은 습관부터 들이려고 노력하다 보면 점차 다른 습관들도 갖추게 되면서 종합적으로 돈 관리에 능한 체질로 바뀔 것입니다. 부자는 하루아침에 되는 게 아니라 습관이 쌓여 만들어지는 것임을 기억하세요. 진정한 부자는 복리로 천천히 성장합니다. 오늘부터 금융 습관을 1%씩이라도 개선한다면 1년 후, 5년 후의 여러분의 통장 잔고는 분명 크게 달라져 있을 거예요.

### 생각해 볼 질문

위의 7가지 습관 중에서 이미 잘 실천하고 있는 것과 아직 부족한 것을 스스로 평가해 보세요. 필요한 습관을 꾸준히 들이기 위해 어떤 노력이 필요할지 생각해 봅시다.

### 실천 미션

다음 월급날부터 '1일 차 저축 캠페인'을 시작해 보세요. 월급이 들어오는 날, 적은 금액이라도 곧바로 저축하거나 투자 계좌로 옮깁니다. 이 미션을 3개월 연속 도전해 보세요. 저축 습관을 들이는 좋은 시작이 될 것입니다.

# 금융 문맹이 부른
# 현실 속 황당한 경제 실수들

실제 사례들을 통해 금융 문맹이 얼마나 위험한 결과를 초래할 수 있는지 살펴보겠습니다. '설마 내가 그런 실수를 하겠어?' 하지만 금융 지식이 부족하면 누구나 겪을 수 있는 일입니다. 혹시 지금 여러분도 비슷한 상황은 아닌지 점검해 보세요!

### 가짜 투자 앱에 속아 전 재산을 날린 김 씨

2024년 8월, 김 씨는 SNS에서 알게 된 투자 리딩 방을 통해 고수익을 보장한다는 가짜 주식 투자앱에 가입했습니다. 화면에서는 실제 주식이 거래되는 것처럼 보였지만 이는 모두 조작된 화면이었죠. 김 씨는 전 재산을 투자했지만 결국 37억여 원을 사기당한 53명 중 한 명이 되었습니다.

### 무분별한 투자로 인한 대규모 손실

2025년, 박 씨는 온라인 커뮤니티에서 "이 종목은 반드시 오른다"라는 글을 보고 별다른 분석 없이 전 재산을 투자했습니다. 그러나 해당 기업의 재무 상태가 좋지 않다는 사실을 알지 못했기 때문에 주가 급락으로 큰 손실을 보았습니다.

### 투자 전문가의 말만 믿고 결정한 감정적인 투자

최 씨는 전문가의 조언만 믿고 투자 결정을 내렸지만, 감정적 판단과 인지 결핍으로 인해 큰 손실을 보았습니다. 투자에서 가장 흔한 실수가 바로 투자 여부를 결정할 때 전문가에게만 의존하면서 감정적으로 판단하는 것입니다. 투자 정보는 참고하되 스스로 결정하는 능력을 갖추는 게 중요합니다.

"돈을 버는 것보다 지키는 것이 더 어렵다"라는 말이 있습니다. 하지만 금융 지식이 부족하면 돈을 지키기도 전에 잃어버릴 수 있습니다. 위 사례들은 누구나 겪을 수 있는 일이지만 금융 지식을 쌓는다면 충분히 예방할 수 있습니다. 지금부터라도 차근차근 금융의 기본을 다져나간다면 '나도 모르게 당한 호구의 순간들'을 미연에 방지할 수 있겠죠?

# 돈의 속성 샅샅이 파헤치기

# 01

# 돈의 역사, 돈이 처음 생긴 날부터 지금까지

`#물물교환에서 화폐로` `#금과 은` `#지폐의 등장`
`#금태환제?` `#이제는 신용사회`

    돈은 교환 수단이면서 동시에 인간의 욕망과 권력, 사회 시스템, 미래를 반영하는 정교한 도구입니다. 우리는 일상에서 늘 돈을 사용하고 있지만 돈의 본질에 대해 깊이 생각해 볼 기회는 많지 않습니다. 돈에 대한 이해는 단순한 교양 지식을 넘어 금융 생활의 첫걸음을 여는 중요한 관문입니다. 이 장에서는 돈이 어떻게 탄생했고 어떤 과정을 거쳐 지금의 모습으로 자리 잡았는지 그 역사적 변화를 살펴보려 합니다.

## 물물교환에서 화폐로

마트나 백화점에서 물건을 사려면 돈을 내야 합니다. 만약에 돈이 없다면 어떻게 해야 할까요? 실제로 아주 오래전에는 필요한 물건을 서로 바꾸는 '물물교환'의 방식으로 경제활동을 시작했습니다. 서로 원하는 물건이 있다면 다행이지만 그렇지 않을 경우 여러 차례 사람을 바꿔가면서 교환해야 자신이 원하는 물건을 얻을 수가 있었습니다. 그러다 보니 크기가 너무 크거나 나누기 어려운 물건은 교환하기에 불편하다는 문제가 있었죠.

이러한 물물교환의 한계와 불편을 해결하기 위해 등장한 것이 바로 '화폐'입니다. 화폐를 사용하기 위해선 사람들이 널리 받아들이는 중간 매개체가 필요했는데요. 초기에는 소금, 곡물, 혹은 조개껍데기를 화폐로 사용했지만 이후에는 가치를 인정받을 수 있고 오래 보관할 수 있는 금속 조각을 주화鑄貨로 만들어 사용하기 시작하였습니다. 조선시대에 '상평통보常平通寶'라는 동전이 널리 사용되면서 현재와 비슷한 화폐 체계가 자리 잡게 되었습니다.

화폐의 등장은 단순히 거래를 편리하게 만든 것을 넘어 인류 문명의 발전에도 큰 영향을 주었습니다. 시장이 생기고 직업이 분화하면서 도시와 국가가 형성될 수 있었던 이유는 바로 화폐가 있었기 때문입니다. 돈은 단순히 '물건을 사는 도구'가 아니라 인간 사회가 기능할 수 있도록 만든 가장 기본적인 인프라이자 모든 경제활동의 출발점이라고 할 수 있습니다.

## 금과 은의 시대

인류는 오랫동안 다양한 물건을 화폐처럼 사용했지만, 그중에서도 가장 오랫동안 널리 사용된 것은 바로 금과 은 같은 귀금속이었습니다. 금과 은은 본질적으로 아름답고 희소하며 부식되지 않고 나누기도 쉬웠기 때문에 화폐로 사용하기 적합했습니다. 이러한 귀금속 화폐는 교환의 기준이 되어 무역을 촉진했고 국가 간 경제 관계를 형성하는 데 큰 역할을 했습니다.

그러나 귀금속 화폐는 한계도 분명했습니다. 금과 은을 채굴하고 유통하는 데 많은 자원이 들어가고, 경제 규모가 커질수록 실물 귀금속만으로는 화폐를 충분히 공급하기 어렵다는 점이었죠. 중세 유럽에서는 은을 기반으로 한 화폐 체계가 오랫동안 유지되었지만, 신대륙에서 금과 은이 대량으로 유입되면서 인플레이션으로 은의 가치가 점점 떨어지는 현상이 발생하기도 하였습니다. 귀금속 화폐의 이러한 한계로 인해 인류는 '지폐'라는 새로운 개념을 도입하게 됩니다. 비록 우리는 지폐가 익숙한 세상 속에서 살고 있지만 지금까지도 금과 은은 전 세계가 인정하는 가치의 저장 수단이자 안전자산으로 인식되고 있습니다.

## ⚖️ 국가 공인 지폐의 등장

화폐가 금속에서 종이로 바뀌게 된 배경에는 경제의 확장과 교환의 효율성 문제가 있었습니다. 금속화폐는 휴대가 불편했기 때문에 상인들은 금을 민간 금융기관에 보관하고 그 사실을 증명하는 증서를 대신 거래하기 시작했는데, 이 증서가 바로 지폐의 시초입니다.

처음에는 특정 상인조합이 증서를 발행했지만 나중에는 국가가 직접 개입해 통일된 지폐를 만들기 시작했습니다. 정부와 중앙은행이 지폐 발행을 공식화하고 법적 강제력을 부과하면서 지폐는 더 이상 금으로 바꿀 수 있는 증서가 아니라 그 자체로서 국가가 보장하는 교환 수단이 되었습니다.

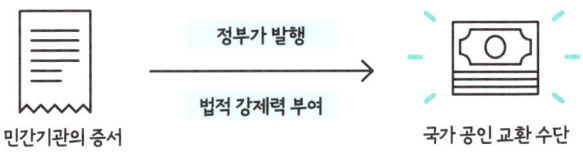

여기서 중요한 개념이 등장하는 데 바로 '신뢰'입니다. 지폐는 말 그대로 종이일 뿐이기 때문에 지폐를 만든 주체에 대한 믿음이 있어야만 화폐로서의 역할을 할 수가 있습니다. 우리가 현재 사용하고 있는 지폐 역시 국가를 믿는다는 의미의 증서입니다. 지폐 한 장이 가지는 가치는 단지 종이 한 장의 의미를 넘어 수백 년간 형성된 경제 시스템과 제도 그리고 사람들 사이의 믿음을 뜻합니다. 화폐는 아무나 만들지 못하고 오직 국가가 인정한 기관만이 발행할 수 있기 때문입니다. 따라서 우리가 사용하는 돈은 중앙은행이 관리하고 있고 정부가 뒷받침하고 있습니다.

한국에서는 해방 이후 1950년에 한국은행이 설립되면서 본격적인 중앙은행 시스템이 구축됩니다. 한국은행은 화폐를 발행하고 물가 안정을 목표로 통화정책을 조절하며 금융시장을 감시하는 국가의 통화 정책 사령탑 역할을 하고 있습니다. 우리가 매일 쓰는 원화 지폐도 모두 한국은행의 이름으로 발행된 것이죠. 즉 우리가 믿는 건 종이 한 장이 아니라 한국은행이라는 시스템과 그것을 지탱하는 국가의 약속입니다.

## 국제 통화 체계의 변천사

이제 국내 통화 시스템을 넘어 국제적인 차원에서 돈이 어떻게 작동하는지를 살펴보도록 하겠습니다. 국가 간의 거래가 늘어나자 자연스럽게 각국 화폐 간의 교환 비율에 문제가 발생하게 되었습니다. 이를 해결하기 위해서는 '국가 통화 체계'가 필요했습니다.

세계대전 이후 대공황이 발생하며 세계 경제는 큰 혼란에 빠지게 되었는데요. 미국 브레턴우즈에서 열린 국제회의는 이러한 혼란을 정리하기 위해 새로운 국가 통화 체계를 세웠습니다. 바로 각국 통화를 미국 달러에 고정시키는 것이었습니다. 미국은 금 1온스당 35달러로 고정하여 언제든 보유한 달러를 금으로 교환해 주기로 약속했습니다. 이를 '금태환제'라고 합니다. 이로써 미국의 달러가 금을 대신해 세계의 기준 통화가 되었으며 세계 경제 안정에 큰 역할을 하였습니다.

그러나 이 체제는 오래가지 못했습니다. 미국은 보유한 금 이상으로 돈을 찍어냈고 주변국에서는 약속대로 달러를 금으로 교환해 줄 수 있는지 의심하기 시작했습니다. 결국 1971년 당시 미국 대통령이었던 리처드 닉슨 Richard Nixon 은 이제부터 달러와 금을 교환해 줄 수 없다고 선언했습니다. 이 사건으로 브레턴우즈 체제는 사실상 종료되었고 세계 경제는 금과 완전히 분리되었습니다.

금태환제의 폐지 선언 이후 달러의 위상이 떨어질 것이라는 예측과는 달리 오히려 글로벌 금융시장의 달러 의존은 더욱 강해졌습니다. 더 이상 고정된 금의 가치로 교환되지는 않았지만 신기하게도 달러의 가치가 유지되었던 것입니다. 미국은 여전히 세계 최대 경제국이었고, 이미 무역, 금융, 투자 시스템이 모두 달러를 중심으로 만들어져 있었기 때문입니다. 달러는 사실상 세계의 기축통화로, 미국이 만들어낸 통화 패권이라고 보아야 할 것입니다.

## 현대 신용 사회의 탄생

지금 우리가 살고 있는 시대의 경제는 '금속화폐'와 '지폐'를 지나 '신용'을 기반으로 움직이고 있습니다. 현금이 없어도 카드로 결제하고 스마트폰으로 돈을 보내고 주식을 앱으로 거래합니다. 우리는 어디 있는지 눈으로 보이지 않는 돈을 사고팔고 저축하고 투자까지 합니다.

심지어 돈이 없어도 신용이 있으면 무언가를 살 수 있는 시대가 되었습니다. 돈을 가지고 있지 않더라도 미래의 벌 수 있는 돈이 예측된다면 돈을 빌릴 수 있고 신용카드를 통해 미리 소비할 수 있습니다. 이러한 신용 시스템으로 인해 개인의 소비가 편해진 건 물론이고 기업과 국가도 훨씬 유연하게 재정을 운영할 수 있게 되었습니다.

그러나 신용 사회는 위험성도 함께 가지고 있습니다. 1장에서 소개했듯 우리나라에는 많은 사람들이 신용카드를 남발하여 신용불량자가 되어버린 뼈아픈 기억이 있습니다. 세계 금융 위기인 서브프라임 모기지 사태 Subprime Mortgage Crisis 역시 신용을 기반으로 한 금융 상품이 회수되지 않고 부도가 나면서 발생하게 된 대표적인 금융 위기였습니다. 우리는 이러한 신용 사회의 위험성을 기억하고 같은 일이 반복되지 않도록 주의해야 합니다.

### 생각해볼 질문

금이 더 이상 기준 화폐가 아님에도 불구하고 사람들은 왜 여전히 금을 안전자산으로 여길까요?

---

### 실천 미션

나이스, 올크레딧 등을 통해 신용등급을 무료로 조회해 보고 신용이 어떻게 형성되고 평가되는지 정리해 보세요.

# 02

## 우리가 쓰는 돈은 어떻게 만들어지는 걸까?

#돈이 만들어지는 과정 #법정화폐 #신용화폐 #한국은행과 한국조폐공사

우리는 앞서 화폐의 역사를 통해 금이 화폐로 사용되던 시기를 알아보았습니다. 금은 달러 이전에 국제통화의 기준이었습니다. 그렇다면 금이 화폐 단위였던 금본위제와 현대 신용화폐 체제 사이에는 어떠한 차이점이 있을까요?

금본위제는 말 그대로 화폐가 금과 연결되어 있는 제도입니다. 일정량의 지폐를 중앙은행에 가져가면 정해진 양의 금으로 교환해 주는 시스템으로, 즉 화폐는 '금'이라는 실물자산에 의해 그 가치가 뒷받침됩니다. 반면 신용화폐는 금이나 은 같은 실물자산과는 아무런 연결고리가 없고 국가의 안정성이 화폐의 가치를 보장합니다.

금본위제에서는 국가가 보유한 금의 양만큼만 화폐를 발행할 수

기 때문에 금이 늘어나지 않는 이상 경제가 아무리 성장하더라도 그에 비례해 화폐를 공급할 수 없게 됩니다. 따라서 화폐 발행은 엄격히 제한되고 그만큼 통화 가치의 안정성이 높다는 특성을 가집니다.

반대로 신용화폐는 금과의 연결이 없기 때문에 정부나 중앙은행이 필요에 따라 얼마든지 발행할 수 있습니다. 이는 경제 위기, 실업과 같은 다양한 경제적 충격에 신속하고 유연하게 대응할 수 있다는 장점이 있지만, 반대로 정치적으로 불안하거나 중앙은행이 화폐를 남발하게 되면 화폐에 대한 신뢰가 급격히 무너질 수 있다는 단점이 있습니다.

### 돈에 '가치'를 부여하는 힘

지갑 안에 있는 만 원짜리 지폐를 가만히 들여다보면 종이 한 장이 많은 역할을 하고 있다는 걸 느끼실 겁니다. 얇은 종이 한 장으로 밥도 사고 커피도 사고 지하철도 탈 수 있으니까요. 그런데 우리가 간과하기 쉬운 사실은 이 돈이 실제로는 아무런 내재 가치가 없다는 것입니다. 지폐 자체는 먹을 수도 없고 입을 수도 없으며 금처럼 녹여서 쓸 수도 없는 그냥 종이일 뿐입니다.

그렇다면 이런 종이 한 장이 어떻게 사회 전체에서 통용되고 가치를 인정받게 된 걸까요? 바로 '법정화폐'라는 개념 덕분입니다. 법정화폐란 쉽게 말해 국가가 법적으로 지정한 공식적인 돈을 뜻합니다. 즉 법으로 강제력을 가진 화폐입니다. 가게에서 "현금만 받습니다"라는 말은 들을 수 있어도 '이 지폐는 못 받습니다'라는 말은 들을 수 없는 이유도 지폐가 법적으로 강제력을 지녔기 때문이죠.

이러한 화폐는 실물자산과는 전혀 연결되지 않은 상태로도 기능합니다. 예전처럼 금이나 은으로 바꿔주지 않아도 종이로 만든 지폐 한 장이 가치 있는 돈으로 기능하는 것이죠. 이는 전적으로 국가에 대한 신뢰와 법의 뒷받침이 있기에 가능한 일입니다.

이 시스템의 핵심은 국가가 가치를 만든다는 점입니다. 한국은행이 종이를 찍어내면서 '이건 만 원이다'라고 선언하면, 모든 국민과 기업, 금융기관이 그걸 그대로 받아들이는 구조입니다. 그리고 이 구조는 국가의 경제력, 정치적 안정성, 중앙은행의 정책 신뢰도 등 여러 요소에 의해 지탱됩니다. 다시 말해 법정화폐의 가치란 종이 그 자체가 아니라 그 뒤에 있는 제도와 시스템, 그리고 신뢰에 의해 만들어지는 것입니다.

현대 법정화폐 체제는 중앙은행의 독립성, 금융시장의 투명성, 정부의 건전한 재정 운용 같은 요소들이 뒷받침되어야만 건강하게 운영될 수 있습니다. 단순히 '종이 한 장'에 강제력을 부여한다고 해서 모두가 믿고 사용할 수 있는 건 아니기 때문입니다.

## 현금, 예금, 신용의 차이

우리가 흔히 '돈'이라고 부르는 것에는 여러 종류가 있습니다. 지갑 속 현금도 돈, 통장에 찍힌 잔고도 돈, 신용카드로 결제되는 금액도 결국 돈입니다. 그런데 이 셋은 엄연히 다른 성격을 가진 화폐입니다. 이 차이를 이해하면 우리가 실제로 어떤 돈을 쓰고 있는지 더 분명히 알 수 있습니다.

먼저 현금은 가장 직관적인 형태의 돈입니다. 지폐나 동전처럼 손에 잡히는 실물 화폐죠. 국가가 발행하고 중앙은행이 유통을 관리하는 이 돈은 어디서든 바로 사용할 수 있고 익명성도 보장됩니다. 하지만 디지털 사회로 넘어오면서 사용 비중은 점차 줄고 있다는 특징이 있습니다.

그 다음은 은행에 맡긴 예금입니다. 예금은 통장에 찍혀 있는 숫자로만 보이지만 실제로는 은행이 고객에게 돈을 빌린 것과 같습니다. 그래서 예금에 가입한 사람은 이자를 받고 필요할 때 인출하거나 이체할 수 있습니다. 예금은 안전하고 편리하지만 실제 돈이 오가는 것이 아니라 기록만으로 거래가 이루어지기 때문에 역시 신뢰가 중요합니다.

마지막으로 신용은 앞으로 갚을 수 있다는 전제로 사용하는 돈입니다. 말 그대로 신용이라는 무형의 자산을 바탕으로 사용하는 화폐로, 대표적인 신용화폐로는 신용카드나 대출이 있습니다. 신용이 없거나 낮으면 필요한 순간에 신용을 활용하여 돈을 쓸 수 없기 때문에 신용등급은 현대 금융 생활에서 매우 중요한 요소라고 볼 수 있습니다.

현금, 예금, 신용은 따로 존재하는 것이 아니라 서로 연결되어 있습니다. 예를 들어 신용으로 결제한 돈은 나중에 예금에서 빠져나가고 예금은 현금으로도 인출할 수 있습니다. 또한, 은행은 예금을 기반으로 대출을 해주고 그것이 다시 다른 사람의 예금으로 순환하기도 합니다. 즉 우리가 쓰는 돈은 단일한 개념이 아니라 다양한 형태로 존재하면서 서로 영향을 주고받고 있습니다.

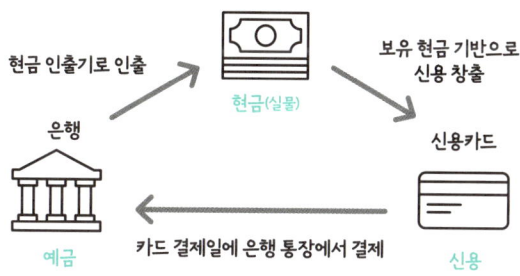

## 한국은행, 화폐 발행의 컨트롤 타워

우리는 매일 원화를 사용합니다. 커피 값을 계산하고 지하철을 타고 주식을 사고파는 것까지 모든 경제 활동의 중심에는 '원화'가 있습니다. 그런데 우리가 사용하는 이 원화는 어디서 어떻게 만들어지고 누가 관리하며 그 가치는 어떻게 유지되는 것일까요?

이 질문에 답을 하려면 한국의 화폐 시스템을 이해해야 합니다. 이 시스템은 돈을 찍어낼 뿐만 아니라 대한민국 경제 전체를 안정적으로 운영하는 핵심입니다.

대한민국의 중앙은행은 바로 한국은행입니다. 1950년 6월 12일에 설립된 한국은행은 우리나라 화폐의 유일한 발행 기관이자 통화정책의 총책임자입니다. 우리가 사용하는 원화 지폐와 동전은 모두 한국은행의 이름으로 발행된 것이며 지폐에 인쇄된 '한국은행 총재 직인'이 이를 증명합니다. 한국은행은 단순히 돈을 발행하는 것에서 그치지 않고 이자율을 정하고 돈의 양을 조절하며 외환보유고를 관리합니다. 즉 한국은행은 원화를 관리하는 기관이자 원화의 신뢰를 설계하고 유지하는 주체라고 할 수 있습니다.

한국은행은 정기적으로 금융통화위원회(금통위)를 열어 기준금리와 주요 통화정책의 방향을 결정합니다. 이 회의에서 나온 한마디 한마디가 주식시장, 부동산시장, 환율, 심지어 개인의 대출 이자에도 영향을 미치기 때문에 경제 전문가들은 한국은행의 움직임에 항상 신경을 곤두세우고 있습니다.

## ⚖️ 한국조폐공사, 돈을 찍어내는 제작자

한국은행이 돈을 발행할 수 있는 권한을 가진 기관이라면 실제로 돈을 만들어내는 곳은 바로 한국조폐공사KOMSCO입니다. 조폐공사는 한국은행의 요청에 따라 지폐와 동전을 인쇄하고 주조합니다. 지폐 한 장, 동전 하나를 만들기 위해 고도의 보안 인쇄 기술과 위조 방지 기술이 사용되며 각 화폐에는 일련번호, 홀로그램, 미세 문자, 숨은 그림, 형광 잉크 등 다양한 첨단 요소들이 담겨 있습니다.

즉 한국은행이 돈을 발행하겠다고 결정하면 조폐공사가 그것을 물리적으로 제작하는 구조입니다. 설계자(한국은행)와 제작자(조폐공사)가 함께 움직이는 팀 플레이라고 보시면 됩니다.

## ⚖️ 화폐 발행의 3단계 흐름

이렇게 만들어진 지폐와 동전은 찍어냈다고 끝나는 것이 아닙니다. 한국은행은 전국 각지에 있는 지방 본부와 지역별 은행들과 협력하여 새 화폐를 공급하고 낡은 화폐는 회수하게 됩니다. 예를 들어 시중은행이 한국은행에 일정 금액의 신권을 요청하면 한국은행은 이를 보내주고 시중은행은 이를 손님에게 제공합니다. 반대로 손상되거나 오래된 지폐는 은행을 통해 한국은행으로 회수되어 폐기 처분됩니다. 이런 체계적인 화폐 유통관리 시스템 덕분에 우리가 일상생활에서 사용하는 지폐들이 대부분 양호한 상태인 것입니다.

또한, 한국은행은 시중에 너무 많은 현금이 풀리지 않도록 적정한 통화량을 계산하여 관리합니다. 필요 이상으로 돈이 많아지면 물가가 오르고 반대로 너무 부족하면 소비가 위축되며 경제 전체에 부정적인 영향을 미칠 수 있기 때문이죠.

### 생각해볼 질문

신용화폐 체제에서 중앙은행이 신뢰를 잃는다면 그 화폐는 어떻게 될까요? 우리는 대안으로 어떤 화폐를 선택하게 될까요?

### 실천 미션

하루 동안 현금, 카드, 계좌이체 등 어떤 방식으로 돈을 썼는지 기록하고 각각 어떤 종류의 '돈'인지 구분해 보세요.

## 03

# 돈의 가치가
# 매일 변하는 이유

`#인플레이션 #디플레이션 #중앙은행 #금리 #가치가 오를 자산으로`

마트에서 장을 보다가 이런 생각을 해본 적이 있으실 겁니다. '어, 이거 지난달보다 비싸졌네?' 분명히 똑같은 제품인데 가격이 올라 있는 걸 보면 괜히 기분이 찜찜해집니다. 이처럼 물건 값이 오르는 현상을 인플레이션Inflation이라고 부릅니다.

인플레이션은 가격만 오르는 현상이라고 생각하기 쉽지만 사실 돈의 가치가 떨어지고 있다는 신호이기도 합니다. 다시 말해 물건이 비싸진 게 아니라 같은 돈으로 살 수 있는 물건의 양이 줄어드는 것이죠.

## ⚖️ 인플레이션, 왜 생길까요?

첫째, 물건에 대한 수요가 늘어나서 인플레이션이 생기는 경우입니다. 사람들이 돈을 많이 쓰기 시작하면 기업은 더 많은 이윤을 얻기 위해 가격을 올립니다. 경기가 좋아지고 소득이 증가하면 이런 현상이 잘 나타나죠. 둘째, 물건을 만드는 비용이 올라서 인플레이션이 생기는 경우입니다. 원자재 가격, 인건비, 에너지 가격 등이 오르면 기업은 물건 가격을 올려서 생산 비용을 소비자에게 넘기게 되죠. 이는 곧 물가 상승으로 이어집니다. 셋째, 중앙은행에 의해서 인플레이션이 생기는 경우입니다. 중앙은행이 기준금리를 낮추거나 돈을 많이 찍어내면 시중에 유통되는 돈의 양이 늘어나게 됩니다. 이때 늘어난 돈이 물건을 사는 데 쓰이거나 자산 시장에 몰리면서 자연스럽게 물가 상승으로 이어집니다.

이렇게 발생한 인플레이션은 적당하면 경제에 활력을 주지만 지나치면 문제를 일으킵니다. 가장 눈에 띄는 변화는 실질 구매력이 하락하는 것입니다. 10년 전에 1만 원으로 점심 두 끼를 사 먹을 수 있었는데 지금은 한 끼로 줄어들었다면 돈의 가치가 그만큼 떨어졌다는 뜻이죠. 같은 돈으로 살 수 있는 양이 줄어든다는 건 월급을 그대로 받고 있어도 생활비는 점점 늘어난다는 의미입니다.

한편, 인플레이션은 저축의 가치를 감소시키기도 합니다. 예를 들어 연 1% 이자를 주는 정기예금에 1,000만 원을 넣었는데 물가가 연 4% 올랐다면 실제 자산의 가치는 줄어들게 됩니다. 그래서 인플레이션 시대에는 돈을 모으는 것보다 어떻게 지키고 불릴 것인가가 훨씬 더 중요해지죠.

인플레이션은 자산 가격을 왜곡시키기도 합니다. 물가가 오를 때 사람들은 현금을 그대로 들고 있기보다 실물자산으로 바꾸려고 합니다. 이 때문에 부동산, 주식, 금, 달러 등 실물자산이나 안전자산에 돈이 몰리면서 자산 가격이 과열되어 또 다른 시장 왜곡을 만들기도 합니다.

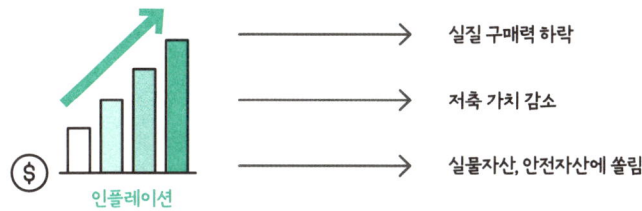

### ⚖️ 디플레이션, 왜 물가 하락도 위기일까?

디플레이션Deflation은 인플레이션과 정반대되는 개념으로 물가 전반이 지속적으로 하락하는 현상을 말합니다. 언뜻 들으면 '물가가 내려가면 좋은 거 아닌가?'라고 생각할 수 있습니다. 라면 한 그릇의 가격이 6,000원에서 5,000원으로 내려가고, 집값, 물가, 교육비가 낮아진다면 살기 좋아질 것이라고 생각하기 쉽습니다. 그러나 디플레이션은 경제가 서서히 얼어붙는 현상이며 경제 전체에 매우 심각한 위기를 초래할 수 있는 현상입니다.

디플레이션의 가장 큰 문제는 사람들이 소비와 투자를 미루게 된다는 점입니다. 예를 들어 오늘 1,000원이던 물건이 다음 달에는 900원이 된다면 사람들은 당장 물건을 사지 않고 기다릴 것입니다. 많은 사람들이 소비를 줄이면 기업은 물건을 팔지 못해 생산을 줄일 것입니다. 기업은 장사를 제대로 할 수 없으니 고용을 줄일 것이고 자연스레 임금이 하락하면서 다시 소비가 줄어드는 악순환에 빠지게 됩니다.

### 디플레이션, 왜 생길까요?

첫째, 디플레이션은 물건의 수요가 감소하면서 발생합니다. 소비자가 지출을 줄이고 기업도 투자를 멈추면 전반적인 상품 수요가 감소하고 기업은 재고를 처리하기 위해서라도 가격을 인하하게 됩니다. 둘째, 과도한 공급에 의해 발생하기도 합니다. 기업들이 수요보다 많은 물건을 만들어내거나 해외에서 값싼 제품이 대량으로 유입되면 공급이 수요를 초과해 물건 가격이 하락하게 됩니다. 마지막으로, 중앙은행에 의해 발생하기도 합니다. 중앙은행이 통화량을 축소하거나 시중 유동성이 부족한 상황이 지속되면 소비와 투자 모두 위축됩니다. 자연스레 시장에 도는 돈의 양이 줄어들면서 가격 하락의 압력이 커지게 되죠.

보통 디플레이션은 경기 침체 상황에서 나타납니다. 디플레이션의 가장 무서운 점은 소비자의 심리에 영향을 준다는 것인데, 사람들이 앞으로 경기가 더 안 좋아질 것 같다는 불안감에 지갑을 닫게 되면 경제는 점점 더 얼어붙게 됩니다. 일본은 1990년대 부동산과 주식 버블이 붕괴된 후 20년에 가까운 디플레이션 상태에 빠졌습니다. 이른바 '잃어버린 20년'의 시기로, 경제성장률은 정체되고 소비는 위축되며 임금과 자산가치가 줄줄이 하락하는 현상이 반복됐습니다.

디플레이션이 무서운 이유는 서서히 진행되기 때문입니다. 인플레이션은 눈에 띄게 느껴지지만 디플레이션은 조용히 경제를 갉아먹으며 침체를 고착화시키는 특성이 있습니다. 그래서 대부분의 중앙은행은 인플레이션보다 디플레이션을 더 위험한 상태로 인식하고 있습니다.

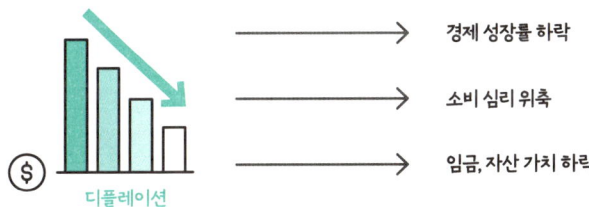

### 중앙은행이 물가를 조절하는 방법

인플레이션이나 디플레이션 같은 물가의 급격한 변화에 대응하기 위해 각국의 중앙은행은 다양한 정책 수단을 운용합니다. 가장 대표적인 것이 바로 기준금리 조정과 양적 완화Quantitative Easing, QE입니다.

먼저 '기준금리 조정'은 중앙은행이 시중은행에 돈을 빌려줄 때 적용하는 금리를 조절해 경제 전체의 돈의 흐름을 바꾸는 방식입니다. 물가가 너무 빠르게 오를 경우에는 기준금리를 인상해 대출을 어렵게 만들고 소비와 투자를 줄이게 함으로써 물가가 상승하지 못하게 막습니다. 반대로 경기가 침체되고 물가가 지나치게 하락할 때는 기준금리를 인하해 돈을 쉽게 빌릴 수 있도록 유도하고 경제 전반에 활력을 불어넣습니다.

하지만 기준금리 인하만으로는 경기 침체를 바로잡기에 충분하지 않을 때가 있습니다. 특히 0%에 가까운 초저금리 상황에서도 경기가 살아나지 않으면 중앙은행은 새로운 정책 수단인 양적 완화를 사용하게 됩니다. '양적 완화'란 중앙은행이 시중의 국채나 주택저당증권 같은 자산을 대규모로 매입해 시중에 돈을 직접 공급하는 방식입니다.

이 방식은 이론상으로는 유동성을 늘려 기업의 투자와 소비를 유도하고 자산 가격을 부양시키는 효과가 있습니다. 실제로 2008년 글로벌 금융 위기 이후 미국 연방준비제도 Federal Reserve System, Fed(이하 연준)는 양적 완화를 시행했고 코로나19 팬데믹 때도 시장에 막대한 유동성을 공급해 경제 충격을 막아주었습니다.

중앙은행이 물가를 조절할 때 가장 중요한 것은 정책에 대한 신뢰입니다. 국민과 시장이 중앙은행의 대응을 신뢰해야 금리나 유동성 정책이 제 역할을 할 수 있기 때문입니다. 또한, 중앙은행은 정책을 예측 가능하게 운영해야 합니다. 갑작스럽고 설명 없는 금리 인상이나 통화 긴축은 오히려 시장에 혼란을 줄 수 있습니다. 한국은행, 미국 연방준비제도가 정기적으로 기자회견을 열고 물가 목표와 금리 전망을 대중에게 공개하는 이유도 모두 시장의 혼란을 막기 위해서입니다.

## 인플레이션 속 내 자산 지키기

인플레이션은 우리의 삶과 자산에 직접적인 영향을 미칩니다. 인플레이션 속 개인은 어떻게 자산을 지키고 기회를 만들 수 있을까요?

인플레이션 속 내 자산 지키기의 핵심은 가치가 줄어드는 자산에서 가치가 유지되거나 올라갈 자산으로 옮겨 타는 것입니다. 내 자산의 가치가 하락하는 걸 막기 위해선 우선 현금 비중을 줄이고 실물자산을 늘려야 합니다. 인플레이션 시기에는 돈의 가치가 하락하여 현금의 구매력이 계속 줄어듭니다. 따라서 장기적으로 현금만 보유하면 손해를 볼 수밖에 없습니다. 이럴 때는 부동산, 금, 주식 등 실물이나 실적에 기반한 자산 비중을 점차 늘리는 것이 유리합니다.

이와 더불어 금리와 물가에 반응하는 금융 상품을 활용해 보세요. 6장에서 설명하겠지만, 물가연동채권, 리츠REITs와 같은 금융 상품과 주식 중에서도 배당주, 인플레이션 수혜 업종(원자재, 에너지 등)에 투자하면 인플레이션 속에서도 비교적 안정적으로 자산을 운용할 수 있습니다.

또한, 틈틈이 부채 상황을 파악하고 이자율을 확인해야 합니다. 인플레이션 시기에는 금리도 함께 오르는 경우가 많기 때문에 변동금리 대출이 있다면 고정금리로 갈아타는 것이 나을 수 있습니다. 불필요한 부채를 정리하고 현금흐름을 확보하는 것도 안전한 방어 전략이 될 수 있겠죠.

### 생각해볼 질문

기준금리가 인상하면 왜 자산 시장이 충격을 받을까요? 금리, 부동산, 주식과 대출은 어떤 고리로 연결되어 있을까요?

### 실천 미션

생활비 인플레이션 실측 리포트를 작성해 봅시다. 한 달 동안 식비, 교통비, 공과금, 커피 등 주요 지출 항목을 기록해 보세요. 그런 다음 가계부 앱, 카드 내역 등 1년 전과 비교 가능한 자료를 찾아 소비 항목별 상승률을 직접 계산해 봅시다.

# 04

# 돈의 또 다른 형태: 금리, 환율, 주가지수

#뉴스단골손님 #금리 #환율 #코스피 #나스닥

금리는 경제 뉴스에 빠지지 않고 등장하는 단골 키워드입니다. 한국은행 기준금리 동결, 미국 연준 금리 인상, 주택담보대출 금리 상승… 이런 기사를 읽으면 이런 의문을 가질 수 있습니다. '금리가 그렇게 중요한가? 금리가 내 삶과 무슨 관계가 있지?'

## 금리가 중요한 이유

금리는 돈의 가격이자 시간의 가치 그리고 경제를 움직이는 가장 핵심적인 지표라고 할 수 있습니다. 우리가 은행에 돈을 맡기면 받는 이자, 대출할 때 내는 이자, 채권의 수익률, 심지어 기업의 가치까지 모두 금리에 영향을 받습니다. 따라서 금리를 이해하는 것은 경제를 이해하는 출발점이 됩니다.

앞에서 금리는 돈의 '값'이라고 했지요. 돈이 흔하면 금리는 낮아지고 돈이 귀하면 금리는 올라갑니다. 중앙은행은 이 금리를 조정해 시중의 돈 흐름을 통제하고 물가를 조절하는 것입니다. 예를 들어 경기가 침체되면 금리를 낮춰 대출을 늘리고 소비를 촉진합니다. 반대로 경기가 과열되면 금리를 높여 과잉투자를 억제하죠.

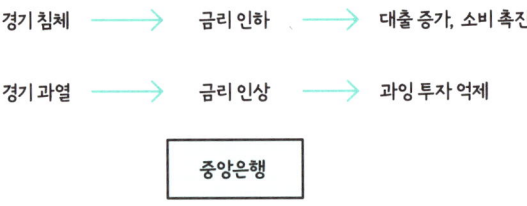

개인에게는 금리가 곧 '이자율'입니다. 사람들은 예금 이자율이 올라가면 저축을 늘리지만 대출 이자율이 오르면 돈을 빌려서 집을 사는 것을 부담스러워합니다. 주식시장도 금리 변화에 민감하게 반응합니다. 금리가 오르면 기업의 자금 조달 비용이 올라가고 주식보다 높은 이자를 주는 은행으로 돈이 몰리기 때문에 주가에 부정적인 영향을 줄 수 있습니다.

## ⚖️ 환율이 계속 변하는 이유

뉴스에서 원-달러 환율이 1,350원을 돌파했다거나 엔화 약세가 지속된다는 소식을 한 번쯤 본 적 있을 겁니다. 환율은 한 나라의 경제 체력, 무역 구조, 금융 안정성, 심지어 정치적 리스크까지 반영하는 아주 중요한 지표입니다. 해외여행을 가기 위해 환전할 때나 해외 직구를 할 때 체감하는 가격 차이도 '환율'이라는 변수에 따라 달라지게 됩니다.

환율은 기본적으로 수요와 공급에 의해 결정됩니다. 외국인이 한국 제품을 많이 사들이면 원화 수요가 늘고 원화 가치가 상승하여 환율은 떨어집니다. 반대로 우리가 외국에서 물건을 많이 수입하거나 해외여행을 많이 가면 달러 수요가 늘고 원화 가치가 하락하여 환율은 올라가게 됩니다.

또한, 금리 차이도 환율을 좌우하는 중요한 요인입니다. 미국의 금리가 한국보다 높으면 투자자들은 더 높은 수익을 기대하고 달러 자산에 투자하게 됩니다. 이 과정에서 원화를 팔고 달러를 사기 때문에 원화는 약세, 달러는 강세가 됩니다.

정치적 불안정이나 국제 갈등도 환율에 큰 영향을 줍니다. 예를 들어 지정학적 리스크가 커지면 안전자산인 달러로 자금이 몰리면서 달러 가치가 올라가고 원화는 상대적으로 약세가 되기 쉽습니다. 반대로 글로벌 투자 심리가 개선되면 신흥국 통화가 강세를 보일 수도 있습니다.

기업에는 환율이 곧 '수익성'입니다. 원화가 약세일 땐 수출 기업이 유리하고 강세일 땐 수입 기업이나 내수 기업이 유리합니다.


## 코스피, 나스닥이 말하는 경제 시그널

'주가지수'란 주식시장의 전체적인 흐름을 수치로 나타낸 것입니다. 수많은 기업들의 주가를 일일이 확인할 수는 없으니 대표적인 종목들을 묶어 평균적으로 계산한 것이죠. 한 나라 경제의 좋고 나쁨을 판단할 때 뉴스에서 가장 먼저 등장하는 숫자이기도 합니다. 코스피, 코스닥, 나스닥, S&P500 같은 이름들을 많이 들어봤을 텐데요. 이 지수들은 경제와 시장의 현재 상태를 보여주는 신호등이기도 합니다.

한국의 대표적인 주가지수는 코스피KOSPI입니다. 코스피는 한국거래소KRX에 상장된 대형 기업들을 중심으로 만들어지며 삼성전자, 현대차, LG에너지솔루션 같은 기업들의 주가 움직임이 반영됩니다. 코스피가 상승했다는 건 우리나라 대표 기업들의 가치가 올라갔다는 뜻이고 그만큼 투자 심리가 긍정적이라는 뜻입니다.

미국에는 나스닥NASDAQ과 S&P500이 대표적입니다. 나스닥은 기술 중심 기업들이 주로 상장된 시장으로, 애플, 구글, 테슬라 등 글로벌 테크 기업들의 영향을 많이 받습니다. 반면 S&P500은 미국을 대표하는 기업 500개사의 시가총액 가중평균으로 만든 지수이며 미국 경제 전반을 반영하는 지표로 활용됩니다.

이 주가지수들은 단순한 주식시장 바람개비가 아니라 경기 선행지표로서 작용하기도 합니다. 주가는 기업의 미래 수익을 반영하기 때문에 경기가 나빠질 것으로 예상되면 미리 하락하고 반대로 회복 기대감이 생기면 선제적으로 오르게 됩니다.

또한, 주가지수는 정책 방향성과도 밀접하게 연결돼 있습니다. 금리를 인상하면 주가에 부정적 영향을 줄 수 있고 금리를 인하하면 유동성을 증가시켜 주가를 자극하기도 합니다. 정부의 경기부양책, 세제 정책, 규제 완화 등도 지수를 움직이는 주요 변수입니다.

투자자 입장에서는 투자 여부를 판단할 때 지수의 흐름이 중요한 기준이 됩니다. 예를 들어 지수가 상승 추세일 때는 상승장에서 유리한 성장주 종목에 투자하고, 하락장에서는 방어적인 종목이나 현금 비중을 늘리는 전략을 취할 수 있습니다.

금리, 환율, 주가지수는 각각 독립된 지표 같지만 실제로는 긴밀하게 연결되어 자산 시장의 흐름을 결정짓는 핵심 변수들입니다. 이 3가지 변수를 함께 이해하면 글로벌 자산 시장의 움직임을 더 입체적으로 파악할 수 있습니다.

지금 투자한 자산은 환율의 영향을 얼마나 받을지 생각해 봅시다. 달러 장세에 따라 어떤 변화가 생길까요?

### 실천 미션

최근 2주간 경제 뉴스 중 '금리', '환율', '주가지수' 관련 키워드를 포함한 기사 3개를 스크랩하고, 각 기사에서 말하는 경제지표의 의미와 자산 시장에 미치는 영향을 한 문단으로 정리해 봅시다.

## 05
# 돈을 움직이는 기관, 중앙은행과 상업은행의 차이

#중앙은행 #상업은행 #지급준비율 조정 #경제 순환

중앙은행은 한 나라의 금융 시스템을 지탱하는 '돈의 총사령부'라 할 수 있습니다. 중앙은행의 가장 큰 역할은 물가를 안정시키고 경제를 성장시키는 것, 그리고 이 둘 사이의 균형을 맞추는 데 있습니다.

먼저 물가 안정은 중앙은행의 가장 핵심적인 역할입니다. 인플레이션으로 물가가 지나치게 오르면 국민의 실질 구매력이 줄어들고, 반대로 디플레이션으로 물가가 지나치게 떨어지면 소비와 투자가 위축되어 경기가 침체될 수 있기 때문이죠. 중앙은행은 이러한 물가의 흐름을 예의주시하면서 기준금리나 시중 유동성을 조절해 경제 전체의 열기를 조율합니다.

두 번째 역할은 경제가 꾸준히 성장할 수 있도록 촉진하는 것입니다

다. 일자리를 늘리고 국민소득을 증가시켜 지속 가능한 성장 기반을 다지는 것은 정부와 중앙은행이 함께 책임지는 부분입니다. 특히 경기 침체가 우려될 때는 중앙은행이 금리를 낮추거나 시중에 돈을 푸는 등 경기를 살리기 위해 적극적인 정책을 펼치게 되죠.

그러나 문제는 이 두 목표가 충돌하는 경우가 잦다는 점입니다. 예를 들어 물가를 잡기 위해 금리를 올리면 경기가 위축되고, 경기를 살리기 위해 금리를 낮추면 물가가 다시 오를 수 있죠. 이를 '중앙은행의 딜레마'라고 부르기도 합니다. 이 때문에 두 선택지 사이에서 균형추 역할을 하는 중앙은행은 최적의 지점을 찾아내기 위한 고도의 판단력을 요구받습니다.

## 중앙은행의 정책 도구들

중앙은행이 시장에 개입할 때 주로 사용하는 통화정책은 '기준금리 조정'과 '공개시장조작', '지급준비율 조정'이 있습니다.

기준금리를 조정하는 것은 중앙은행의 가장 대표적이고 강력한 정책 수단입니다. 한국은행의 기준금리는 시중은행들이 돈을 빌릴 때 적용하는 금리로, 상업은행의 대출 금리, 예금 금리, 채권 금리 그리고 주식시장에까지 광범위하게 영향을 미치기 때문입니다.

공개시장조작의 경우, 중앙은행이 국채나 금융자산을 직접 사고팔면서 시중의 유동성을 조절하는 방식입니다. 예를 들어 중앙은행이 국채를 사면서 시장에 돈을 풀면 경기 부양 효과가 발생하고, 반대로 국채를 팔면 시장의 돈을 흡수하게 되면서 인플레이션을 억제하게 됩니다.

지급준비율은 상업은행이 중앙은행에 의무적으로 예치해야 하는 예금의 비율인데, 이 비율을 조절하여 시장의 통화량을 조절할 수도 있습니다. 예를 들어 지급준비율을 낮추면 은행은 중앙은행에 의무적으로 예치해야 할 돈이 줄어들어 시중에 돈을 더 많이 대출해 줄 수 있게 되고 이는 곧 통화량 증가로 이어지게 됩니다. 반대로 지급준비율이 높아지면 상업은행이 대출해 줄 수 있는 돈이 감소하겠죠.

## 중앙은행과 상업은행의 관계

중앙은행과 상업은행은 마치 '경제'라는 비행기를 움직이는 2개의 엔진처럼 긴밀하게 연결되어 있습니다. 중앙은행은 국가 전체의 통화와 금융 시스템을 설계하고 안정적으로 운영하는 역할을 하고, 상업은행은 가계와 기업 등 실물경제 주체들에게 직접 자금을 공급하는 역할을 합니다. 이 두 기관은 각자의 기능을 하면서도 유기적으로 협력하여 경제 전체의 자금 흐름을 조절하는 핵심축이 되고 있습니다.

중앙은행은 기준금리를 설정하고 시중 통화량을 조절하는 등 거시적인 경제 환경을 설계합니다. 이러한 정책은 상업은행을 통해 현실 경제에 영향을 미칩니다. 예를 들어 중앙은행이 기준금리를 인상하면 상업은행은 자금 조달 비용이 높아짐에 따라 부담을 줄이기 위해 대출 금리를 인상합니다. 그 결과 가계는 소비를 줄이고 기업은 투자를 미루게 되어 전체적인 유동성이 줄어들게 되죠. 이처럼 중앙은행의 정책은 상업은행을 한번 거쳐 실물경제에 영향을 미칩니다.

상업은행은 국민의 일상생활과 기업 활동에 밀접하게 연결되어 있습니다. 기업은 설비투자나 운영자금을 조달하기 위해 은행 대출을 이용하고, 가계는 주택 구입, 교육비 마련, 소비 생활을 위해 은행의 금융 서비스를 활용합니다. 이러한 흐름은 단순한 자금의 이전을 넘어 경제를 순환시키는 핵심 기능이라고 할 수 있습니다. 만약 상업은행 시스템이 멈춘다면 경제 전체의 흐름이 막히는 셈입니다.

상업은행의 자금이 부족할 경우 중앙은행은 '최종 대부자 Lender of Last Resort'로서 자금을 지원합니다. 반대로 자금이 일시적으로 과도할 때는 중앙은행에 자금을 예치하고 일정 이자를 받을 수 있도록 하고 있죠. 이러한 구조는 중앙은행이 상업은행의 안전망이자 컨트롤러 역할이라는 의미입니다. 중앙은행은 상업은행이 위기에 빠지지 않도록 지원하면서 금융 시스템의 신뢰를 유지해 주는 뒷받침 역할을 합니다.

상업은행의 가장 핵심적인 기능은 바로 신용 창출입니다. 신용 창출은 은행이 고객의 예금을 바탕으로 대출 서비스를 제공하면서 새로운 돈을 만들어내는 기능입니다. 기업은 대출을 통해 공장을 짓거나 고용을 늘리고, 가계는 대출을 통해 주택을 구매하고 소비를 이어갑니다. 은행은 예금의 일부를 이런 대출 서비스를 제공하는 데 사용하면서 경제에 유통되는 돈을 늘리는 효과를 발생시킵니다. 이처럼 상업은행의 신용 창출은 경제에 활력을 불어넣고 경제 성장의 중요한 동력이 됩니다.

중앙은행은 지급준비율을 조정함으로써 간접적으로 상업은행의 대출 여력을 통제합니다. 지급준비율이 높아지면 은행이 대출할 수 있는 금액이 줄어들고, 반대로 낮아지면 더 많은 대출이 가능해져 시중의 통화량이 증가하게 됩니다. 따라서 지급준비율은 중앙은행이 통화량을 정교하게 조절할 수 있는 중요한 정책 수단입니다.

신용 창출은 경제 성장에 필수적인 요소이지만 과도한 신용 확장은 여러 가지 부작용을 낳을 수 있습니다. 과도한 대출은 자산 가격을 과열시키고 버블 형성을 유도하며 결국 부채 부담을 증가시킵니다. 특히 경기 침체 시에는 대출금 회수가 어려워지면서 금융 시스템 전반이 위기에 빠질 위험이 있습니다. 따라서 중앙은행은 신용 확장의 속도를 통제하고 상업은행은 리스크를 관리하며 신중한 대출 심사를 수행해야 합니다.

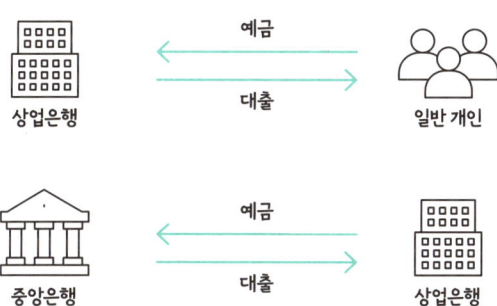

상업은행이 신용을 통해 '새로운 돈'을 만들어낸다고 했을 때 실제로 그 돈은 어디서 나온 것일까요? 중앙은행이 찍은 돈과 어떤 차이가 있을까요?

### 실천 미션

2008년 금융 위기나 1997년 IMF 외환위기 시기에 중앙은행과 상업은행이 각각 어떤 역할을 했는지 조사해 봅시다.

## 06

# 디지털 화폐와 암호화폐, 돈의 미래는?

#CBDC가 뭔데? #비트코인 #블록체인 #탈중앙화 #디지털 자산

지금 우리는 돈의 개념이 새롭게 정의되는 전환점에 서 있습니다. 지폐나 동전, 그리고 신용카드와 같은 전통적인 결제 수단을 넘어서 이제는 중앙은행이 발행하는 디지털 화폐, 비트코인Bitcoin, BTC 과 같은 암호화폐, 블록체인Block chain 기술을 기반으로 하는 다양한 디지털 자산들이 빠르게 확산하고 있습니다. 이러한 흐름은 국가의 통화 정책, 금융의 접근성, 투자자의 전략, 그리고 사회 전체의 경제 패러다임에까지 영향을 미치고 있습니다.

## 중앙은행 디지털 화폐(CBDC)의 등장

CBCD Central Bank Digital Currency 는 '중앙은행 디지털 화폐'라는 뜻으로, 말 그대로 중앙은행이 발행하는 디지털 형태의 공식 화폐를 뜻합니다. 지폐나 동전처럼 국가가 법적으로 인정하는 법정화폐지만 물리적인 형태가 아닌 완전한 디지털 형태로 존재합니다. 지금까지는 한국은행이 시중은행에 공급한 지폐를 사용했다면, CBDC 체제에서는 한국은행이 발행한 디지털 원화를 스마트폰 앱을 통해 사용할 수 있습니다. 기존에 우리가 쓰던 카카오페이, 네이버페이, 신용카드 같은 디지털 결제 방식과 비슷해 보일 수도 있지만 그 본질은 확연히 다릅니다. 기존의 디지털 결제는 민간 기업이 발행한 선불 충전 방식이나 은행 계좌 결제 방식을 기반으로 진행합니다. 반면 CBDC는 국가가 직접 발행하고 정부가 보증하는 정식 화폐이기 때문에 신용 리스크 없이 누구나 사용할 수 있습니다.

## CBDC가 필요한 이유

CBDC가 추진되는 이유는 단순히 기술이 발전했기 때문만은 아닙니다. CBDC 체제의 등장은 전 세계적으로 현금 사용이 급격히 줄어들고 있는 현실이 반영된 결과라고 할 수 있습니다. 사람들이 실물 화폐를 거의 사용하지 않게 되자 중앙은행이 지폐 발행과 유통의 비

효율성을 고민하게 되었고 이에 대한 대안으로 디지털 화폐가 주목받게 된 것이죠.

더욱이 암호화폐 확산을 견제하려는 목적도 있습니다. 비트코인처럼 중앙 통제가 어려운 민간 가상자산은 국가의 통화정책이나 금융 안정성에 위협이 될 수 있기 때문에 보다 안정적이고 제도권 내에서 통제가 가능한 디지털 화폐를 필요로 하게 된 것입니다.

CBDC는 금융 소외 계층에 대한 접근성까지 높일 수 있다는 점에서 큰 장점을 가지고 있습니다. 은행 계좌가 없거나 인터넷 접근이 어려운 지역에 사는 사람들도 CBDC를 통해서라면 스마트폰 하나로 금융 서비스를 이용할 수 있으니까요.

또한, CBDC는 통화정책을 실시간으로 적용할 수 있습니다. 예를 들어 경기 부양을 위해 정부가 국민에게 직접 디지털 화폐를 지급한다고 하면 즉각적이고 정밀한 정책 집행이 가능해집니다.

다른 나라의 CBDC 도입 상황을 보면 현재 중국은 디지털 위안화를 시범적으로 운영하고 있고, 유럽연합은 디지털 유로 프로젝트를 추진하고 있습니다. 미국과 한국 역시 모의실험과 연구를 통해 도입 가능성을 검토 중입니다.

### ⚖️ 암호화폐의 등장 배경

2009년 글로벌 금융 위기 직후 세상에 등장한 비트코인은 사토시

나카모토中本哲史라는 가명의 개발자가 발표한 논문에서 시작되었습니다. 그는 정부나 중앙은행 없이도 개인 간에 전자적으로 돈을 주고받을 수 있는 시스템을 구상했고 그 결과물로 등장한 것이 바로 비트코인이었습니다. 비트코인은 국가가 발행하지 않기 때문에 네트워크 참여자들의 자율적 검증을 통해 작동합니다.

암호화폐는 블록체인 기술을 기반으로 작동합니다. 블록체인은 거래 정보를 담은 블록이 시간 순서대로 체인처럼 연결되어 있는 구조로, 전 세계 수많은 컴퓨터에 동일하게 저장되기 때문에 위조나 변조가 사실상 불가능합니다. 그중에서도 비트코인의 경우, 발행량이 2,100만 개로 제한되어 희소성이 있고 이 때문에 '디지털 금'이라는 별명으로 불리고 있습니다.

또한, 2015년에 등장한 이더리움Ethereum, ETH은 단순한 송금 기능을 넘어 '스마트 계약'이라는 자동화된 프로그램 실행 기능을 갖추면서 탈중앙화된 애플리케이션 생태계의 기반이 되었습니다. 이더리움은 '블록체인 기반 인터넷'의 개념을 구현한 플랫폼이라고도 볼 수 있습니다.

## 블록체인이 주목받는 이유

블록체인은 거래의 신뢰를 기술로 해결하려는 시도입니다. 중간 관리자 없이도 시스템이 자동 운영되며 모든 거래 내역이 공개되고 해킹이나 위조에 강한 구조를 갖추고 있기 때문에 투명성과 보안성을 동시에 자랑합니다. 예를 들어 비트코인 거래는 모두 블록체인에 기록되기 때문에 누구나 열람할 수 있고 한번 기록된 데이터는 쉽게 변경할 수 없습니다.

그러나 블록체인도 완벽한 기술은 아닙니다. 처리 속도가 느리고 거래 비용이 높으며 개인정보 보안 문제도 발생할 수 있습니다. 특히 작업증명Proof-Of-Work, PoW 방식은 막대한 에너지를 소모한다는 비판을 받기도 했습니다.

그럼에도 불구하고 블록체인은 금융뿐만 아니라 부동산 등기, 투표 시스템, 공공 기록 관리 등 다양한 분야에서 활용 가능성이 검토되고 있으며 이는 블록체인이 새로운 사회 시스템의 기반 기술로 발전할 수 있는 잠재력을 가졌다는 사실을 보여줍니다.

## ⚖ 암호화폐는 왜 규제 대상이 되고 있을까?

암호화폐는 기존 금융 시스템의 질서와는 전혀 다른 방식으로 작동합니다. 정부나 은행이 발행하지 않고 누구나 익명으로 거래할 수 있기 때문에 전통적인 금융 규제를 비껴가게 됩니다. 이로 인해 자금 세탁, 테러 자금 조달, 다크웹 범죄를 위해 사용될 수 있다는 우려가 커졌습니다.

또한, 암호화폐 시장은 주식시장처럼 공시나 정보 공개, 감독 체계가 부족하여 투자자 보호 장치가 미흡합니다. 2022년 FTX 거래소의 파산이나 루나 사태와 같은 사건은 수많은 개인 투자자에게 큰 손실을 안겨주었다는 점에서 제도권 보호의 필요성을 크게 부각시켰습니다.

더불어 암호화폐가 법정화폐를 대체할 경우, 통화량을 조절하거나 금리를 통해 경기를 조절하는 통화정책의 힘이 약화될 수 있다는 점도 우려되는 지점입니다. 이 때문에 각국 정부는 규제와 통제를 통해 통화 주도권을 유지하려는 노력을 병행하고 있습니다.

## 미래 투자자에게 디지털 자산의 의미

디지털 자산은 이제 더 이상 투기 대상만은 아닙니다. 현금, 채권, 주식, 부동산에 이어 다섯 번째 자산군으로 자리매김하고 있습니다. 비트코인은 인플레이션을 방어할 수 있는 대체 자산으로, 이더리움은 기술 플랫폼으로서의 성장 가능성을 지닌 투자처로 효용성을 높이고 있습니다. 또한, 블록체인 기술을 기반으로 디지털 소유권을 증명할 수 있도록 하는 NFT<sub>Non-fungible Token</sub>나 디지털 콘텐츠 자산은 문화와 소유의 개념을 새롭게 정의하고 있습니다.

하지만 디지털 자산 투자는 높은 변동성과 불확실성을 동반하기 때문에 규제 환경의 변화, 해킹 위험, 기술적 실패 등의 리스크를 반드시 고려해야 합니다.

무엇보다 중요한 것은 기술과 프로젝트의 본질을 이해하고 투자에 접근하는 태도입니다. 미래 시대에는 금융 지식뿐만 아니라 디지털 기술과 정보 환경을 비판적으로 이해하고 능동적으로 활용하는 '디지털 리터러시Digital Literacy'와 기술 이해력이 동시에 필요한 복합적 투자 환경이 펼쳐질 것입니다.

### 생각해볼 질문

암호화폐는 과연 '화폐'일까요? 아니면 일종의 '투자 자산'일까요? 여러분은 어떤 기준으로 판단하고 있나요?

### 실천 미션

스마트폰에 디지털 자산 지갑(예: 메타마스크, 업비트 지갑 등)을 설치하고 지갑 생성, 보안 키 관리, 토큰 수신·전송 과정을 체험해 봅시다.

# 07

# 돈의 흐름을 바꿔놓은 사건들

#닉슨 쇼크 #아시아 외환 위기 #글로벌 금융위기
#코로나19 #돈의 무기화

## 1971년 닉슨 쇼크: 금본위제 종말과 달러 패권의 시작

　세계 대전 이후, 글로벌 경제 체제는 미국 중심의 전후 처리 과정에서 1온스의 금을 35달러로 고정하고 외국 정부가 원하면 달러를 미국 재무부에 가져가 금으로 바꿀 수 있는, 이른바 '금본위제'로 이동했습니다. 하지만 1971년 미국의 리처드 닉슨 대통령은 이 질서를 무너뜨리는 결정을 내리게 됩니다. 닉슨 대통령은 달러와 금의 교환을 일방적으로 중단한다고 선언했으며 이는 전 세계 통화 시스템에 큰 충격을 안겼습니다.

닉슨 쇼크Nixon Shock라고 불리는 이 사건으로 인해 금본위제가 공식적으로 폐지되고 법정화폐의 시대가 열렸습니다. 더 이상 미국 달러는 금과 연결되지 않았지만 국제 거래의 중심 통화로 자리 잡으며 달러 패권을 강화하게 됩니다. 또한, 나라마다 자유롭게 화폐를 발행할 수 있게 되면서 각국은 인플레이션과 환율 변동이라는 새로운 숙제를 안게 되었습니다.

닉슨 쇼크는 '돈이란 무엇인가'에 대한 철학을 근본부터 바꾸는 사건이었습니다. 이후 등장한 암호화폐, 디지털 화폐 같은 새로운 실험들도 모두 이 사건 이후의 체제에서 출발했다고 볼 수 있습니다.

## ⚖️ 1997년 아시아 외환 위기:
### 외국자본의 속도전과 신흥국의 붕괴

1990년대 중반까지 아시아는 '기적의 대륙'으로 불렸습니다. 우리나라를 포함한 태국, 인도네시아 등은 고도성장을 이어가며 세계 경제의 중심으로 부상하고 있었습니다. 그러나 1997년 단 몇 달 만에 아시아의 주요 국가들이 외환 위기를 겪으며 국가 부도 직전까지 몰리는 사태가 발생합니다.

이 위기는 태국에서 시작해 도미노처럼 주변국으로 확산되었는데,

그 배경에는 외국자본의 급격한 이동과 신흥국 금융 시스템의 취약성이 있었습니다. 우리나라도 예외는 아니었습니다. 당시 대기업 중심의 과잉 투자, 과도한 외채, 금융기관의 리스크 관리 부실 등으로 외국인 투자자들의 신뢰가 무너졌고, 이후 단기간에 대규모 자본이 유출되면서 원화 가치가 폭락했습니다. 이로 인해 외환보유고가 고갈되었고 국가 부도 위기에 놓여 IMF 긴급 구제금융을 요청하게 된 것이죠.

이 사건은 실물경제의 약세보다도 '신뢰의 상실'이 금융 패닉을 유발하고 자본의 이동이 국가 경제를 무너뜨릴 수 있다는 점을 보여주었습니다. 외환 위기 이후 아시아 국가들은 외환보유고를 대폭 늘리고 고정환율제를 포기하였으며 자본 유출에 대비한 체계를 구축하는 데 나서게 됩니다.

## 2008년 글로벌 금융 위기:
### 신용버블 붕괴와 중앙은행의 부상

2008년 미국에서 시작된 금융 위기는 세계 경제 전체를 뒤흔드는 역사적 사건이었습니다. 당시 금융 위기의 뿌리에는 금융시장의 끝없는 욕심이 자리 잡고 있었습니다. 과도하게 신용을 확대하고 금융 파생상품을 남용한 결과였죠. 이는 이 사건을 풍자한 영화 〈빅쇼트〉를 통해서도 확인할 수가 있습니다.

미국은 2000년대 초반부터 신용이 낮은 사람들에게도 적극적으로 주택담보대출을 제공했고, 이 대출들은 복잡한 파생상품으로 재포장되어 세계 금융기관에 퍼졌습니다. 하지만 주택 가격이 하락하고 대출자들이 상환하지 못하게 되자 이 구조는 순식간에 무너졌고, 2008년 9월 리먼 브라더스의 파산을 기점으로 금융시장의 신뢰가 붕괴하게 됩니다.

이때 중앙은행은 시장의 마지막 구원자로 등장합니다. 미국 연준은 제로금리 정책과 양적 완화를 통해 시장에 막대한 유동성을 공급하여 금융 시스템을 안정시키고자 했습니다. 이후 전 세계 중앙은행들도 금융 위기를 방지하기 위해 비전통적인 통화정책을 시행하기 시작했습니다. 이때부터 중앙은행은 단순한 통화 조절 기관이 아니라 시장 전체를 움직이는 핵심 플레이어로 자리 잡게 됩니다.

이 위기는 신용과 연결, 그리고 시스템 리스크의 속도가 현대 금융에 얼마나 치명적인지를 각인한 사건이었습니다.

## 2020년 코로나19 팬데믹: 유동성 폭탄과 자산 시장 광풍

2020년, 전 세계는 코로나19라는 전염병으로 인해 경제활동이 거의 멈추게 됩니다. 인류 멸망이 올지도 모른다는 공포 속에 기업들은 문을 닫고 소비는 급감했으며 실업률은 치솟았죠. 그런데 놀랍게도 이 위기 속에서 주식시장, 부동산, 암호화폐 등의 자산 시장은 급등세를 보였습니다.

그 이유는 바로 통화정책과 재정정책이 동시에 시행되었기 때문입니다. 당시 각국의 중앙은행은 금리를 0% 수준으로 낮추고 대규모 양적 완화를 통해 유동성을 무제한으로 공급했습니다. 정부 역시 국민에게 현금을 직접 지급하고, 각종 보조금과 지원금으로 시장에 돈을 뿌렸죠. 이렇게 풀린 자금은 공포에 빠진 금융시장을 살리는 역할을 했지만 소비로 이어지기보다는 투자와 자산 시장으로 흘러 들어갔습니다. 그 결과, 코로나로 실물경제는 위축된 반면 자산 가격은 오히려 상승하는 기이한 양극화 현상이 나타났습니다.

이 사건은 돈의 방향이 경제 흐름을 지배할 수 있다는 사실을 극명하게 보여주었습니다. 또한, 유동성을 공급한 결과 발생한 인플레이션, 자산 격차, 부채 증가 등의 후유증을 중요한 문제로 대두시켰습니다.

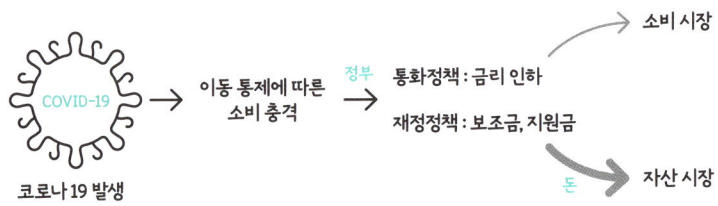

**팬데믹 시기 자산 시장이 급등한 이유**

## 2022년 러시아-우크라이나 전쟁: 무기 대신 금융 제재, 돈의 무기화

2022년 2월, 러시아가 우크라이나를 침공하면서 무력 충돌이 벌어졌을 때 전통적인 무기보다 먼저 사용된 것은 다름 아닌 금융 시스템이었습니다. 이 소식을 접한 서방 국가들은 군사적 대응 대신 강력한 경제 제재를 통해 러시아를 압박하는 데 나섰습니다.

대표적으로 러시아 주요 은행을 국제결제망인 SWIFT Society for Worldwide Interbank Financial Telecommunication에서 퇴출시켰습니다. 이 시스템은 전 세계 은행과 금융기관들이 안전하고 신속하게 국제 송금과 결제를 수행할 수 있도록 외환 거래, 무역 결제, 증권 정산 등에 필요한 메시지를 표준화된 방식으로 주고받는 통신망입니다. 따라서 한 나라가 SWIFT에서 배제된다는 것은 외국과의 무역, 투자, 외화 결제 등이 모두 차단되어 글로벌 금융망에서 사실상 고립되는 것을 의미합니다. 또한, 서방 국가들은 러시아 중앙은행이 보유하고 있던 3,000억 달러에 달하는 외환 자산을 동결하고, 글로벌 기업들을 러시아 시장에서 철수시키면서 러시아의 경제적 고립을 본격화했습니다.

이 사건은 달러와 국제 금융망이 단순한 거래 수단이 아니라 정치적 도구로 활용될 수 있다는 사실을 명확히 보여주었습니다. 그에 따라 일부 국가는 '탈脫달러화' 움직임을 보이며 새로운 금융 질서에 대해 고민하게 되었습니다. 동시에 글로벌 투자자들은 이 사건을 정치와 금융의 경계가 무너지고 있다는 신호로 받아들였습니다. 이제는 지정학적 리스크가 자산의 안전성과 직접 연결되는 시대가 되었음을 인식하게 된 것이죠.

코로나19 당시 실물경제는 위축됐는데 자산 시장은 상승했습니다. 이런 현상은 투자자에게 어떤 의미가 있을까요?

### 🎯 실천 미션

예금, 주식, 부동산, 암호화폐 등 보유 중인 자산이 위기 유형별로 어떤 영향을 받을지 정리하고, 가장 취약한 리스크 포인트 하나를 찾아 보완 전략을 구상해 봅시다.

# 세계를 경악시킨 짐바브웨, 베네수엘라의 하이퍼인플레이션

인플레이션은 적정 수준이면 경제를 활성화시키는 긍정적 요소가 될 수 있습니다. 하지만 일정 수준을 넘어서 통제가 되지 않으면 경제 시스템 전체를 마비시키는 하이퍼인플레이션Hyperinflation으로 발전하게 됩니다. 하이퍼인플레이션은 단순히 물가만 상승하는 게 아니라 화폐 가치가 붕괴하고 경제에 대한 신뢰 자체가 무너지는 극단적인 현상입니다. 이런 사례는 이론에서만 존재하는 것이 아닙니다. 실제로 짐바브웨와 베네수엘라라는 두 국가가 하이퍼인플레이션을 경험하며 전 세계에 경고 메시지를 남겼습니다.

### 짐바브웨,
### 세계에서 가장 유명한 하이퍼인플레이션

짐바브웨는 2000년대 초반 토지 개혁 실패와 정치적 불안, 부패한 정권 운영 등으로 경제 기반이 크게 흔들리기 시작했습니다. 정부는 이에 대한 대책으로 무분별하게 지폐를 찍어내기 시작했고 그 결과 화폐의 가치는 기하급수적으로 하락했죠. 2008년 짐바브웨의 연간 물가상승률은 2억%에 달한다는 보고가 있을 만큼 통계 집계조차 불가능한 수준이었고, 시장에서는 1조 달러로 빵 한 덩어리를 사는 상황까지 벌어지게 되었습니다. 이에 대응하기 위해 정부는 100조 달러 지폐까지 찍어냈지만 무용지물이었습니다. 결국 자국 화폐는 사실상 폐기되었고 국민들은 미국 달러와 남아프리카공화국 랜드(ZAR) 등 외국 통화에 의존해야 했습니다.

## 베네수엘라,
## 자원 부국의 몰락

　베네수엘라는 한때 세계 최대 석유 매장량을 자랑하며 남미의 부국으로 꼽히던 나라였습니다. 하지만 2010년대 들어서며 정부의 과도한 복지 지출, 통제적인 경제 정책, 부정부패, 석유 의존도 심화 등이 겹치면서 경제가 급격히 악화되었습니다. 특히 국제 유가가 폭락하면서 주요 수입원이 사라지자 정부는 부족한 예산을 메우기 위해 지속적으로 돈을 찍어냈고 그 결과 물가는 폭등하기 시작하였습니다.

　2018년 베네수엘라의 공식 물가상승률은 13만% 이상을 기록했고, 돈을 수레에 싣고 가도 물건 하나 사기 어려운 상황에 직면했습니다. 정부는 이후 새 화폐와 디지털 화폐의 도입을 시도하고 가격을 통제하는 등 여러 조치를 시행했습니다. 그러나 화폐에 대한 신뢰는 이미 바닥으로 떨어졌고 달러화 사용과 암호화폐 결제가 일상화되면서 자국 화폐는 유명무실한 존재가 되어버렸죠.

## 최근 대한민국은
## 인플레이션일까, 디플레이션일까?

　대한민국의 소비자물가지수 Consumer Price Index, CPI는 2021년부터 2023년 초까지 빠르게 상승세를 보였습니다. 코로나19 이후 글로벌 공급망이 흔들리면서 원자재 가격이 급등했고, 미국과 유럽에서 대규모로 유동성을 공급하면서 한국도 강한 인플레이션 압력을 받았던 것이죠. 특히 2022년에는 소비자물가상승률이 연간 5%를 넘어서며 10년 만에 가장 높은 수준을 기록했습니다. 특히 식료품, 에너지, 외식비 등 생활 밀접 물가가 급격히 오른 탓에 국민 체감물가는 그 이상이었다는 평가도 많았습니다.

　그러나 2023년 중반 이후부터는 물가상승률이 둔화되기 시작했고, 2024년에는 3%대 이하로 안정화되는 흐름을 보였습니다. 일부 품목은 가격이 하락하거나 오름폭이 크게 줄어들었죠. 그런데도 여전히 물가가 높다고 느끼는 이유는 고정비 위주의 생활 물가가 계속 상승하고 있기 때문입니다.

　결론부터 말씀드리면, 현재 대한민국은 인플레이션 구간에 머물러 있지만 일부 디플레이션적인 요소도 공존하는 상태라고 볼 수 있습니다. 다시 말해 '스태그플레이션Stagflation'에 가까운 상태라고 할 수 있죠. 지금 대한민국은 완전한 인플레이션도, 완전한 디플레이션도 아닌 과도기에 놓여 있습니다. 물가는 여전히 높은 수준이지만 소비와 투자 심리는 위축되고 있고, 자산 시장에서는 디플레이션에 가까운 흐름이 감지되고 있습니다.

이럴 때일수록 뉴스에서 말하는 숫자만 볼 것이 아니라 내 삶과 자산에 어떤 변화가 나타나고 있는지 관찰하면서 적절한 전략을 세워야 합니다. 늘 변화하는 경제 상황을 단정할 수는 없지만, 변화의 흐름을 읽고 유연하게 대응하는 사람만이 결국 자산을 지키고 기회를 만들 수 있는 법입니다.

{ 3장 }

# 부자가 되고 싶다면 저축부터

## 01

# 저축 vs 소비 습관, 돈을 모으려면 '이것'부터

#카페라떼 효과? #좋은 소비 습관 #지출을 내 손 안에
#티끌 모아 태산 #체크카드를 사용하자

　돈을 모으는 첫걸음은 소비 습관을 점검하고 개선하는 것입니다. 재차 강조하지만 월급을 많이 받는다고 해서 자동으로 부자가 되지는 않습니다. 번 돈을 모으지 못하면 오히려 씀씀이만 커질 뿐입니다. 수입보다 지출 관리가 더 중요하다는 말도 있듯이, 돈을 불리기 전에 우선 새는 돈부터 막아야 합니다. 즉 저축을 가로막는 나쁜 소비 습관을 고치고 좋은 저축 습관을 들이는 일이야말로 부자가 되는 지름길입니다.

## 소비 습관을 바꾸면 돈이 저절로 모인다

"티끌 모아 태산"이라는 말처럼, 작은 소비를 줄여 저축으로 돌리면 큰돈을 만들 수 있습니다. 예를 들어 매일 아침 사 마시던 4,000원짜리 커피를 집에서 타 마시면 한 달에 12만 원, 1년에 144만 원을 아낄 수 있죠. 이런 상황을 흔히 '카페라떼 효과'라고 합니다.

카페라떼 효과

또, 택시비나 배달음식비처럼 습관적인 지출도 점검해 보세요. 늘 월말만 되면 통장 잔고가 바닥나는 직장인 E 씨는 일주일간 자신의 소비 내역을 기록해 보니 불필요한 지출이 한두 군데가 아니었다고 합니다. 이후 출퇴근길엔 택시 대신 대중교통을 이용하고, 점심은 카페 대신 구내식당에서 해결하는 등 생활 습관을 바꿨더니 한 달에 30만 원 이상을 추가로 저축할 수 있게 되었죠. 이처럼 자잘한 소비를 의식적으로 줄이면 생각보다 많은 금액을 저축할 수 있습니다.

## 저축 습관, 쉽게 시작하는 법

억지로 허리띠를 졸라맬 필요 없이 생활 패턴을 약간 조정하는 것만으로도 저축금을 늘릴 수 있습니다. 예컨대 월급날 통장에서 자동이체로 먼저 저축금을 떼어내는 방식은 강제적으로 소비 금액을 줄여줍니다. 저축금을 떼어내고 남은 돈 안에서만 생활하다 보면 자연스럽게 소비를 통제할 수 있죠.

또한, 카드보다는 현금이나 체크카드를 사용하는 편이 지출을 실감하는 데 도움이 됩니다. 눈에 보이는 돈으로 계산하면 물건을 구매할 때 한 번 더 고민하게 되니까요. 이런 식으로 사소하지만 돈이 새는 구멍을 막는 습관을 들여야 합니다. 부자가 되는 기반은 높은 수입이 아니라 알뜰한 소비와 꾸준한 저축 습관으로 다질 수 있다는 걸 잊지 마세요.

> **생각해볼 질문**
>
> 습관적으로 하는 소비 중에서 꼭 필요하지 않은 지출이 있나요? 커피, 흡연, 잦은 택시 이용 등 줄일 수 있는 항목을 생각해 보세요.

### 🎯 실천 미션

지난 한 달간의 카드 명세서나 가계부에서 불필요한 지출 항목 3가지를 찾아보세요. 이번 달에는 그 비용 중 일부를 저축으로 돌려봅시다. 예를 들어 "한 달 커피값 10만 원 중 절반인 5만 원 저축하기"처럼 구체적인 금액을 정한 뒤 이를 실천하며 성취감을 느껴보세요.

## 02

# 은행에 돈 넣으면 끝?
# 예·적금, 제대로 알고 넣자

#예금과 적금의 차이 #상황에 맞게 #금리 반드시 확인하자
#우대 조건도 꼼꼼히

　은행에 돈을 넣어두기만 하면 저절로 돈이 불어난다고 믿었다면 이번 챕터를 꼼꼼히 읽어주세요. 혹시 같은 은행 상품이라도 활용하는 방법에 따라 이자가 쌓이는 속도가 달라진다는 사실을 알고 있나요? 돈을 모으기 위해선 적금과 예금의 차이, 금리와 세금에 대한 정보를 제대로 알고 활용해야 합니다. 이제부터는 은행 예금, 적금에 대한 기본기를 탄탄히 다져봅시다.

## 예금과 적금의 차이

많은 분이 예금과 적금을 헷갈려 합니다. 둘 다 은행에 돈을 맡기고 이자를 받는다는 점에서 같지만, 예금은 목돈을 일정 기간 동안 맡기는 것인데 반해 적금은 매달 일정 금액을 넣는 것을 말합니다. 예를 들어 여유자금 1,000만 원이 있다면 1년 만기 예금에 전부 넣어두고 이자를 받는 게 유리합니다. 하지만 월급에서 매달 50만 원씩 모을 계획이라면 월 50만 원씩 1년 적금에 넣는 게 적합하겠죠. 어느 쪽이든 자신의 자금 상황에 맞게 선택하는 것이 중요합니다. 목돈이 생겼을 때 굳이 적금을 들 필요는 없고, 월급에서 조금씩 모을 건데 예금을 기다릴 필요도 없다는 뜻이죠.

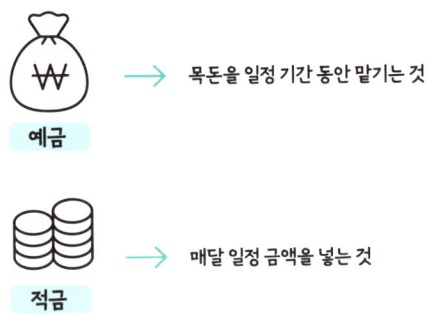

또 하나 기억해야 할 것은 금리와 세율입니다. 금리 상승기에는 예금 금리가 높아지므로 목돈을 예금에 넣어두면 상당한 이자를 기대할 수 있습니다. 반대로 금리 하락기에는 적금이라도 금리 확정형으로 미리 들어두면 이후 금리가 떨어져도 약정 금리를 보장받을 수 있습니다. 이처럼 금리 환경에 따라 전략적으로 상품을 고르는 안목이 필요합니다. 아울러 은행 이자소득에는 보통 15.4%의 세금이 부과된다는 점도 알아두세요. 비과세 혜택을 주는 세금우대저축이나 청년우대형 청약통장 등은 이러한 세금 부담을 덜어주니 조건에 맞으면 활용하는 것이 좋습니다.

## ⚖️ 금융 상품 가입할 땐, 숨은 조건도 꼼꼼히

금융 상품에 가입할 때 단순히 금리 숫자만 보지 말고 우대 조건과 부수적인 혜택도 확인하세요. 예컨대 어떤 적금은 '자동이체로 12회 납입 시 +0.2%p 우대', '온라인 가입 시 +0.1%p 우대' 같은 조건이 붙어 있습니다. 이러한 우대 조건을 모두 충족하면 게시된 기본 금리보다 높은 금리를 받을 수 있으니 놓치지 맙시다. 또한, 중도해지 시 금리나 만기 후 금리도 체크해야 합니다. 급하게 돈이 필요해 적금을 깨면 중도해지 이율은 매우 낮아서 기대한 만큼 이자를 못 받을 수 있습니다. 만기 후 찾아가지 않으면 이율이 보통 예금 수준으로 떨어지는 경우도 있습니다. 그러니 만기일을 달력에 표시해 두고 반드시 챙기세요.

현재 가입한 예금이나 적금의 금리는 어느 정도인가요? 그 상품의 우대 조건이나 세금 혜택을 제대로 활용하고 있는지 확인해 보세요.

### 실천 미션

금융기관 두 곳 이상에서 예·적금 상품 정보를 찾아 비교해 보세요. 시중은행과 인터넷 은행의 금리를 비교하거나 현재 가입 중인 적금과 다른 상품의 조건을 나란히 놓고 살펴봅시다. 그런 다음 가장 유리한 저축 전략을 세워보세요.

**예시**

> 앞으로 1년 동안은 금리가 높으니 장기간 고금리로 묶어 둘 수 있는 예금을 늘리고, 금리가 내려가면 단기간 운영할 수 있는 적금 위주로 전환해야겠다.

## 03

# 시간과 이자의 관계, 복리의 마법

#돈이 돈을 번다 #복리의 마법 #72의 법칙 #시간과 복리가 만나면?

"복리는 돈이 돈을 벌게 하는 마법"이라는 말을 들어본 적 있나요? 복리란 이자를 원금에 합산해 다음 이자를 계산하는 방식입니다. 처음엔 그 효과가 미미하지만 시간이 충분히 길어지면 수익이 눈덩이처럼 불어나는 것이 특징이죠. 노벨상 수상자 아인슈타인Albert Einstein이 "인류 최고의 발명은 복리"라고 했다거나, 워런 버핏Warren Buffett이 엄청난 부를 이룬 비결로 "오랫동안 복리를 활용한 것"을 꼽았다는 일화도 있을 정도입니다. 그만큼 복리의 힘은 강력하기 때문에 돈을 모으고 불리는 과정에서 꼭 알아둬야 할 개념입니다.

## 부자의 공식 = 시간 + 복리

복리의 효과를 이해하려면 시간의 역할을 빼놓을 수 없습니다. 시간이 늘어날수록 복리의 위력은 커지기 때문입니다. 예를 들어 연 5%의 이율로 100만 원을 투자한다고 가정해 봅시다. 단리가 아니라 복리로 매년 이자를 재투자하면 1년 후 105만 원, 5년 후 약 127만 원, 10년 후에는 약 163만 원이 됩니다. 20년이 지나면 약 265만 원, 30년 후에는 무려 432만 원으로 늘어나게 되죠. 원금의 4배 이상이 되는 셈입니다. 이 차이는 오로지 복리 효과와 시간의 조합에서 나옵니다.

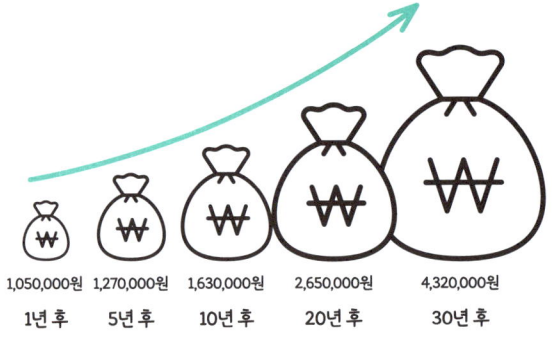

그렇기 때문에 투자는 하루라도 젊을 때 시작하는 게 유리합니다. 20대부터 종잣돈을 모아 투자하면 40년 이상의 긴 시간 동안 복리 효과를 누릴 수 있지만, 40대에 시작하면 그 절반밖에 시간이 없기 때문입니다. 핵심은 '얼마나 빨리 시작해서 얼마나 오래 굴리느냐'입니다. 복리의 마법은 서두르는 사람에게 미소 짓고 꾸준한 사람에게 보상을 줍니다.

## 72의 법칙으로 알아보는 복리

복리 효과를 빠르게 계산할 때 자주 쓰는 '72의 법칙'이란 게 있습니다. 투자한 돈이 2배가 되는 데 걸리는 시간을 어림잡아 계산하는 법칙입니다. 72를 이자율(%)로 나누면 원금이 2배가 되는 대략적인 시점이 나옵니다. 예를 들어 연 6% 복리 상품에 돈을 넣으면 72÷6=12, 즉 12년이면 원금의 2배가 된다는 뜻입니다. 연 3%라면 72÷3=24, 24년이 걸리죠. 이 간단한 법칙은 이율과 시간의 관계를 감 잡는 데 도움을 줍니다. 또한, 현재 금리가 낮더라도 긴 시간 예치하면 상당한 수익을 낼 수 있다는 걸 보여주죠.

**생각해볼 질문**

만약 여러분이 1,000만 원을 연 5% 복리로 투자한다면 10년 후와 20년 후에는 얼마가 될까요? 직접 계산하거나 계산기를 이용해 복리 효과를 확인해 보세요.

## 🎯 실천 미션

직접 공식에 대입하거나 인터넷의 복리 계산기를 이용해서 목표 금액을 마련하기까지 필요한 시간을 계산해 봅시다. 이를 통해 복리와 시간의 관계를 배우고 장기적인 재무 목표를 세우는 감을 익혀보세요.

### 예시

10년 뒤에 1억 원을 만들려면
현재 얼마를 연 몇 %로 투자해야 할까?

# 04

# 자동저축시스템, 재테크의 첫걸음

`#월급 받았을 때` `#저축을 먼저` `#자동이체로 더 편리하게`
`#자동화 시스템`

"저축은 해야 하는데, 월말이 되면 남는 돈이 없어요." 많은 사람들이 하는 고민입니다. 스스로의 절제력만 믿고 남는 돈을 모으려 하면 작심삼일이 되기 십상이죠. 그래서 필요한 것이 바로 자동저축시스템입니다. 우리가 운동할 때 PT 트레이너나 앱의 도움을 받듯, 돈을 모을 때도 자동 시스템의 도움을 받으면 훨씬 수월해집니다. 월급을 받자마자 일정 금액이 알아서 저축될 수 있도록 설계해 두면 의지력을 발휘하지 않아도 저축을 지속할 수 있습니다.

## 알아서 굴러가는 저축 자동화

자동저축시스템이란 쉽게 말해 돈이 들어오자마자 저축으로 빠져나가게 미리 세팅해 두는 것입니다. 가장 흔한 방법은 월급 통장과 저축 통장을 분리하고 급여일에 맞춰 자동이체를 걸어두는 것이죠. 예를 들어 월급이 들어오면 당일 저녁에 20%는 적금 통장으로 빠져나가도록 설정합니다. 이렇게 하면 월급 받은 기분에 신나서 펑펑 쓰기 전에 강제로 저축이 이뤄집니다. 남은 돈으로만 생활하니 자연스럽게 예산 내에서 소비하게 되고요. 실제로 '자동이체로 먼저 저축하고 나니 통장에 남은 돈만 보고 생활하게 되어 과소비를 줄였다'는 후기가 많습니다.

또 다른 자동화 방법으로는 청약통장이나 7장에서 설명할 연금계좌(IRP, 연금저축펀드), ISA 등 절세 및 장기 계좌에 자동이체하는 방법이 있습니다. 청약저축이나 연금저축계좌, ISA에 월 10만 원 정도 납입을 자동화하면 매달 알아서 미래를 위해 투자하고 있는 셈이 됩니다. 이런 상품들은 세액공제나 비과세 혜택도 있으니 일석이조지요. 카드사 자동이체 할인도 저축에 응용할 수 있습니다. 카드로 일정 금액 이상 투자하면 포인트나 캐시백을 주는 이벤트를 활용해 매달 일정 금액으로 투자 상품을 매수하면서 혜택도 누려보세요.

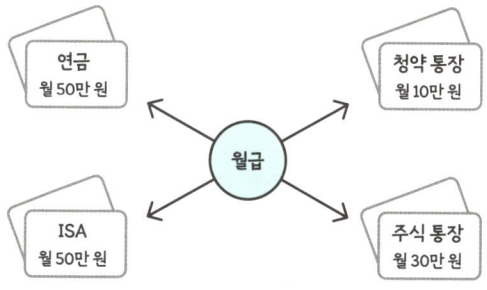

### ⚖️ 눈에 보이는 계획으로 실천 지속하기

자동저축시스템을 구축했다면 이제는 이를 장기적으로 유지하는 것이 관건입니다. 가장 좋은 방법은 구체적인 저축 계획과 목표를 눈에 보이게 만드는 것입니다. "월 50만 원씩 6개월 적금, 만기 시 300만 원 만들기"처럼 목표를 포스트잇에 써서 붙여두면 동기부여가 됩니다. 월말에 가계부를 정리할 때 자동이체된 저축 내역을 확인하고 스스로 칭찬해 보세요. 만약 자동이체 금액이 너무 빡빡해서 생활이 어렵다면 처음부터 욕심내지 말고 부담스럽지 않은 수준으로 설정하는 게 좋습니다. 10% 저축이 어렵다면 5%부터 시작한 뒤 익숙해지면 점차 늘리는 식으로요. 자동화 시스템은 꾸준함이 생명입니다. 작은 금액이라도 오래 모으면 큰돈이 된다는 걸 기억하세요.

여러분은 월급이 들어오면 곧바로 저축을 하고 있나요, 아니면 쓰고 남은 돈을 모으고 있나요? 혹시 수동으로 저축하고 있다면 그동안 계획한 만큼 저축이 잘 되었는지 돌이켜 보세요. 자동저축시스템을 도입하면 어떤 변화가 있을지 생각해 봅시다.

### 🎯 실천 미션

이번 달부터 자동저축시스템을 도입해 보세요.
예를 들어 급여일에 맞춰 적금 자동이체를 설정하거나 매주 일정 금액을 투자용 계좌로 이체하는 스케줄을 걸어두는 겁니다. 이때 저축 계좌 별칭을 "내 집 마련", "아이 교육자금" 등 목표 이름으로 지정해 두면 더욱 동기부여가 될 거예요. 그리고 한 달 뒤 자동 저축이 실행된 결과를 확인해 보세요.

# 05

# '선저축, 후소비' 습관 만들기

#소비 전에 저축부터 #소비 예산 짜기
#균형 잡힌 소비 습관 #소비 한도를 정하자

 

월급날만 기다렸다가 돈이 들어오면 그동안 먹고 싶던 음식과 사고 싶던 물건에 돈을 펑펑 쓰고… 그러다 보니 월말엔 저축은커녕 통장이 텅 비어버린 경험, 누구나 한 번쯤 있을 겁니다. 이러한 악순환을 끊는 마법의 습관이 바로 '선先저축, 후後소비'입니다. 월급을 받자마자 가장 먼저 저축부터 떼어놓고 남은 돈으로 생활하는 습관을 말하는데요. 돈을 모으는 많은 사람들이 입을 모아 추천하는 방법이기도 합니다. 소비 전에 저축금을 확보함으로써 자연스럽게 소비를 조절하고 저축 목표를 달성할 수 있는 생활 철칙입니다.

## 당근보다 채찍? 나를 위한 강제 저축

'선저축, 후소비'는 어찌 보면 스스로에게 채찍을 가하는 방법입니다. 쓸 돈을 미리 줄여버리는 방법이니 절제하지 않아도 강제로 소비를 억제하게 되죠. 예컨대 월급 300만 원 중 20만 원을 선저축하면, 수중에 쓸 수 있는 돈은 280만 원뿐입니다. 그러면 저축액 20만 원은 건드리지 않은 채 자연스럽게 280만 원 안에서 생활비 예산을 세우게 되니 돈을 목표대로 모을 수 있습니다. 다 쓰고 남는 돈을 저축하려면 의지력이 많이 필요합니다. 월말까지 통장에 돈이 남아야 저축할 수 있는데, 사람 마음이 그리 강하지 못하거든요. "이번 달은 친구 결혼식 있어서 다음 달부터 저축해야지" 하며 미루기 일쑤입니다. 결국 스스로를 위한 강제 부과금이라고 생각하고 선저축을 습관화하는 게 중요합니다.

## 소비 예산으로 스트레스 줄이기

물론 선저축을 처음 실행하면 생활비가 빠듯해 스트레스를 받을 수 있습니다. 이때 명확한 소비 예산을 세우는 것이 도움이 됩니다. 월급에서 저축금을 제외하고 남은 돈으로 필수 지출과 여가 지출 계획을 짜보세요. 예를 들어 280만 원 중 집세·공과금·식비 등 고정비에 180만 원을 배정하고, 나머지 100만 원을 주간 예산 25만 원씩으로 나누어 씁니다. 이렇게 큰 틀의 소비 한도를 정해두면 선저축으로 줄어든 돈 안에서도 삶의 질을 유지할 수 있습니다. "이번 주 예산 25만 원 내에서 신나게 써보자"라고 생각하면 죄책감 없이 소비하면서도 한도를 지키게 되니까요. 만약 어느 달에 부득이하게 예산을 초과했다면 다음 달 예산에서 그만큼 덜어내면 됩니다. 나 자신에게 대출과 상환 개념을 적용해 보세요. 이러한 방법으로 균형 잡힌 소비와 저축의 습관을 만들 수 있습니다.

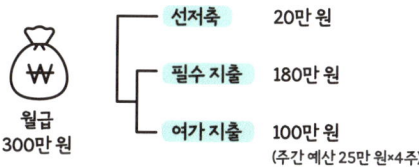

> **생각해볼 질문**
>
> 월급을 받는 즉시 저축하는 금액과 비율을 정한다면, 여러분은 얼마나 선저축할 수 있나요? 지금까지의 소비 패턴을 바탕으로 실천 가능한 저축률은 얼마인지 생각해보세요. 각자의 상황에 맞는 비율을 떠올려봅시다.

### 🎯 실천 미션

다음 월급날부터 '선저축, 후소비'를 실천해 보세요.

월급이 들어오는 통장에서 저축용 통장으로 바로 이체될 금액과 날짜를 설정합니다. 날짜는 월급날 당일이나 다음 날로 설정해두고, 이체 메모에 "선저축"이라고 표시해 두세요.

한 달 동안 이 원칙을 지켜본 뒤, 스스로 느끼는 소비의 변화와 저축 효과를 기록해 보세요. 만약 성공적으로 해냈다면, 그다음 달에는 선저축 금액을 조금 늘려보는 것도 좋습니다.

## 06

# 소비 다이어트, 불필요한 지출을 잡아라

`#불필요한 지출을 빼자` `#무지출 데이가 뭔데?`
`#필요한 구독만` `#세일의 유혹 이겨내는 법`

다이어트를 할 때 군살부터 빼듯이, 재테크를 할 때도 불필요한 지출부터 빼야 합니다. 아무리 수입이 늘어도 그만큼 지출이 따라 늘어나면 재산을 모을 수 없죠. 지난 달의 소비 항목을 가만히 들여다보면 꼭 필요한 지출보다 안 해도 되는 지출이 더 많습니다. '소확행'이라는 이름으로 쓰는 돈, 습관처럼 새는 돈 들을 과감히 줄여보는 겁니다. 건강을 위해 식단을 조절하듯, 재정을 건강하게 만들기 위해 소비 다이어트를 시작해 볼까요?

## 장바구니는 가볍게, 지갑은 무겁게

　불필요한 지출을 줄이는 구체적인 방법부터 살펴보죠. 우선 충동구매를 피하기 위해 장볼 땐 쇼핑 목록을 작성하는 습관을 들입시다. 마트에 갈 때 사야 할 것을 미리 적어 가면 간식이나 세일 품목에 눈 돌아가는 일을 막을 수 있습니다. 또는, '무지출 데이'를 정해 도전하는 것도 좋습니다. 일주일에 하루 정도 카드나 현금을 전혀 쓰지 않는 날을 정하는 겁니다. 그날만큼은 집에서 도시락을 싸고, 커피도 사 마시지 않고, 불필요한 온라인 쇼핑도 참습니다. 처음엔 어려워도 막상 해보면 생각보다 할 만하다는 걸 알게 되고 그 하루 덕에 안 좋은 소비 습관이 초기화되는 효과가 있습니다. 마지막으로, 정기구독과 멤버십을 점검하세요. 스트리밍, 잡지, 유료 앱 등 매달 자동으로 빠져나가는 구독 서비스 중 잘 안 쓰는 건 없는지 살펴보고 과감히 해지하세요. 마치 다이어트를 하듯 꼭 필요한 것만 남기고 불필요한 소비와 구독을 줄인다면 줄줄 새는 돈을 막을 수 있습니다.

1 구매 목록 작성하기　　2 '무지출 데이' 갖기　　3 구독 서비스 점검하기

## 세일의 유혹 이기는 법

"1+1", "단 3일간 반값" 같은 세일 문구에 혹해 물건을 쌓아두고 있지는 않나요? 세일은 잘 활용하면 이득이지만 필요 없는 물건까지 산다면 100% 손해입니다. 세일의 유혹을 이기려면 필요한 것만 선별해서 구매하는 원칙이 필요합니다. 방법은 간단해요. 사고 싶을 때 바로 사지 말고 24시간 기다려보세요. 충동구매 욕구는 순간적이기 때문에 하루만 지나도 '굳이 안 사도 될 것 같은데…' 하는 생각이 들곤 합니다. 하루를 기다렸는데도 여전히 사고 싶다면 그때 가서 사도 늦지 않습니다. 온라인으로 쇼핑을 자주 한다면 장바구니에 담아두고 바로 결제하지 않는 습관을 들이는 것도 도움이 됩니다. 며칠 뒤 장바구니를 보면 열에 아홉은 '내가 이걸 왜 담았지?' 할 때가 많거든요. 마지막으로, 친구들과 함께 '소비 다이어트' 챌린지를 하는 것도 동기부여가 됩니다. 서로 한 달간 불필요한 지출 줄이기 경쟁을 하고 아낀 돈으로 모임 한 번 하자고 약속하면 재미도 있고 소비 다이어트에도 도움이 됩니다.

소비 내역 중 사치성 지출은 무엇인가요? 매일 습관적으로 사는 편의점 간식, 잘 이용하지 않는 구독 서비스, 충동적으로 사 모은 취미 물품 등 불필요한 지출을 떠올려보세요.

### 실천 미션

한 달간 소비 다이어트 챌린지에 도전해 보세요. 불필요한 소비를 최소화하기 위해 다음과 같은 목표를 세워봅시다.

① 매주 수요일은 '무지출 데이'로 지정하기
② 온라인 쇼핑은 장바구니에 담고 3일 뒤에 구매 결정하기
③ 잘 사용하지 않는 구독 서비스 1개 해지하기

한 달 동안 목표를 실천하면서 절약된 금액을 기록해 보세요. 월말에 줄인 지출액을 얼마나 저축이나 대출 상환으로 돌렸는지 스스로 평가합니다. 성공적으로 챌린지를 마쳤다면 그다음 달에는 새로운 규칙을 추가해 반복해 보세요.

## 07

# 돈이 줄줄 새는
# 구멍 막기

#돈 새는 주범 #카드 빚 #습관적인 할부
#충동구매는 금물 #24시간 룰?

　크기가 크진 않은데 어느새 돈이 술술 빠져나가는 구멍들이 있습니다. 대표적으로 과다한 신용카드 사용, 무분별한 할부, 그리고 충동구매가 있습니다. 이 셋은 현대인의 지갑을 가볍게 만드는 주범이지요. 통제를 못 하는 순간 빚과 과소비로 이어지기 때문입니다. 그러므로 돈 새는 구멍을 사전에 막는 법을 익혀야 합니다. 예방이 최선인 셈이죠. 자, 이제 우리가 흔히 빠지는 함정을 하나씩 살펴보고 현명하게 대처하는 방법을 알아봅시다.

## 신용카드, 편리함 뒤의 덫

신용카드는 곧바로 통장에서 돈이 빠져나가지 않기 때문에 지출을 실감하기 어렵다는 함정이 있습니다. 그래서 가계부를 안 쓰면 한 달에 카드를 얼마나 썼는지 가늠하기 어렵죠.

신용카드 사용을 관리하려면 먼저 사용 횟수와 장수를 제한하세요. 카드를 여럿 쓰면 파악이 어려우니 주력 카드 한두 장만 남기고 정리합니다. 그리고 한 달 카드 사용 한도를 설정해 두면 좋습니다. 일부 카드사는 앱에서 월간 목표 사용액을 지정할 수 있는 기능과 알림을 제공하기도 합니다.

또, 한도가 소득 대비 과하게 높다면 줄이는 게 좋습니다. 신용카드 한도가 월급의 2~3배까지 나오기도 하는데, 그 한도까지 다 썼다간 큰 빚이 되겠지요. 적정 한도로 낮춰두고 가능한 선에서 사용합니다. 마지막으로, 카드값은 반드시 전액 일시불로 상환하세요. '리볼빙 Revolving(일부 결제 이월)'은 편해 보여도 미결제 잔액에 높은 이자가 붙으니 안 하는 게 상책입니다. 요컨대 카드 빚은 다음 달 소득으로 갚을 수 있을 만큼만 만들고 그 이상은 만들지 않는 게 원칙입니다.

## 할부와 충동구매, 안 보면 그만?

할부는 필요한 물건을 미리 사고 비용을 나눠 낼 수 있어 유용하지만, 남용하면 앞으로 벌 돈을 미리 당겨써야 한다는 위험이 있습니다. 무이자 할부라 해도 여러 건이 겹치면 매달 고정지출이 늘어나서 가계에 부담이 됩니다. 할부로 구매할 때는 최대한 짧은 기간으로 설정하고 가급적 3개월이 넘는 할부는 피하는 게 좋습니다. 각각의 할부가 현재 몇 개월 남았는지 한눈에 볼 수 있게 정리하는 것도 필요합니다. 할부로 산 물건이 다 낡았는데도 대금을 갚고 있지는 않은지 점검해 보세요.

충동구매는 앞서 소비 다이어트에서 다룬 대로 '24시간 룰'을 적용해 억제하는 것이 좋습니다. 그래도 충동을 완전히 막긴 어렵죠. 그럴 때 손해 최소화 전략을 씁니다. 예컨대 꼭 사고 싶을 때 일단 가장 작은 단위로 사보는 거죠. 취미 용품 세트를 충동적으로 사지 말고 그중 가장 싼 것 하나만 사서 충동구매 욕구를 달래보는 겁니다. 또는, 사고 싶은 물건의 가격만큼 통장에 먼저 저축해두고 한 달 뒤 그 돈으로 살지 말지 결정해 보세요. 돈을 옮겨놓는 것만으로 구매한 느낌이 들어 충동이 가라앉을 수 있고, 한 달 뒤에 안 사기로 한다면 그 돈은 저축금으로 남게 되니 어느 쪽으로 보아도 이득입니다.

**충동구매 억제하는 3가지 방법**

**생각해볼 질문**

아직 할부로 갚고 있는 내역은 무엇인지, 충동적으로 사서 후회한 물건은 없었는지 떠올려봅시다. 이러한 항목들을 앞으로 어떻게 줄일지 스스로 묻고 답해보세요.

## 🎯 실천 미션

'돈 새는 구멍 차단 점검표'를 만들어보세요.

| | 현황 | 계획 |
|---|---|---|
| ① 신용카드 사용 | 이번 달 카드 사용액 △△△△원 | 지난달 대비 △△원 감소 |
| ② 현재 남은 할부 | ○○ 항목 할부 n개월 남음 | 신규 할부 자제, 남은 할부 완납 계획 세우기 |
| ③ 충동구매 | ___, ___, ___ | 24시간 고민하기 또는 1개월 구매 보류 |

한 달간 이 점검표를 보며 실천해 보고 월말에 항목별로 얼마나 개선되었는지 스스로 평가해 보세요. 이렇게 구멍을 막은 만큼 저축 통장의 잔고는 늘어날 거예요.

## 08

# 1년에 1,000만 원, 목표를 정하고 모으자

`#목표 쪼개기` `#돈 모으기 챌린지` `#1,000만 원`
`#동기부여` `#나를 위한 보상`

    막연히 돈 모아야겠다는 생각만 해서는 실천하기 어렵습니다. 구체적인 저축 목표를 세워야 동기부여도 되고 계획도 뚜렷해지죠. 그래서 요즘 인기를 끌고 있는 게 바로 '돈 모으기 챌린지'입니다. 그중에서도 많은 사람들이 도전하는 것이 바로 '1년에 1,000만 원 모으기 챌린지'예요. 월급쟁이에겐 쉽지 않은 금액처럼 느껴지지만, 계획적으로 실천하면 불가능하지 않습니다. 무엇보다 이런 도전은 재미 요소가 있어 지루하지 않게 돈을 모을 수 있다는 장점이 있습니다. 자, 이제 목표를 명확히 정하고 1년 동안 착실히 돈 모을 준비를 해볼까요?

## 1,000만 원, 달성 가능한 목표로 쪼개기

　1,000만 원이라고 하면 막막하지만, 12개월로 나누면 한 달에 약 83만 3,000원으로 아까보다 현실적인 금액이 됩니다. 더 쪼개서 생각해 볼까요? 30일 기준으로 하루 약 2만 7,000원 정도를 저축하면 됩니다.

　이렇게 큰 목표를 작은 단위로 분해하면 현실감이 생깁니다. 지금부터는 자신의 수입과 지출 구조를 살펴서 월 83만 원을 어떻게 마련할지 계획을 세워야 합니다. 예컨대 월급에서 50만 원 저축, 주말 아르바이트로 20만 원 확보, 소비 다이어트로 10만 원 절약, 기존 적금 3만 원 증액 등을 합산하여 83만 원을 만드는 식입니다. 또는, 52주 저축법처럼 1주 차 1만 원, 2주 차 2만 원… 52주 차 52만 원으로 저축하는 방식도 있습니다. 점진적으로 저축액을 늘려가는 재미가 있죠. 여기서 중요한 건 자신에게 맞는 방법을 선택하는 겁니다. 월초에 많이 떼놓고 안 쓰는 게 편한 사람도 있고, 주 단위로 도전하는 게 재미있는 사람도 있으니 각자의 성향과 현금흐름에 맞춰 계획을 잡으세요.

## 시각화하고 공유하며 동기 유지하기

챌린지의 성공 비결은 지속적인 동기부여입니다. 저축 과정을 눈에 보이게 시각화하면 동기부여하기에 좋습니다. 1,000만 원을 모을 때까지는 그래프나 표를 그려놓고 매달 채워나가기를 추천합니다. 엑셀이나 가계부 앱을 이용해도 좋고 종이에 빈 칸 100개를 그려 한 칸당 10만 원으로 표시한 뒤 저축할 때마다 색칠하는 방법도 좋습니다. 차차 색이 채워지는 그림을 보면 성취감이 커져 더 노력하게 되거든요. SNS나 커뮤니티에 인증하는 것도 도움이 됩니다. 요즘 재테크 게시글에 해시태그로 '#돈모으기챌린지'를 올리며 서로 응원하는 문화가 있으니 참여해 보세요. 과도한 자랑은 삼가되 달성 진행률을 기록하며 스스로에게 칭찬과 채찍을 함께 주세요. 그리고 1,000만 원을 모았을 때 스스로에게 줄 보상도 약속하세요. '달성하면 50만 원으로 제주도 여행'처럼 작은 보상을 걸면 목표까지 가는 길이 덜 지루할 거예요.

> **생각해볼 질문**
>
> 1년 후 1,000만 원을 모은 모습을 그려보세요. 그 돈으로 무엇을 하고 싶나요? 결혼 자금의 일부로 사용할 수도 있고, 여행이나 자기계발에 투자할 수도 있겠죠. 구체적으로 상상하다 보면 목표를 향한 의지가 더 강해질 것입니다.

## 🎯 실천 미션

'1년에 1,000만 원 모으기' 세부 계획을 작성해 봅시다.

① 현재 저축 가능 금액: 월 _____ 원
② 추가 수입 창출 아이디어: _____
③ 절약 가능한 지출: _____ 등

이처럼 항목을 적은 다음, 캘린더나 노트에 12개월분의 저축 체크리스트를 붙여두세요. 매달 목표 금액을 채울 때마다 체크 표시를 하거나 스티커를 붙이며 진행 상황을 기록합니다. 혹시 어떤 달은 실패하더라도 낙담하지 말고 계획을 재조정해서 이어가세요. 1년 후 체크리스트를 모두 채웠을 때의 뿌듯함을 떠올리며 꾸준히 도전해 봅시다!

## 100만 원으로 10억 원 만든 투자법은 가능할까?

유튜브를 보면 "○○으로 100만 원을 10억 원으로 불렸다"처럼 자극적인 제목의 콘텐츠가 종종 눈에 띕니다. 과연 이런 일이 현실적으로 가능할까요? 결론부터 말하면 극히 예외적인 경우를 제외하면 거의 불가능하거나, 가능하더라도 상당히 높은 위험을 감수해야 합니다. 흔히 이런 이야기의 속사정을 보면 투자라기보다 투기나 행운에 가까운 사례가 많습니다.

예를 들어 100만 원으로 시작해 몇 년 만에 10억 원을 만들려면 수십 배 이상의 수익률이 필요한데, 이는 연평균 수익률로 따져도 일반적인 투자 상품으로는 달성하기 어려운 수준입니다. 만약 어떤 사람이 암호화폐나 급등주에 운 좋게 투자해서 이런 수익을 거뒀다고 해도 그 과정에서 큰 폭의 등락 위험을 수차례 넘겼을 가능성이 큽니다. 투자를 하는 대부분의 사람들은 큰 변동성을 견딜 수 없는데도 불구하고 실패 사례는 잘 드러나지 않기 때문에 성공담만 부각되는 측면이 있죠.

물론 소액으로 시작해서 꾸준한 투자로 언젠가 거액을 모을 수는 있습니다. 하지만 이런 경우는 고위험 단기투자가 아닌, 장기투자인 경우가 많습니다. 예컨대 워런 버핏도 젊은 시절부터 투자하여 수십 년간 복리 수익을 내며 부를 증식한 것이지, 단기간에 몇백 배의 수익을 낸 게 아닙니다. 그러니 혹시 "나도 100만 원으로 대박 터뜨려 볼까?" 하는 유혹이 들 때는 그 뒤에 따를 리스크와 성공 확률을 냉정히 따져보아야 합니다.

현명한 재테크란 급등주 소문을 좇기보다 저축과 투자를 꾸준히 이어가는 것입니다. 성실하게 모은 100만 원을 200만 원, 500만 원으로 불릴 수 있는 현실적인 목표를 세워보세요. 작은 목표를 이뤘다면 다시 그 돈을 1,000만 원, 1억 원으로 불릴 수 있도록 단계별로 나아가야 합니다. 작은 승리를 쌓아가는 과정이 때로는 느리게 느껴질지 몰라도 무모한 꿈을 좇다 전부 잃는 것보다 훨씬 지혜로운 길입니다. 한탕주의 대신 꾸준함으로, 눈속임의 마법 대신 복리의 마법으로 부를 이루는 것이 왕도라는 걸 기억하세요.

# 신용 관리 초급 가이드, 신용이 없으면 돈도 없다

# 01

# 신용점수는
# 나의 금융 이력서

#체크카드라는절친 #마이너스통장관리하는법 #결제는정시에완납 #연체제로

　신용점수가 취업 이력서만큼이나 중요하다는 사실 알고 계셨나요? 30대 직장인 F 씨는 몇 년 전 은행에서 대출을 받으려다 뜻밖의 벽을 마주했습니다. 평소 카드값 연체 한 번 없이 성실히 살아왔다고 생각했지만, 막상 대출 창구에서는 "신용점수가 낮아 대출 한도가 적습니다"라는 답변을 들었죠. 알고 보니 F 씨는 자신의 신용점수를 한 번도 관리해 본 적이 없었습니다. 마치 제대로 된 이력서 없이 취업 면접에 간 셈이었죠. 신용점수란 개인의 금융 생활을 점수로 환산한 것으로, 은행이나 카드사 입장에선 이 점수를 보고 돈을 빌려줘도 될 사람인지 판단합니다. 신용점수가 높으면 은행은 여러분을 '우수 고객'으로 여기고, 낮으면 '위험 고객'으로 여깁니다. 다시 말해 신용점수는 금융권에서 통용되는 여러분의 이력서인 셈입니다. 이력서 없이 좋은 직장을 얻기 어렵듯, 신용점수를 모르면 금융 기회에서 손해를 볼 수밖에 없습니다.

예를 들어볼까요? 친구 G 씨는 같은 직장 동료와 똑같은 연봉을 받지만, 신용점수 차이로 동료보다 신용카드 한도가 낮았습니다. G 씨는 그제야 과거 휴대폰 요금 연체 기록 때문에 점수가 깎였다는 걸 알게 되었죠. 반면 또 다른 동료 H 씨는 꾸준히 신용점수를 관리해 온 덕에 은행 VIP 혜택까지 받고 있었습니다. 이처럼 신용점수 하나로 받을 수 있는 금융 대우가 천차만별로 달라집니다.

신용점수를 안다는 것은 금융 생활의 출발점입니다. 내 점수를 확인하고 낮다면 올릴 방법을 찾아야 하죠. 신용점수를 모른 채 지내는 것은 시험 점수를 모른 채 공부 방향을 세우려는 학생과 같습니다. 이제부터는 신용점수라는 금융 이력서를 주기적으로 확인해 보세요. 스마트폰 뱅킹 앱이나 신용평가사 웹사이트에서 무료로 신용점수를 조회할 수 있으니 오늘 바로 확인해 보는 건 어떨까요?

## 신용점수를 올리는 5가지 핵심 루틴

첫째, 카드값과 통신 요금은 무조건 정시에 완납해야 합니다. '완납'과 '정시', 이 두 단어만 기억하세요. 카드값을 하루이틀 늦게 내는 것만으로도 신용점수는 하락합니다. 통신 요금, 가스 요금 등 공과금 자동이체 등록도 신용에 반영됩니다. 카드값은 전액 결제로 설정하고 공과금은 자동이체로 설정하는 게 핵심입니다.

둘째, 신용카드에 체크카드를 병행해서 사용하면 좋습니다. 체크카드는 건전한 소비 습관으로 인식되어 신용점수 평가에 긍정적입니다. 특히 6개월 이상 최소 월 30만 원을 꾸준히 사용하면 신용점수에 가산할 수 있습니다. 체크카드를 적극 활용하면서 지출을 관리하는 것도 잊지 마세요.

셋째, 대출 잔액을 먼저 줄일지 연체를 없앨지 고민된다면 우선순위는 '연체 제로'입니다. 이자 갚느라 카드값을 연체하는 것은 최악의 루트입니다. 신용점수는 '잔액'보다 '연체 이력'에 훨씬 민감하기 때문이죠. 아무리 적은 금액이라도 연체가 생기면 신용점수는 곤두박질치고 맙니다. 대출을 전부 갚으려고 하기보다는 연체 없이 이자라도 착실히 내는 게 우선입니다.

넷째, 소액 마이너스 통장은 관리가 가능한 도구입니다. 마이너스 통장(한도 대출)은 과도한 '신용 공여(증권사가 투자자의 자산이나 신용을 바탕으로 하여 돈을 빌려주는 것)'로 보이기 쉽습니다. 하지만 사용 금액이 적고 꾸준히 관리되고 있다면 신용점수에 부정적이지 않습니다. 한도 대비 30% 이내로 사용하고 빠르게 상환한다면 충분히 점수를 유지할 수 있습니다.

다섯째, 신용점수를 관리할 수 있는 앱을 적극적으로 활용해 보세요. 요즘은 올크레딧, 나이스 같은 민간 신용 조회 회사 앱에서 무료로 신용점수를 조회하거나 맞춤형 점수 개선 가이드를 제공받을 수 있습니다. '다음 달까지 카드 이용 금액을 10만 원 미만으로 유지할 시 신용점수 +5 예상' 이런 식으로 말이죠. 자신의 신용점수를 자주 보는 것 자체가 금융 습관의 개선으로 이어질 수 있습니다.

### 생각해 볼 질문

혹시 신용점수를 한 번이라도 확인해 본 적 있나요? 그렇지 않다면 그 이유는 무엇인가요?

### 실천 미션

주요 은행 앱이나 신용평가 웹사이트에 접속해 신용점수를 조회해 보세요. 자신의 신용점수를 노트에 적어두고 정기적으로 변화 추이를 기록해 봅시다.

## 02
# 신용카드, 혜택보다 중요한 신용 관리법

#신용점수 올리는 법 #불필요한 소비는 참기 #전액 결제 #필요한 카드만 사용하자

혹시 신용카드를 사용하는 게 무서워서 봉인해 두셨나요? 현명하게 쓰면 오히려 득이 됩니다. 결혼 후 가계를 꾸리는 40대 가장 I 씨는 한때 신용카드가 무섭다며 체크카드와 현금만 고집했습니다. 젊은 시절 카드 빚으로 힘들어했던 친구의 이야기를 듣고 차라리 카드를 안 쓰는 게 낫다고 생각한 것이죠. 그런데 막상 자동차 할부나 주택담보대출을 알아보니 은행에서 신용 이력이 부족하다며 난색을 표했습니다. 신용카드를 전혀 사용하지 않아 신용점수가 쌓이지 않았다는 게 그 이유였죠. 신용카드를 무조건 피하기만 한다고 능사가 아닌 이유가 바로 여기에 있습니다.

## 신용카드, 제대로 사용하는 법

신용카드는 잘못 쓰면 빚이 될 수 있지만 잘 활용하면 신용점수를 올리는 도구가 됩니다. 예를 들어 30대 회사원 J 씨는 월급날마다 자동이체로 카드 대금을 전액 상환하며 카드를 썼더니 몇 년 사이 신용점수가 크게 올랐습니다. 카드 사용 내역과 제때 상환한 이력이 신용평가사에 긍정적으로 반영된 것이죠. 반면 카드 혜택만 좇아 여러 장 발급받은 뒤 제대로 관리하지 못해 연체하면 신용점수에 치명타가 됩니다. 중요한 것은 카드 자체가 아니라 사용 습관입니다.

그렇다면 신용카드 사용의 올바른 방법은 뭘까요? 우선, 필요 이상으로 여러 카드를 만들지 않는 것이 좋습니다. 카드가 많으면 그만큼 연회비도 낭비되고 관리도 어려워집니다. 주력 카드를 정한 뒤 두세 장 정도로 줄여보세요. 또한, 매달 결제일을 잊지 않도록 달력에 표시한 뒤 가능하면 전액 결제를 습관화하세요. 일부만 갚고 남기는 이월결제(리볼빙)나 현금서비스는 가능하면 피해야 합니다. 이런 부분적인 빚은 이자도 높고 신용점수에도 좋지 않은 영향을 줍니다. 마지막으로, 적립이나 할인처럼 카드 혜택에 혹해서 불필요한 지출을 하지 않도록 경계해야 합니다. 혜택보다 중요한 건 신용이라는 점을 항상 기억하세요. 카드사는 여러분의 소비 습관까지 평가에 반영한답니다.

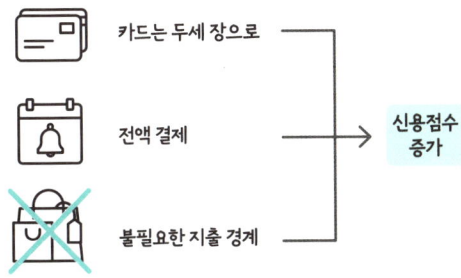

신용카드는 현금처럼 현명하게 쓸 수 있다면 든든한 친구가 됩니다. 현금만 고집하기보다 카드를 적절히 사용해 신용 이력을 쌓아보세요.

### 생각해볼 질문

현재 사용 중인 신용카드의 결제일을 한 번이라도 놓친 적이 있나요? 있었다면 원인이 무엇이었나요?

### 실천 미션

이번 달에는 신용카드 결제액을 전액 납부해 보세요. 이때까지 일부만 납부해 왔다면 소비를 조정하여 이월되는 잔액 없이 결제하는 훈련을 해봅시다. 스마트폰에 결제일 알람을 설정해 연체를 사전에 방지하는 것도 효과적입니다.

# 03

# 좋은 신용을 만들면 이런 혜택이 따라온다!

`#금리는 낮아지고 #한도는 상승하고 #매력적인 부가 서비스 #수수료 할인까지?`

신용이 좋으면 돈이 알아서 따라온다는 말을 들어본 적이 있나요?

40대 직장인 K 씨는 '신용점수 올려봤자 거기서 거기겠지'라고 생각했지만, 최근 신용점수가 주는 혜택을 톡톡히 느꼈습니다. 신용점수가 높아 제1금융권 은행에서 '마이카 자동차 대출'을 연 3%대 저금리로 승인받은 것입니다. 반면 함께 차를 사려던 지인은 K 씨보다 소득이 높았음에도 불구하고 신용점수가 낮아 저축은행에서 7%의 금리로 대출을 받아야 했죠. 신용등급의 차이로 이자 비용이 수백만 원 정도 차이가 난 것입니다. 이처럼 좋은 신용을 만들면 눈에 띄는 금융 혜택들이 저절로 따라옵니다.

## 탄탄한 신용이 가져다주는 선물

우선, 낮은 금리의 대출은 좋은 신용이 가져다주는 대표적인 선물입니다. 은행은 신용도가 높은 고객에게 돈을 빌려줄 때 위험 부담이 적다고 판단해 더 적은 이자를 부과합니다. 이는 주택담보대출이나 전세자금대출에서도 마찬가지입니다. 신용등급이 최상위권인 사람은 우대 금리까지 적용받아 대출 금리가 낮아지고, 대출 한도도 더 높게 승인되는 경우가 많습니다. 또는, 신용카드 한도가 상승하거나 프리미엄 카드 발급을 초청받을 수도 있습니다.

30대 회사원 L 씨는 꾸준한 신용 관리로 1등급이 되자 기존 카드사로부터 플래티넘 등급의 카드를 발급받는 게 어떠냐는 제안을 받았습니다. 연회비는 조금 있었지만 공항 라운지 이용권, 호텔 할인 등 부가 서비스가 훨씬 많은 카드였죠. 이처럼 카드사들은 신용이 우수한 고객에게 더 나은 혜택의 카드를 제공하며 고객으로 잡아두려 합니다.

다음으로, 신용이 좋으면 각종 금융 수수료 할인도 따라옵니다. 몇몇 은행은 신용등급 우수자에게 대출 심사 수수료를 면제해 주거나 각종 금융 상품에 가입할 때 혜택을 줍니다. 보험사의 경우엔 신용이 좋으면 보험료를 할인해 주거나 심사에서 긍정적으로 평가하기도 하죠.

요즘은 취업이나 부동산 임대차 시에도 간접적인 이득이 있는데요. 일부 기업은 중요한 직책을 채용할 시 개인의 신용 상태를 참고하기도

하고, 집주인들은 월세 세입자나 전세 계약자에게 신용점수 확인을 요구하기도 합니다. 높은 신용점수는 사회적 신뢰의 증표이기 때문에 다양한 상황에서 우대를 받을 수 있습니다.

좋은 신용이 도움되는 순간

마지막으로, 일상생활 속 혜택도 챙길 수 있습니다. 좋은 신용자에게는 통신사나 카드사에서 포인트를 추가로 적립해 주거나 할부 수수료를 할인해 주고 멤버십을 승급시키는 경우가 있죠. 가령 한 통신사는 신용점수 상위의 우수 고객을 대상으로 매달 추가로 데이터를 제공하거나 요금을 할인해 주기도 합니다.

이렇듯 좋은 신용을 만들면 예상치 못한 '금융 보너스'가 따라옵니다. 신용을 관리하는 노력이 돈으로 환산할 수 있는 혜택으로 돌아오니 투자할 가치가 충분하겠죠?

### 생각해볼 질문

좋은 신용으로 얻을 수 있는 혜택 중에 가장 매력적으로 느껴지는 것은 무엇인가요? 낮은 대출 금리, 카드 혜택, 사회적 신뢰 중 여러분에게 가장 도움이 될 것 같은 혜택을 생각해 보세요.

### 🎯 실천 미션

신용등급을 한 단계 올렸을 때 받을 수 있는 구체적인 혜택을 찾아보세요.

**예시**

신용 800점 이상이면
A 은행 대출 금리가 0.5%p 인하된다

그 혜택을 받으려면 오늘부터 어떻게 신용을 관리할 수 있을지 실천 계획을 세워보세요.

## 04

# 신용점수 1점이
# 내 삶을 어떻게 바꿀까?

#등급의 경계선 #대출 금리가 다르다고? #자신감 충전 #단 1점 차이 #쏟아지는 혜택

단 1점 차이로 대출 승인이 갈린다면 믿어지시나요? 대학생 때는 60점이나 61점이나 성적에 큰 차이가 없었지만, 신용점수 세계에서 1점 차이는 천지차이입니다. 신용점수의 등급이 갈리는 경계선에 걸친 사례를 상상해 봅시다. 신용점수가 890점인 사람과 889점인 사람이 있다고 할 때, 1점 차이지만 한쪽은 1등급의 하위, 다른 한쪽은 2등급의 상위일 수 있습니다.

실제로 30대 직장인 M 씨는 신용점수 900점을 받으면 금리가 낮아지는 1등급 혜택을 받을 수 있었지만 아쉽게도 899점에 머물러 2등급으로 대출을 받아야 했습니다. 불과 1점 차이로 금리 혜택을 놓친 것이죠. 이처럼 신용점수 1점은 크게는 수십만 원의 이자 비용 차이를 만들어내고, 때론 대출 승인 여부 자체를 갈라놓기도 합니다.

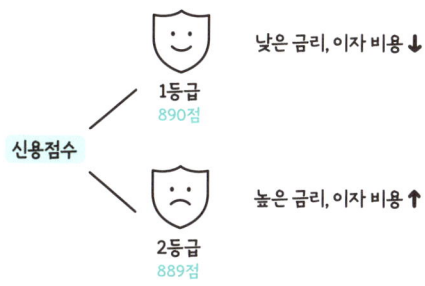

## ⚖️ 단 1점 차이가 바꿔놓는 것들

신용점수 800점 이상이어야 발급할 수 있는 프리미엄 카드가 있다고 해봅시다. N 씨는 799점으로 단 1점이 모자라 카드 발급을 신청하지 못했습니다. 해당 카드는 공항 라운지 무료 이용권과 1년에 한 번 항공권 할인권을 주는 매력적인 카드였는데 말이죠. 결국 N 씨는 반년 넘게 지나서야 점수를 올린 뒤 겨우 카드를 손에 쥘 수 있었습니다. 1점 때문에 원하는 금융 상품을 바로 이용하지 못하는 불편을 겪은 것입니다.

반면 신용점수 1점을 더 얻기 위해 작은 습관 하나를 바꿔 긍정적인 변화를 만든 사례도 있습니다. 회사원 O 씨는 10원, 100원 단위까지 카드 대금을 전액 납부하고 남은 잔돈까지 이월하지 않는 습관을 들였는데, 그 결과 1년 뒤 신용점수가 1점 상승하면서 등급 경계선을 넘었습니다. 이 1점 덕분에 O 씨는 대출 한도가 늘어나 원하는 만큼의 대출금을 확보할 수 있었죠.

　1점 차이는 심리적으로도 큰 차이를 불러일으킵니다. 내 신용점수가 699점에서 700점으로 올라 700점대를 달성하면 숫자상으로 큰 변화는 아니어도 자신감이 생깁니다. "아, 그래도 내 신용이 이 정도는 되는구나" 하는 안도감과 함께 금융 활동에 적극적으로 임하게 되죠. 이는 곧 더 건전한 금융 습관으로 이어지는 선순환을 가져옵니다. 반대로 1점이 모자라 600점대로 떨어지면 불안감이 생겨 충동적인 행동을 하기 쉽습니다. 예를 들면 점수를 만회하려고 필요 없는 신규 대출을 받아 상환하는 등 잘못된 선택을 할 수 있습니다. 이땐 차라리 평정심을 가지고 한 계단씩 점수를 올리는 전략이 필요합니다.

　신용점수는 1점이라도 올려두는 편이 좋습니다. 등급 경계선에 가까울수록 더욱 그렇습니다. 만약 지금 2등급 상위라면 1등급 진입을, 4등급이라면 3등급 진입을 노리는 게 좋습니다. 한 등급 차이는 대출 금리나 한도, 신용카드 혜택 등 여러 측면에서 문턱 역할을 하기 때문입니다. 오늘의 작은 노력으로 얻은 1점이 내일의 금융 문턱을 하나 낮춰줄지는 아무도 모르는 일입니다.

단 1점 차이로 신용등급이 바뀔 수 있다는 사실을 알고 있었나요? 현재 신용점수가 등급의 경계선에 있다면 1점을 올리기 위해 무엇을 할 수 있을까요?

### 🎯 실천 미션

신용점수 1점을 올리기 위한 구체적인 계획을 세워봅시다.

**예시**

이번 달엔 모든 공과금과 카드 대금을
연체 없이 납부해서 1점 올리기 도전!

# 05
# 나도 모르게 신용점수 갉아먹는 흔한 실수 5가지

#연체하는 습관 #신규 카드 남발 #할부는 적당히 #단기 대출 #연대 보증은 금물

아무 생각 없이 한 행동이 신용점수를 떨어뜨리는 함정일 수 있습니다. 지금부터 금융 초보자들이 흔히 저지르는 5가지 실수를 소개할 테니 여러분도 해당되는지 체크해 보세요. 혹시 하나라도 내 이야기라는 생각이 든다면 지금 당장 고쳐야 합니다.

## ⚖️ 별거 아닌 습관, 신용점수 갉아먹는 주범들

첫째, 잔돈을 연체하는 습관입니다. "며칠 늦게 내도 괜찮겠지" 하고 소액 연체를 대수롭지 않게 여기는 경우입니다. 예컨대 1만 원 이하

휴대폰 요금이나 카드값 일부를 깜빡하고 넘어가는 일이 있을 수 있겠죠. 비록 금액은 적어도 연체는 연체입니다. 신용평가에는 연체 횟수와 일자가 고스란히 기록되기 때문에 사소한 연체더라도 점수를 뚝뚝 떨어뜨립니다. 5만 원을 못 내서 신용이 깎이면 억울하겠죠? 자동이체나 납부일 알림 기능을 설정하면 연체를 막을 수 있습니다.

둘째, 신규 카드를 남발하는 것입니다. 친구에게 추천을 받았거나 혜택 광고에 혹해서 신용카드를 여러 장 발급받는 경우입니다. 카드가 많아지면 관리하기가 어려워져서 자칫 한도를 초과하거나 결제일을 놓치기 쉽습니다. 게다가 신용평가에서는 카드 발급 기록이 많으면 돈이 급한 사람이라고 오해할 수 있어요. 필요한 카드 한두 장만 남기고 나머지는 과감히 없애는 결단이 필요합니다.

셋째, 일시불도 할부로 착각하는 것입니다. 카드값을 일시불로 쓰고도 제때 상환하지 않아 사실상 할부처럼 흘러가는 경우입니다. 예를 들어 월급날에 일시불로 쓴 카드값을 다 갚지 못하고 일부만 납부하면 남은 금액은 다음 달로 넘어가 이월 잔액이 됩니다. 이것도 일종의 연체와 유사한 신호로 비칠 수 있어요. 카드는 일시불로 쓰되 꼭 전액 상환하세요.

넷째, 급할 때 현금서비스나 카드론(카드사 대출)을 자주 사용하는 습관입니다. 한두 번은 괜찮을 수 있지만 빈번하면 신용점수에 치명타입니다. 이런 단기 대출은 이자가 높을 뿐 아니라 신용평가 시 신용위험 행동으로 간주되어 점수를 깎아 먹습니다. 정말 필요할 때 최소한으로 이용하고, 가능하면 저축한 비상금을 활용하도록 하세요.

다섯째, 가족이나 지인에게 본인 명의의 신용카드나 통장 등을 빌려주는 행동입니다. 안쓰러운 마음에 도와주고 싶겠지만 만약 그들이 돈을 갚지 못하거나 문제를 일으키면 나의 신용도 직격탄을 맞습니다. 금융 거래에서는 냉정함이 필요합니다. 본인 명의 금융 재산은 본인만 챙기고 타인에게 빌려주는 행동은 철저히 금하시길 바랍니다.

위의 5가지 실수는 정말 사소하지만 흔한 함정들입니다. 40대 주부 P 씨는 휴대폰 요금을 자동이체해 둔 줄 알았다가 실수로 두 달 치 요금이 미납되어 신용점수가 크게 떨어졌습니다(실수 ①). 30대 직장인 Q 씨는 카드 혜택을 좇아 다섯 장이나 발급받았다가 그중 한 장의 결제일을 놓쳐 역시 신용에 타격을 입었죠(실수 ②).

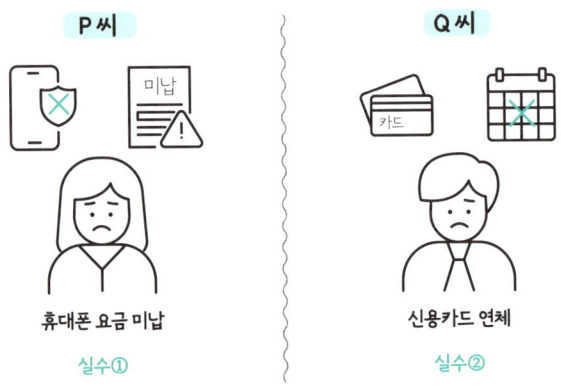

이런 일이 남 일 같지 않다면 지금부터라도 습관을 바로잡아야 합니다. 신용점수는 떨어뜨리기는 쉬워도 다시 올리기는 어렵습니다. 떨어지기 전에 예방하는 게 최선이겠죠. 위의 실수들을 하지 않는 것만으로도 신용점수를 지키는 첫걸음을 내디딘 것입니다.

**생각해볼 질문**

위에 소개한 5가지 함정 중에 혹시 저질렀던 실수가 있나요? 만약 있다면 왜 그런 일이 벌어졌고 이후에는 어떻게 대처했는지 되돌아봅시다.

**실천 미션**

오늘 당장 지갑과 금융 앱을 점검해서 불필요한 신용카드 한 장을 정리해 보세요. 또한, 최근 6개월간 현금서비스나 카드론 이용 여부를 확인하고, 만약 있었다면 앞으로 6개월 동안 이를 쓰지 않고 지내는 계획을 세워보세요.

## 06
# 대출받을 때, 신용점수가 높으면 뭐가 달라질까?

#금리는 낮추고 #한도는 높게 #논스탑 승인 #넓은 선택지

얼마 전 35세 직장인 R 씨는 처음으로 주택을 구매하기 위해 은행 두 곳에서 주택담보대출 상담을 받았습니다. 한 은행에서는 "고객님 신용점수가 높으시네요. 금리는 연 3.2%까지 가능합니다"라고 했지만, 다른 한 곳에서는 "점수가 살짝 아쉽네요. 연 3.5% 정도 나올 것 같습니다"라고 답했습니다. 똑같은 사람인데도 은행마다 조건이 달랐던 이유는 R 씨의 점수가 각 금융사마다 적용하는 신용평가 기준의 경계선에 있었기 때문입니다. 이처럼 미세한 점수 차이로 대출 시 금리는 물론, 한도, 심사 속도까지 달라질 수 있습니다.

## 금리도 한도도, 신용에 따라 하늘과 땅 차이

먼저 금리의 차이를 살펴볼까요? 은행은 돈을 빌려줄 때 고객의 신용도가 높으면 떼일 위험이 적다고 보고 낮은 금리를 제시합니다. 반대로 신용도가 낮으면 위험 프리미엄 차원에서 금리를 높이죠. 그래서 같은 1억 원을 빌리더라도 신용 우수자는 연 3%로, 신용이 낮은 사람은 연 5%로 빌리는 상황이 생길 수 있습니다. 이 2%p 차이는 1년이면 이자 200만 원 차이입니다. 10년이면 2,000만 원이 넘죠. 또한, 신용점수가 아주 낮다면 아예 제1금융권에서는 대출이 불가해서 저축은행이나 캐피탈 등 제2, 3금융권을 찾아야 할 수도 있습니다. 물론 금리가 더욱 높겠지요.

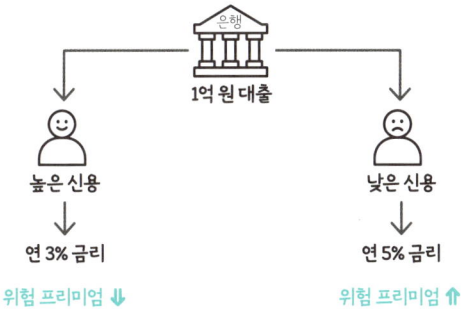

다음으로, 한도도 달라집니다. 은행은 신용이 좋은 사람에게는 채무상환능력을 높이 평가해 더 큰 금액을 빌려주려 합니다. 예컨대 신용등급 1등급인 S 씨는 연 소득의 8배까지 주택담보대출 한도가 나왔지만, 4등급인 T 씨는 같은 연 소득의 6배까지만 승인되었죠. 신용이 낮은 고객에게는 여유 한도를 잘 주지 않는 것입니다. 게다가 요즘 은행들은 가계대출 총량을 관리하기 때문에 보수적으로 대출을 내주는데, 이럴 때 신용점수는 대출을 먼저 내줄 사람을 결정하는 기준이 됩니다. 한정된 '대출 케이크'를 나눌 때 신용이 좋은 사람의 몫부터 떼어준다고 보면 됩니다.

또한, 은행의 심사 과정도 신용등급에 따라 차이가 납니다. 신용도가 높으면 대출 심사가 빠르고 간소합니다. 추가 서류 제출을 생략하거나 소득 대비 부채 비율Debt Service Ratio, DSR 심사에서도 약간 유연하게 봐주기도 합니다. 반면 신용도가 낮은 경우, 은행은 더 꼼꼼히 확인하려 하기 때문에 재직증명서나 추가 담보자료 제출을 요구하고 심사 기간도 길어지는 경향이 있습니다. 조건부 승인이라 해서 특정 경우에는 대출 금액이 줄어들 수 있다는 제약을 달거나 심지어 보증인을 세우라고 요구하는 곳도 있을 수 있습니다. 신용이 좋으면 이런 번거로움 없이 바로 승인을 받을 가능성이 높겠죠.

마지막으로, 선택할 수 있는 대출 상품의 폭도 신용에 따라 달라집니다. 신용 우수자는 제1금융권의 다양한 대출 상품 중 본인에게 유리한 것을 고를 수 있지만, 신용이 낮으면 선택지가 좁아집니다. 예를 들어 금리가 비교적 낮은 정부지원서민대출은 신용등급 기준을 만족해야 신청할 수 있습니다. 신용이 높다면 굳이 금리가 비싼 상품을 선택할 이유가 없지만, 낮으면 어쩔 수 없이 비싼 대출을 받아야 할 수도 있습니다.

이렇듯 대출을 받을 때 신용점수의 영향력은 막강합니다. 신용점수가 나를 도와줄지 발목을 잡을지는 대출이 필요한 순간이 오면 알 수 있게 되죠. 40대 자영업자 S 씨는 코로나 시기 긴급 자금을 대출받을 때 평소 성실히 관리한 신용 덕분에 은행권 저금리 대출로 위기를 넘겼습니다. 반대로 신용 관리에 소홀했던 T 씨는 급하게 고금리 대출을 써야 했고, 이후 이자 부담에 허덕였습니다. 여러분은 어느 쪽의 사람이 되고 싶나요? 지금부터라도 신용을 잘 관리하면 필요할 때 금융이 편을 들어주는 경험을 할 수 있습니다.

### 생각해볼 질문

급하게 돈이 필요할 때, 제일 먼저 떠올릴 수 있는 대출 방법은 무엇인가요? 그때 여러분의 신용점수는 원하는 방법을 선택하는 데 도움이 될 것 같나요?

### 실천 미션

만약 내일 갑자기 500만 원이 필요해진다면 어떻게 조달할지 시나리오를 작성해 보세요. 은행 대출, 보험약관 대출, 카드론 등 생각해 보고, 그 시나리오에서 신용이 미치는 영향을 분석해 봅시다.

## 07

# 신용카드 포인트, 마일리지, 대출 금리 활용법

#티끌 모아 태산 #마일리지 #대출 금리 #아낀 만큼 저축 효과

    신용을 잘 관리하면 얻는 혜택들을 앞에서 살펴봤는데, 이번에는 그 혜택들을 십분 활용해 돈을 모으는 전략을 이야기하려고 합니다. "신용이 재산"이라는 말도 있는 것처럼 신용카드 포인트와 마일리지 같은 리워드를 쌓으면 부수입처럼 활용할 수 있습니다. 혹은 좋은 신용으로 낮은 금리 대출을 받아 이자를 절약하는 것도 돈을 모으는 하나의 방법이겠죠. 어떻게 하면 신용을 현금처럼 활용할 수 있을까요?

## 신용을 현금처럼 똑똑하게 활용하는 법

첫째, 신용카드 포인트를 모아보세요. 카드사들은 카드 사용액에 비례해 포인트를 적립해 줍니다. 30대 직장인 U 씨는 월 생활비 대부분을 신용카드로 결제하고, 매달 1만 점 이상의 포인트를 챙겼습니다. 1만 포인트는 현금 1만 원과 같아서 1년이면 12만 원 상당의 보너스가 생기는 셈이죠. 포인트를 모으는 팁은 주력 카드 한두 장을 집중적으로 사용하는 것입니다. 포인트가 여러 카드에 흩어지면 활용도가 떨어집니다. 또한, 카드별로 포인트 유효기간이 있으니 정기적으로 포인트를 조회해서 잊지 말고 써야 합니다. 쌓아둔 포인트는 카드 결제 대금을 차감할 때나 제휴 쇼핑몰에서 물건을 구매할 때 현금처럼 쓸 수 있으니까요. 잘만 하면 한 달 치 공과금 정도는 포인트로 낼 수도 있습니다.

둘째, 항공사 마일리지도 신용 덕분에 얻는 큰 자산입니다. 여행을 좋아하는 40대 직장인 V 씨는 신용이 좋아 연회비가 있는 항공 마일리지 적립 특화 카드를 발급받았습니다. 월 지출의 상당 부분을 그 카드로 결제해 2년 동안 마일리지를 모았더니 가족 해외여행 항공권 두 장을 공짜로 끊었죠. 이처럼 신용카드 사용으로 자연스럽게 마일리지 적립을 노려보세요. 특히 신용등급이 높아야 발급할 수 있는 프리미엄 카드일수록 마일리지 적립률이 높고 보너스 마일도 많이 줍니다. 물론 연회비를 고려해야 하지만 여행을 자주 다니는 편이라면 충분히 본전을 뽑고도 남을 수 있죠. 마일리지를 활용하면 항공권 외에도 좌석 업그레이드, 호텔 숙박 할인 등 다양한 부분에서 돈을 절약할 수 있습니다.

셋째, 낮은 금리를 활용하는 전략입니다. 앞서 말했듯, 신용이 좋으면 낮은 금리로 대출받을 수 있습니다. 이를 돈 모으기 측면에서 생각해 볼까요? 만약 여러분이 1억 원을 대출받아 집을 장만했는데, 신용 덕분에 연 0.5%p 낮은 금리를 받았다면 1년에 50만 원의 이자 비용을 절약하는 것입니다. 이 50만 원은 통장에 그대로 남는 돈이니 일종의 저축이라고 볼 수 있습니다. 반대로 신용 관리를 못해서 남보다 1~2%p 높은 이자를 내고 있다면 매달 돈이 새고 있는 셈입니다. 좋은 신용으로 아낀 이자를 저축하는 것이야말로 신용으로 돈을 모으는 방법입니다. 50만 원씩 10년 모으면 500만 원에 이자가 붙어 더 불어날 테니까요.

넷째, 각종 우대 프로그램을 활용하세요. 은행이나 카드사는 신용 우수 고객에게 별도의 우대 적금이나 예금 금리를 제공하는 이벤트를 열기도 합니다. 예를 들어 특정 은행은 1~2등급 고객이 예금에 일정 금액 이상을 예치하면 우대 금리 +0.2%p를 얹어줍니다. 큰 차이는 아니어도 장기적으로는 복리 효과를 볼 수 있으니 이득입니다. 통신사 중에서는 신용 우량 고객에게 통신비를 할인해 주거나 제휴카드 혜택을 더 얹어주는 경우도 있는데, 이런 부분까지 꼼꼼히 챙겨서 혜택을 놓치지 마세요.

끝으로, 신용이 높아 생긴 혜택은 반드시 허투루 쓰지 말고 저축으로 연결하세요. 예컨대 카드 포인트로 물건을 사면서 현금으로 썼을

돈 5만 원을 아꼈다면 그 5만 원을 다른 소비에 쓰지 말고 저축 계좌로 옮기는 겁니다. 그렇게 해야 돈을 모으는 효과를 볼 수 있습니다. V씨도 마일리지로 항공권을 끊은 뒤, 항공권 비용만큼 따로 적금에 돈을 넣었다고 해요. 그렇게 모은 돈이 다음 여행 자금의 씨앗이 되었다고 합니다.

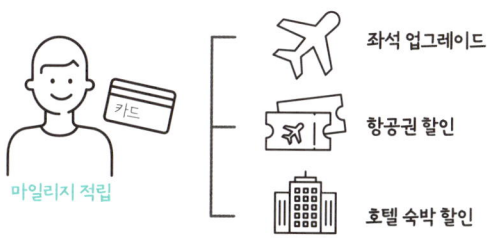

결론적으로, 신용은 잘 관리하면 돈을 벌어다 주는 자산이 됩니다. 포인트와 마일리지로 티끌 모아 태산을 실천하고 낮은 금리와 다양한 혜택으로 새는 돈을 막으면 어느새 통장에 상당한 금액이 모여 있을 거예요. 지금까지 열심히 쌓은 신용, 이제는 재테크에 현명하게 활용하길 바랍니다.

현재 사용 중인 카드나 통신·금융 상품에서 활용하지 못한 포인트나 혜택이 있나요? 카드 포인트가 쌓인 걸 몰랐다거나, 마일리지를 쓰지 않았을 수도 있습니다. 그런 혜택을 어떻게 활용해 볼 수 있을까요?

### 실천 미션

이번 달엔 신용카드 포인트 또는 항공 마일리지 적립 현황을 확인한 뒤 그중 일부를 실제로 사용해 보세요. 포인트로 결제금을 차감하거나 마일리지로 국내선 항공권을 구매한 뒤, 아낀 금액만큼 현금을 따로 모아두세요.

## 신용불량자가 되고 나서야 깨달은 것들

**익명의 투자자에게서 온 편지**

　신용불량 상태에 빠졌던 사람들은 하나같이 "그때 미리 알았더라면…" 하고 후회합니다. 20대 중반에 사회 초년생이었던 제 이야기를 해보려고 합니다. 저는 철없던 시절 여러 장의 카드로 할부 쇼핑을 즐겼고, 월급으로 다 갚지 못해 카드 돌려막기를 하다가 결국 연체가 시작되었습니다. 처음에는 소액 연체였지만 눈덩이처럼 불어나 신용불량자라는 낙인이 찍혔죠. 그런 후에야 비로소 몇 가지 뼈아픈 진실을 깨달았습니다.

　첫째, 현금 없는 일상은 생각보다 불편합니다. 신용불량자가 되니 모든 카드가 정지되고 현금 생활을 해야 했어요. 버스 탈 때도 충전식 교통카드나 현금을 써야 하고, 온라인 쇼핑은 꿈도 못 꿉니다. 휴대폰 할부도 막혀서 중고폰을 통째로 사야 했죠. 평소에 누리던 작은 금융 편의가 이렇게 많았다는 걸 뼈저리게 느꼈습니다.

　둘째, 주변 사람들에게 말 못 할 비밀이 생깁니다. 부모님께는 차마 사실대로 말씀드릴 용기가 나지 않아 "요즘 카드 안 써"라고 둘러댔고, 친구들 모임에서도 카드 내는 순서에 제 차례가 오면 애써 웃으며 "현금으로 줄게"라고 해야 했죠. 신용불량이라는 낙인이 너무 창피해서 저도 모르게 숨기게 되었습니다. 사회생활을 하면서 이렇게 마음 졸인 적이 없었습니다.

　셋째, 기회가 눈앞에서 사라집니다. 신용불량 기간에는 괜찮은 차 할부 구매 딜을 놓칠 수밖에 없었고 무엇보다 집 구할 때 고생해야 했습니다. 월세로 계약하려는데 집주인이 제 신용 문제를 걱정해서 높은 보증금을 요구하는 게 아니겠어요. 신용불량자였기 때문에 돈을 더 묶어두게 된 거죠. 또, 회사에서 팀장 승진 대상에 올랐을 때, 인사팀에서 개인 신용을 참고한다는 소문을 듣고 혹시 이것 때문에 제외되면 어쩌지 하고 불안해했던 기억도 납니다.

넷째, 작은 행복을 잃습니다. 카드 할인이 없어지니 같은 물건도 비싸게 사야 하고, 여행 갈 때 마일리지 사용은커녕 비행기 표 할부도 안 되니 엄두가 안 나더군요. 금융 자유를 잃게 되자 일상의 작은 행복까지 줄어드는 기분이었어요.

그렇지만 아이러니하게도 신용불량자가 되고 나서야 돈 관리의 중요성을 제대로 배웠습니다. 매달 통장에 들어오는 돈과 나가는 돈을 쥐어짜듯 계산하는 습관이 생겼고, 현금영수증 모으기, 과소비 줄이기 등을 몸에 익혔죠. 그리고 무엇보다 다시는 신용을 잃지 말아야겠다고 다짐하며 신용 회복 프로그램에 성실히 참여했습니다. 몇 년에 걸쳐 빚을 모두 갚고 겨우 신용불량자 딱지를 뗐을 때 정말 눈물이 날 만큼 기뻤어요. 은행에서 보통 예금 통장을 다시 만들 수 있다는 사실조차 감사했습니다.

여러분께 이 이야기를 들려드리는 이유는 절대 저처럼 되지 말라고 당부하고 싶기 때문입니다. 신용은 공기와 같습니다. 평소에는 소중한지 모르지만 막상 잃으면 숨 막히게 힘들거든요. 신용불량자는 하루아침에 되지 않습니다. 작은 연체, 방심, 과소비가 쌓이고 쌓인 결과입니다. 그러니 앞서 이야기한 신용 관리 수칙들을 잘 지켜서 미리미리 예방하세요. 신용불량 경험 이후로 소액이라도 연체하지 않고 카드로 결제한 만큼 저축하는 습관을 지켰더니 이제 신용점수 900점대의 우량한 사람이 되었습니다. 예전엔 10원 하나 빌리기 힘들었는데, 이젠 은행에서 "대출 더 필요 없으세요?"라고 물어볼 정도니까요. 물론 이제는 필요 없는 빚은 지지 않습니다. 금융 자유란 건 거창한 게 아니라, 필요할 때 제 이름으로 떳떳이 신용카드를 긁을 수 있고 적당한 금리에 돈을 빌릴 수 있는 상태라는 걸 깨달았습니다.

신용을 소중히 여기세요. 돈이 전부는 아니지만 돈이 있어야 자유도 누릴 수 있습니다. 그리고 그 돈의 열쇠가 바로 신용이에요. 한번 신용을 잃었다 되찾은 사람으로서 여러분은 부디 처음부터 신용을 꽉 붙들고 금융 생활의 자유와 혜택을 마음껏 누리시길 바랍니다.

# 대출 기초 완전 정복!
# 대출은 똑똑하게 써야
# 돈이 된다

## 01

# 대출이 나쁘다고? 잘 쓰면 부자 되는 지름길

#돈을 부르는 빚 #대출 공부 #지렛대 #남의 돈으로 돈 벌기

　대출은 무조건 나쁘다는 말, 정말 그럴까요? 잘만 활용하면 대출은 부자가 되기 위한 지름길이 될 수 있습니다. 많은 사람들이 빚이라고 하면 겁부터 먹지만 정작 자산가들은 대출을 적극적으로 활용해 돈을 불립니다. 예를 들어볼까요? 35세 직장인 W 씨는 몇 년 전까지만 해도 빚은 절대 지면 안 된다는 생각으로 월세 생활을 고집했어요. 하지만 결혼 후 아파트를 마련하려니 모아둔 돈만으로는 턱없이 부족했습니다. 결국 용기를 내 주택담보대출을 받아 작은 아파트를 샀는데, 몇 년 사이 집값이 올라 자산이 크게 늘었죠. W 씨 부부는 대출을 잘 활용한 덕분에 불과 몇 년 만에 내 집 마련과 자산 상승이라는 두 마리 토끼를 잡을 수 있었습니다.

## ⚖️ 좋은 빚은 돈을 벌어다 준다

대출은 쓰기에 따라 결과가 완전히 달라집니다. 나쁜 대출은 말 그대로 통장에서 '돈만 빼가는 빚'입니다. 예를 들어 카드 빚이나 자동차 할부처럼 매달 이자만 나가고 자산 형성에는 도움되지 않는 것들이 있죠. 반면 좋은 대출은 '돈을 들어오게 만드는 빚'입니다. 앞선 W씨 사례처럼 집을 사서 가치가 오르거나 대출로 산 부동산의 이자를 임차인이 월세로 대신 내주는 경우, 이런 대출은 오히려 내게 돈을 벌어다 줍니다. 실제로 재테크 고수들은 "남의 돈으로 돈 벌어라"라는 조언을 많이 합니다. 부동산 투자자나 사업가들은 자기 돈만 쓰지 않고 은행 돈을 지렛대 삼아 더 큰 수익을 내곤 하는데요. 이를 지렛대 효과Leverage, 즉 레버리지라고 합니다. 물론 대출에 대한 두려움은 이해합니다. 대출을 잘못 써서 고생한 사례를 주변에서 자주 볼 수 있으니까요. 하지만 제대로 공부해서 쓰는 대출은 부자가 되기 위한 필수 도구라는 사실을 기억하세요.

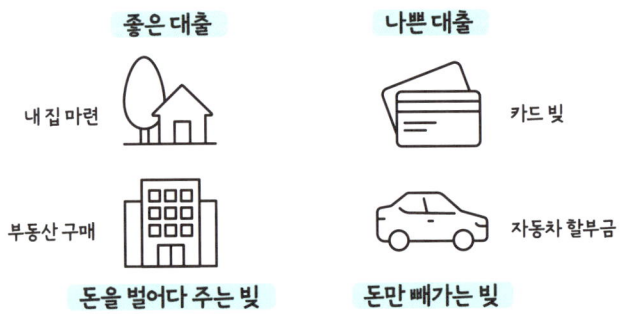

'대출'이라고 했을 때 여러분은 머릿속에 어떤 이미지부터 떠오르나요? 혹시 대출은 무조건 나쁘다는 고정관념에 갇혀 있지 않았나요?

🎯 **실천 미션**

빚을 한번 점검해 보세요. '돈을 가져다주는 빚'과 '돈을 빼가는 빚'은 각각 무엇인지 구분해 목록을 만들어봅시다. 그리고 앞으로는 좋은 대출만 활용하기 위한 계획을 세워보세요.

## 02
# 전세자금대출, 신용대출, 주택담보대출… 뭐가 다를까?

#보증금 #긴급 자금 #내 집 마련 자금 #상황에 따라 골라 쓰기

대출도 종류에 따라 성격이 다릅니다. 이름부터 헷갈리는 전세자금대출, 신용대출, 주택담보대출, 각각 무엇인지 30대 신혼부부 X 씨와 Y 씨의 사례를 들어 쉽게 풀어볼게요. 둘은 전셋집에 살다가 아이가 생기면서 집을 살지 말지 고민하게 됐어요. 선택지는 3가지였죠. 첫째, 전세자금대출을 받아 좀 더 큰 전셋집으로 이사하기. 둘째, 신용대출로 부족한 생활자금을 마련하기. 셋째, 주택담보대출을 받아 아예 집을 구매하기. 아직은 무슨 말인지 이해하기 어렵겠지만 세 대출의 차이점을 하나씩 알아가다 보면 이들 부부뿐 아니라 여러분에게도 딱 맞는 선택이 보일 거예요.

## ⚖️ 대출도 목적에 따라 천차만별

먼저, 전세자금대출은 전셋집에 들어갈 보증금이 부족할 때 은행에서 받는 대출입니다. 담보는 현재 들어갈 집 자체가 되거나 혹은 보증기관에서 받은 보증서가 됩니다. 금리는 보통 신용대출보다 저렴하고 한도도 전세금의 일정 비율까지 나오죠. 정부에서 지원하는 버팀목전세대출처럼 청년이나 신혼부부에 유리한 상품도 많습니다. X 씨 부부가 전세로 계속 살 생각이라면 이 전세자금대출을 이용해 보증금을 마련할 수 있겠죠. 다만 전세대출도 결국 빚이기 때문에 월 이자 부담을 고려해 감당 가능한 수준으로 받는 게 중요합니다.

다음으로, 신용대출은 말 그대로 담보 없이 개인 신용을 기반으로 받는 대출입니다. 은행이 X 씨나 Y 씨의 신용등급과 소득 등을 보고 한도를 정하죠. 보통 급전이나 생활자금이 부족할 때 사용하기 때문에 한도가 비교적 낮고 이자가 높습니다. 담보대출보다 위험이 크니 은행이 이자를 더 받는 거죠. 장점은 절차가 간단하고 빠르게 처리된다는 점입니다. 예를 들어 Y 씨가 갑자기 생활비가 필요하면 앱으로 몇 분 만에 신용대출을 받을 수도 있습니다. 하지만 금리가 높고 기간이 짧기 때문에 꼭 필요한 경우에만 쓰고 빨리 갚는 게 좋아요.

마지막으로, 주택담보대출은 집을 담보로 돈을 빌리는 것입니다. X 씨 부부가 집을 사기로 마음먹는다면 이 대출을 활용하게 되겠죠. 담보가 있기 때문에 한도가 높고 금리가 낮은 편이에요. 이 다음 챕터에서 설명하겠지만 대출 한도는 집값에 대한 대출 비율인 담보인정

비율과 부부의 소득 대비 부채상환능력에 따라 제한됩니다. 기간도 20~30년 장기로 빌려주니 매달 갚을 금액(원리금)을 조정하기 수월해요. 예를 들어 5억 원짜리 집을 살 때 담보인정비율에 따라 2억~3억 원 이상도 대출이 가능할 수 있습니다. 단, 집을 담보로 잡힌 만큼 갚지 못하면 집을 잃을 위험도 있다는 점 기억해야 합니다.

요약하자면, 전세자금대출은 전세 살 때 보증금 용도로, 신용대출은 담보 없이 긴급 자금용으로, 주택담보대출은 주택 구매 자금용으로 활용하는 대출입니다. 각자 처한 상황에 따라 적절한 대출을 골라 쓰면 되겠죠?

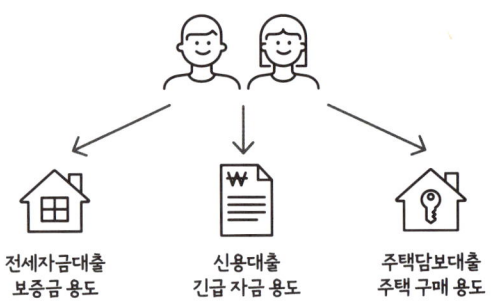

X 씨 부부의 상황에 따른 3가지 대출 시나리오

**생각해볼 질문**

현재 여러분이 고려 중이거나 사용 중인 대출은 어떤 종류인가요? 그 대출이 위 3가지 중 어디에 속하는지 제대로 이해하고 있었나요?

> 🎯 **실천 미션**
>
> 만약 대출이 필요한 상황이라면 3가지 중 적합한 대출이 무엇인지 찾아보세요. 예를 들어 집을 살 계획이 없다면 주택담보대출 대신 전세대출의 조건을, 담보로 제공할 자산이 없다면 신용대출 조건을 조사하는 거죠. 현실적인 한도와 금리도 함께 확인해 보세요.

## 03

# 나는 얼마나 대출을 받을 수 있을까?

`#꼼꼼한 대출 계획 #나의 대출 한도는? #부채원리금 #총부채원리금`

X 씨 부부의 사례를 보다 보니 내 연봉에 대출이 얼마나 나올까 궁금하지 않나요? 막상 집을 사거나 큰돈이 필요할 때 은행에선 얼마까지 빌려줄지 궁금하죠. 이때 꼭 알아야 할 개념이 LTV, DTI, DSR입니다.

### LTV, DTI, DSR 쉽게 이해하기

우선, LTV<sub>Loan To Value</sub>는 담보 가치 대비 대출 한도 비율입니다. 예를 들어 LTV 70%라면 10억 원짜리 집을 담보로 최대 7억 원까지 대출이 나온다는 뜻이에요. LTV는 정부 정책과 지역에 따라 달라지는데, 규제 지역에서는 보통 40~50%, 비규제 지역에서는 70%까지 됩니다. LTV는 이 집을 담보로 삼았을 때 얼마나 대출할 수 있는지를 보여주는 지표입니다. 나머지 돈은 자기자본으로 마련해야 하죠.

다음으로, DTI<sub>Debt To Income</sub>는 소득 대비 부채원리금 제한 비율입니다. 연 소득 중 주택담보대출 원리금과 기타 대출 이자의 합이 일정 비율을 넘어갈 수 없게 하는 규제죠. 예를 들어 DTI 40%라면, 연봉 5,000만 원인 사람은 주택담보대출 원리금과 이자를 합해 1년에 2,000만 원 이상 낼 수 없습니다. 은행은 이 기준으로 매달 갚을 수 있는 액수를 역산해 최대 대출액을 산정합니다. 쉽게 말해 소득이 적으면 많이 빌릴 수 없도록 막아놓은 장치예요.

마지막으로, DSR<sub>Debt Service Ratio</sub>은 총부채원리금 상환 비율로, 모든 대출 원리금의 합이 소득 대비 얼마나 차지하는지 보여주는 지표예요. 현재는 DTI보다 DSR이 더 엄격하게 적용되고 있는데요. 개인별 DSR은 40% 정도로 관리됩니다. 예를 들어 연봉이 6,000만 원이라면, 1년간 대출상환금의 합이 2,400만 원 이내여야 하는 거죠. 이미 신용대출, 자동차 할부 등으로 매년 1,000만 원씩 상환 중이라면, 추가 주택담보대출의 연간 상환액은 1,400만 원 수준으로 제한됩니다.

정리하자면 LTV는 담보 가치 측면의 한도, DTI·DSR은 소득 측면의 한도입니다. 은행에서 대출 금액을 결정할 땐 고객의 담보와 상환 능력을 모두 보는 것이지요.

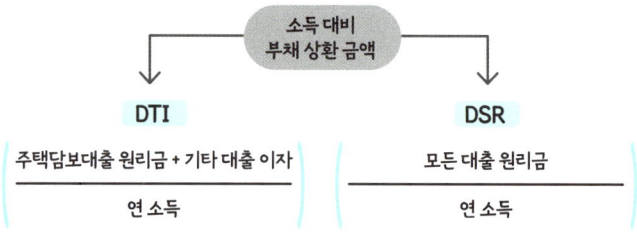

자, 이제 X 씨 부부의 상황에 적용해 봅시다. 연 소득의 합산이 8,000만 원이고 다른 대출은 없다면 DSR 40% 기준으로 1년에 3,200만 원 정도의 원리금을 상환할 수 있습니다. 30년 만기로 기한을 잡으면 금리에 따라 다르지만 약 4~5억 원 정도 대출할 수 있겠네요. 하지만 여기서 살고자 하는 집이 10억 원이고 LTV 규제가 50%라면, 담보 측면에서 최대 5억 원밖에 못 빌리게 됩니다. 결국 이 부부는 LTV 때문에 5억 원 한도에 걸리기 때문에 나머지 5억 원은 자력으로 마련하거나 구매를 포기하는 수밖에 없겠죠.

반대로 집값이 낮고 소득이 높다면 LTV보다는 DSR·DTI가 걸림돌이 될 수 있습니다. 은행 대출 상담을 받을 때 담당자가 "고객님 DSR이 높아서 더 못 빌려드립니다"라고 말한다면, 이미 다른 대출 부담이 커서 추가 대출이 어렵다는 뜻입니다. 이 경우 기존 대출을 갚거나 소득을 증빙할 추가 자료를 제출해야 한도가 늘어날 수 있겠지요.

**생각해볼 질문**

DSR 40% 기준으로 얼마나 대출이 가능할지 직접 추산해 본 적 있나요?

**실천 미션**

은행 대출 한도를 계산해 보세요. 현재 연봉과 상환 중인 모든 부채를 적은 뒤, DSR 40% 기준으로 추가 여력이 얼마나 될지 계산해 봅시다. 또, 관심 있는 부동산 가격 대비 LTV 규제를 찾아 최소로 필요한 자기자본이 얼마인지도 알아보세요.

# 04

# 절대 손해 보지 않는
# 최소 이자 대출 가이드

#금리 비교는 필수 #신용점수가 나를 돕는다 #고정금리? 변동금리? #정부 지원 대출

　같은 돈을 빌려도 누군가는 이자를 3%로 내고 누군가는 6%로 냅니다. 어떻게 해야 최소 이자로 대출을 받아 돈을 아낄 수 있을까요? 이번에는 절대 손해 보지 않는 대출 가이드를 소개하려 합니다.

## 최소 이자로 대출받는 법

　첫째, 가능한 한 여러 곳을 비교하세요. 은행마다 대출 금리가 다른데, 때론 인터넷 은행이나 정책 금융이 더 저렴합니다. 예를 들어 신용대출 금리가 A 은행 5%, B 은행 7%라면 당연히 A 은행이 유리하겠죠. 요즘엔 온라인 대출 비교 플랫폼도 있어서 한 번에 여러 상품의 금리를 조회해 볼 수 있습니다. 조금만 발품 팔면 금리 1~2%p는 쉽게 줄일 수 있어요.

둘째, 신용점수 관리가 곧 이자를 절약하는 길입니다. 신용대출의 금리는 개인 신용에 따라 크게 좌우됩니다. 사용하지 않는 신용카드는 해지하고 한도 대비 적절히 쓰면서 신용점수를 높이면 더 낮은 금리 혜택을 받을 수 있습니다. 실제로 동일한 대출이라도 신용등급 1등급과 4등급의 금리 차이가 크게 날 수 있어요. 또한, 대출을 받은 후에도 신용이 올랐다면 금리 인하를 요구할 권리가 있습니다(이하 '금리인하요구권'). 꾸준히 성실하게 상환해서 신용이 좋아지면 은행에 연락해 금리 인하를 요청해 보세요.

셋째, 우대 금리를 놓치지 마세요. 은행들은 여러 조건을 충족하면 대출 금리를 깎아주는 우대 혜택을 제공합니다. 급여 이체, 신용카드 사용과 자동이체 실적 등이 대표적이죠. 처음 대출받을 때 '급여통장으로 하면 금리 0.2%p 우대' 같은 조건을 잘 살펴서 챙기세요. 적은 비율이라도 기간이 길면 이자 절약 효과가 큽니다.

넷째, 고정금리와 변동금리를 선택할 때 신중히 결정하세요. 금리가 앞으로 오를 것 같으면 고정금리로 선택해 대출 이자의 상승을 방지하고, 떨어질 것 같으면 변동금리로 선택해 낮은 금리를 누리는 게 유리합니다. 예컨대 지금 금리가 높다면 차후 떨어질 가능성을 보고 변동금리로 택할 수 있고, 반대로 초저금리 시기라면 고정으로 오래 유지하는 식이죠. 앞으로의 금리를 예측하는 건 어렵지만 본인의 위

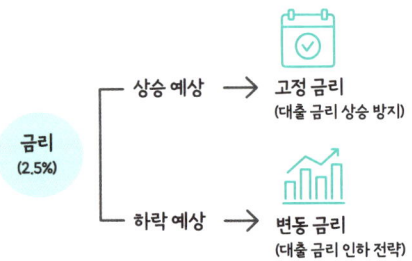

험 선호도에 따라 결정하면 됩니다.

  마지막으로, 정부 지원 상품을 활용하세요. 버팀목, 디딤돌대출처럼 서민과 청년을 위한 정책 대출은 시중보다 금리가 낮고 조건도 좋습니다. 자신이 대상에 해당하는지 알아본 뒤 이용한다면 이자를 아낄 수 있어요.

### 생각해 볼 질문

대출을 알아볼 때 금리를 비교하거나 우대 조건을 꼼꼼히 챙기는 편인가요? 같은 대출이라도 더 낮은 이자에 받을 수 있는 방법을 찾아봤는지 돌이켜보세요.

### 실천 미션

만약 현재 대출이 있다면 금리가 인하할 가능성이 있는지 체크해 보세요. 신규 대출 계획이 있다면 두세 곳 이상 금리를 비교하고, 신용점수 관리나 우대 조건 충족 등 실천할 수 있는 방법을 바로 실행해 봅시다.

## 05

# 갭투자, 전세대출…
# 부동산 대출 체크리스트

#내 부동산의 미래 가격은? #플랜 B #LTV? DTI? #최악의 시나리오

"남들은 갭투자로 돈 벌었다는데 나도 해볼까?" 이런 생각을 해본 적 있나요? 부동산 관련 대출을 활용한 투자, 겉보기엔 쉬워 보이지만 체크해야 할 위험 요소가 많습니다. '갭투자'란 세입자의 전세금을 끼고 적은 돈으로 집을 사는 투자를 말합니다. 예를 들어 5억 원짜리 집에 세입자가 전세금 4억 원으로 살고 있다면, 집주인은 1억 원만 있으면 그 집을 살 수 있습니다. 이러한 투자법은 '갭Gap(차액)'만 가지고 투자한다고 해서 갭투자라 불렸습니다. 집값이 오르면 적은 돈으로 큰 수익을 내지만, 만약 집값이 떨어지거나 세입자가 빠지면 문제가 생깁니다. 실제로 최근 집값이 하락하면서 갭투자자들이 세입자 보증금을 돌려주지 못해 파산하는 사례가 속출했습니다.

전세자금대출도 마찬가지입니다. 거주 목적으로 받는 전세대출은 매달 이자를 내야 하는 빚입니다. 전세는 월세보다 부담이 적다고 하지만 전세대출 이자를 따져보면 사실상 월세처럼 작용하죠. 예를 들어 전세대출 1억 원에 연 3% 이자면 한 달에 약 25만 원의 이자를 내야 하는데, 이는 곧 월세 25만 원을 내는 셈이죠. 그러니 전세대출이 과도하면 돈을 모으기 어렵습니다.

### 부동산 대출 체크리스트

그렇다면 부동산 관련 대출을 이용할 때 어떻게 판단해야 할까요? 다음 체크리스트를 활용해 보세요.

| | |
|---|---|
| ☐ 시세 전망 | • 투자하려는 부동산의 미래 가격은 보수적으로 예측했나요?<br>• 집값이 하락해도 견딜 수 있나요?<br>• 무조건 오를 거라는 막연한 기대는 위험합니다. |
| ☐ 이자 부담 | • 대출 이자율과 금리 변동 가능성을 따져보세요.<br>• 금리가 올라도 감당할 수 있는 수준으로만 빚을 내야 합니다.<br>• 변동금리 대출이라면 스트레스 테스트(예: 금리 +2%p)를 해보세요. |
| ☐ 플랜 B | • 세입자 문제가 생겼을 때의 대비책이 있나요?<br>• 갭투자라면, 세입자가 갑자기 나가거나 전세금을 못 받을 상황을 가정해 봤나요? 자력으로 버틸 자금이 없다면 위험합니다. |
| ☐ LTV/DTI 규제 | • 정부 규제 한도 내에서 무리한 금액은 아닌지 확인하세요.<br>• 한도를 꽉 채워 빚을 냈다면 여유자금이 거의 없다는 뜻이니 위험합니다. |
| ☐ 최악의 시나리오 | • 집이 안 팔리거나 가격이 떨어지는 최악의 경우도 그려보세요.<br>• 감당할 수 있는 손실 범위를 솔직하게 계산해야 합니다. |

### 생각해볼 질문

부동산 관련 대출을 활용하기로 마음먹었다면, 위 체크리스트 항목 중 해당하는 위험 요소가 있나요?

###  실천 미션

관심 있는 부동산이나 현재 거주 중인 전세에 대해 체크리스트를 작성해 보세요. 최소 3가지 이상 위험 요소를 분석하고 보완 대책을 세워봅시다.

# 06

# 부동산 불황에도
# 흔들리지 않는 대출 전략

#안전마진 #금리 리스크 #든든한 비상금 #포트폴리오를 수정하자 #계획은 필수

부동산 경기가 안 좋을 때, 대출을 받은 사람들은 불안에 떨곤 합니다. 하지만 사전에 대비한 사람은 꿋꿋하게 버텨내죠. 여기서는 부동산 불황에도 흔들리지 않는 대출 전략을 소개할까 합니다.

## 부동산 불황 시기, 굳건히 버틸 수 있는 대출 전략

첫째, 처음부터 안전마진을 확보하세요. 집값이 한창 올랐을 때 무리하게 대출을 받은 사람들은 막상 불황이 오면 집값 하락과 대출 부담이라는 이중고를 겪습니다. 따라서 대출을 받을 때 최대한도까지 다 받지 말고 여유를 남겨두는 게 좋아요. 예를 들어 LTV가 70%라면 70%를 다 채워 받는 게 아니라 60%에서 그친다든지, DSR이 300만 원/월 상환이라면 실제로는 200만 원 수준으로만 빌리는 식이죠. 이러면 부동산 시장 상황이나 금리 상황이 변해도 감당할 수 있게 됩니다.

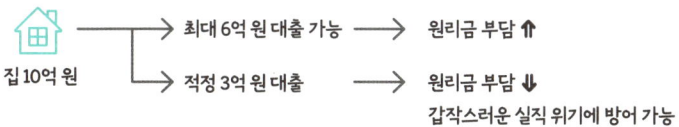

둘째, 금리 리스크에 대비하세요. 보통 부동산 불황 시기가 찾아오면 경기 침체와 함께 금리가 인하하지만, 반대로 금리가 급등하면서 불황을 촉발하기도 합니다. 최근 몇 년간 금리가 급등하면서 집값이 조정받은 사례처럼요. 따라서 대출 전략의 포인트는 '금리가 올라가도 버틸 수 있는가?'입니다. 변동금리로 대출받았는데 금리가 일정 수준 이상 오른다면 고정금리로 갈아타는 옵션을 검토하세요. 또는, 처음부터 일정 기간 고정 후 금리가 변동되는 혼합형 상품으로 금리 상승기를 넘기도록 설계할 수도 있습니다. 일부 금융사는 연 최대 상승폭을 제한하는 금리 상한 옵션도 있으니 활용하면 좋겠죠.

셋째, 비상 상황에 대비한 현금을 확보해 두세요. 불황이 오면 소득이 불안정해질 수도 있고 예상치 못한 지출이 생길 수도 있어요. 이때 6개월 치 원리금 상환액 정도의 비상 자금을 마련해 두면 마음이 훨씬 편합니다. 회사에 문제가 생기거나 임시 휴직을 하더라도 그 기간 동안 연체 없이 대출을 유지할 수 있으니까요. 앞서 소개했던 X 씨 부부는 주택담보대출을 받은 후 비상금 통장에 1년 치 대출 상환액을 따로 모아뒀다고 합니다. 덕분에 주변에서 금리 오른다고 걱정할 때도 1년은 거뜬하다며 덜 불안했죠.

넷째, 자산 포트폴리오를 점검하세요. 집 한 채에 전부 투자하느라 대출까지 꽉 채웠다면 포트폴리오가 매우 공격적입니다. 부동산 경기 변동에 자산이 100% 노출되니까요. 반면 현금성 자산이나 다른 투자 자산을 일부 보유하고 있으면 심리적으로도 안정이 됩니다. 자산 중 부동산 비중과 부채 비율이 얼마나 높은지를 냉정히 따져보고 너무 편중되어 있다면 전략을 수정하는 게 좋아요.

마지막으로, 심리적 대응도 중요합니다. 부동산 불황기에는 여기저기서 부정적인 뉴스가 쏟아져 나오죠. 이때 흔들리지 않으려면 대출 상환 계획이 탄탄한지 스스로 점검하며 확신을 가져야 합니다. 처음 집을 살 때부터 30년 상환 계획과 금리 상승 시나리오를 미리 계산해두면, 남들이 뭐라 해도 "내 계획대로 가면 돼"라는 자신감이 생깁니다. 대출은 항상 최악을 가정하고 대비해야 합니다.

### 생각해볼 질문

만약 집값이 20% 떨어지고 금리가 2%p 오른 최악의 상황이 온다면, 지금의 대출 규모와 상환 계획으로 그 충격을 견딜 준비가 되어 있나요?

### 실천 미션

대출 상황을 가정해서 스트레스 테스트를 해보세요. 불황에서도 흔들리지 않을 구체적인 계획을 마련해 보세요.

**예시**

금리 1%p 상승 시: 월 부담 ○만 원 증가
집값 10% 하락 시: LTV 재계산 결과, ○○○○만 원
➡ 대책: 비상금 마련, 일부 상환, 금리 변동 모니터링

# 07

# 이자 폭탄 피하는
# 대출 상환 방법

#똑똑하게 빚 갚자 #눈덩이 방식 #쌓기 방식 #원금 상환 #연체는 금물

"빚은 줄이는 게 돈 버는 거다"라는 말처럼, 대출을 받았다면 이제 현명하게 상환하는 일이 남았습니다. 같은 빚이라도 갚는 방식에 따라 이자 비용이 크게 달라집니다.

Z 씨는 한때 여러 빚에 시달렸지만, 이자가 높은 카드 빚부터 없애자고 마음먹은 뒤 보너스를 탈탈 털어 카드 빚을 먼저 청산했습니다. 매달 아낀 돈으로 신용대출 원금을 추가 상환해 1년 앞당겨 갚았지요. 그렇게 가장 비싼 빚부터 순서대로 없애나가니 3년 만에 모든 빚을 다 갚았습니다. 반면 A 씨는 여러 빚을 여기저기 최소 금액만 내며 유지하다 보니 원금은 줄지 않고 이자만 계속 나가 답답한 상태입니다. 빚도 제때 갚아야 이자 폭탄을 피할 수 있습니다. 이때 우선순위와

추가 상환 전략의 차이가 결과를 바꿉니다. 그럼 여러 건의 빚이 있을 때 어떻게 갚아야 할까요?

## ⚖️ 빚 갚는 데에도 순서가 있다

대표적인 방법으로 '눈덩이 방식'과 '쌓기 방식'이 있습니다.

눈덩이 방식은 잔액이 적은 빚부터 갚아나가는 방법이에요. 예를 들어 카드론 100만 원, 신용대출 500만 원, 전세대출 2,000만 원이 있으면, 100만 원짜리부터 빨리 없애버리는 거죠. 작은 빚을 다 갚으면 성취감이 생겨 동기부여가 됩니다.

반면, 쌓기 방식은 금리가 가장 높은 빚부터 집중해서 상환하는 방법입니다. 이자가 비싼 빚을 먼저 없애야 전체 이자 비용이 줄어드니까 합리적이죠. 어떤 방식이든 중요한 건 목표를 정하고 꾸준히 갚아나가는 것입니다. 소액 빚을 완제한 후, 그 돈을 다른 빚 상환에 추가로 투입하면 갚는 속도가 눈덩이 굴리는 것처럼 빨라집니다.

매달 상환액을 결정할 때도 전략이 필요합니다. 여유자금이 있다면 원금 상환에 투입해 빚을 빨리 줄이는 게 좋습니다. 특히 신용대출처럼 금리가 높은 빚은 최소 상환액만 내지 말고 추가 상환을 해서 기간을 단축하세요. 예를 들어 3년 상환 예정이던 신용대출을 여유자금 투입으로 2년 만에 끝내면 1년 치 이자를 절약할 수 있습니다. 반대로 주택담보대출처럼 장기 대출을 받은 경우에는 여유자금이 생겨도 굳이 빚을 갚는 데 쓰지 않고 투자에 활용하는 사람도 있습니다. 금리가 3%인데 5% 수익을 낼 자신이 있다면, 빚은 천천히 갚고 남는 돈을 투자하는 거죠. 하지만 이는 투자 위험이 있으니 안전추구형이라면 조기 상환이 마음 편할 수 있습니다.

또, 대출 상환 방식도 체크하세요. 원리금균등상환, 원금균등상환, 거치후분할상환 등 상품마다 다릅니다. 원리금균등상환은 매달 같은 금액을 갚아나가는 방식으로 초반에 이자 비중이 크기 때문에 이자 총액이 많습니다. 원금균등상환은 초기에 많이 갚는 방식으로 초기 부담이 크지만 이자 총액이 적습니다. 가능하면 원금을 더 상환하는 원금균등상환이 이자 절약에는 좋습니다.

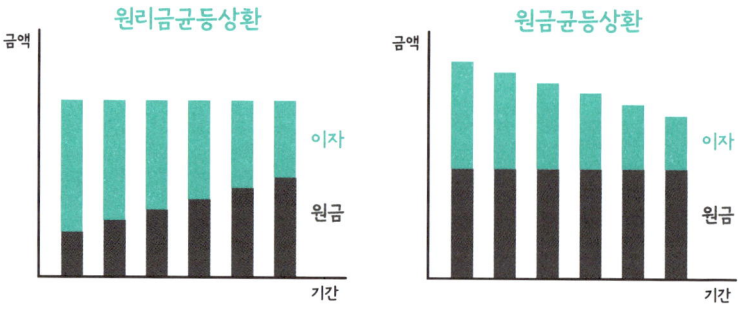

추가로, 절대 연체하지 마세요. 연체하면 신용도가 하락하는 것은 물론이고, 가산 이자가 붙어 상환이 더 어려워집니다. 혹시 일시적으로 돈이 모자라면 일부 대출은 거치 기간을 조정할 수 있으니 미리 은행과 상담해서 이자만 내는 기간을 갖거나 만기 연장 협의를 하세요.

그냥 못 내고 방치하면 상황은 더 악화됩니다.

### 생각해볼 질문

현재 빚이 있다면, 어떤 빚을 어떻게 갚을지 상환 계획을 세웠나요? 혹시 아무런 계획 없이 갚고 있진 않나요?

### 실천 미션

빚 목록을 작성한 뒤, 이자율 순서 또는 잔액 순서로 정렬해 보세요. 그리고 각 빚마다 상환 목표 시점을 정하고 그에 맞춰 예산을 짜보세요. 이렇게 구체적인 로드맵을 그리면 상환이 한층 수월해집니다.

**예시**

OO 카드론: 6개월 내 완제
은행 대출: 3년 내 매달 추가 상환으로 단축

## 빚으로 돈 버는 사람들의 5가지 비밀

대출에 대한 고정관념을 깨고 빚으로 돈 버는 사람들의 세계를 살짝 들여다볼까요? 우리 주변엔 빚을 잘 활용해 남의 돈으로 부를 일군 사람들이 종종 있습니다. 이들에게는 어떤 비밀이 있을까요?

### 첫 번째 비밀,
### 남들이 이자를 낼 때 이자를 받는다

부동산 임대업을 예로 들어봅시다. 김 사장님은 은행에서 연 3% 이자로 대출을 받아 건물을 샀습니다. 그리고 그 건물을 세입자들에게 임대해 연 5% 수익률의 임대료를 받았어요. 계산해 보면 3%의 은행 이자를 내고도 2%p만큼의 수익이 남으니 오히려 대출을 활용해 돈을 번 셈입니다. 이런 식으로 '이자보다 수익이 높은 곳'에 빚을 투입하면 빚 자체가 돈 버는 도구가 됩니다. 부자들은 이 공식을 누구보다 잘 활용하는 거죠.

### 두 번째 비밀,
### 남의 돈을 지렛대로 쓴다

자기자본 1억 원으로는 1억 원짜리 자산 하나만 살 수 있지만, 대출금 4억 원을 보태 5억 원짜리 자산을 산다면 가격 상승 시 수익이 훨씬 커집니다. 1억 원짜리 자산을 하나 사서 10% 오르면 1,000만 원을 벌지만, 대출을 끼고 산 5억 원짜리가 10% 오르면 5,000만 원을 벌 수 있죠. 물론 가격이 떨어질 때 그만큼 리스크도 함께 커지지만 이들은 철저한 분석과 담보 확보로 리스크를 관리하며 지렛대 효과를 극대화합니다.

**세 번째 비밀,
돈의 속성을 이해하고 두려워하지 않는다**

　빚으로 돈을 버는 고수들은 이자를 '비용'이라고 생각합니다. 마치 사업하는 사람이 재료비를 쓰듯, 투자하는 사람은 이자 비용을 써서 더 큰 수익을 내면 된다고 보는 거죠. 이들은 이자 비용이 아깝다는 이유로 투자를 망설이기보다는 이자 비용보다 더 벌 수 있는 분야를 찾아 기꺼이 빚을 활용합니다. 그 대신 플랜 B나 보험 등을 준비해 혹시 모를 상황에도 대비하죠.

**네 번째 비밀,
좋은 빚과 나쁜 빚을 구분하여 활용한다**

　이들은 대출을 무조건 나쁘게 보기보단 자신에게 수익을 가져다주는 좋은 대출과 돈만 빼가는 나쁜 대출을 명확히 구분합니다. 그리고 오로지 좋은 빚에만 집중적으로 투자하죠. 예를 들어 소비성 카드 빚처럼 나쁜 빚은 빨리 정리하고 부동산이나 사업 자금 같은 생산적인 빚은 적극적으로 활용하는 거죠.

**다섯 번째 비밀,
인내력을 가지고 타이밍을 노린다**

　빚으로 돈 버는 사람들은 경기 흐름을 읽고 가격이 내려갔을 때 빚을 내서 산 뒤 다시 가격이 올랐을 때 팔아서 수익을 냅니다. 주위에서 다들 겁낼 때 오히려 은행과 협상해 저금리에 자금을 조달하고, 거꾸로 과열일 땐 빚을 줄여 안전마진을 확보하죠. 이런 용기와 통찰력이 그들의 비밀 자산입니다.

　물론 이는 고수들의 영역이기 때문에 똑같이 따라 하기엔 위험합니다. 하지만 배울 점이 하나 있습니다. 빚을 두려워하기보단 똑똑하게 활용해야 한다는 것입니다. 이 5가지 비밀을 이해한다면, 언젠가 여러분들도 빚을 디딤돌 삼아 자산을 늘릴 수 있을지 모릅니다.

# 부자가 되기 위해
# 반드시 알아야 할
# 필수 투자 개념

# 01

## 돈 잃을까 봐 무서운 투자, 그래서 투자가 뭔데?

#돈의 실질 가치 #투자와 투기가 뭔데요? #안전하게 시작하자 #여유자금

　주위를 둘러보면 너나 할 것 없이 다들 투자를 한다고 합니다. 주식, 코인, ETF, 부동산까지… 그런데 정작 투자가 뭔지 잘 모르겠고 괜히 시작했다가 손해 보면 어쩌나 걱정부터 들진 않나요? 안 하면 손해인 것 같아 불안하고 막상 시작하려니 돈을 잃을까 봐 무섭기도 하고요.

　많은 분들이 이런 고민을 하고 계십니다. 투자라는 단어는 여기저기서 들려오는데 정작 어디서부터 어떻게 시작해야 할지 막막할 겁니다. 그래서 6장에서는 '투자'라는 개념을 처음부터 쉽게 풀어드리려고 합니다. 왜 우리가 투자를 해야 하는지, 왜 겁나는 건지 그리고 두려움은 어떻게 극복할 수 있는지 하나하나 짚어보겠습니다.

## 투자, 내 돈이 일하게 만드는 과정

우리는 보통 일을 해서 번 돈을 은행에 넣어두죠. 이건 가장 기본적인 금융 활동입니다. 하지만 여기서 중요한 사실을 알아야 합니다. 단순히 저축만 해서는 시간이 갈수록 여러분이 가진 돈의 '실질 가치'가 줄어들 뿐입니다. 예를 들어 10년 전만 해도 3,000원으로 짜장면 한 그릇을 살 수 있었는데 요즘엔 6,000원으로도 못 사는 경우가 많습니다. 그 말인즉슨, 지금 100만 원을 갖고 있다 하더라도 10년 뒤에는 같은 100만 원으로 할 수 있는 일이 훨씬 줄어든다는 의미죠.

그 이유는 바로 2장에서 배운 '물가 상승', 즉 인플레이션 때문입니다. 이럴 때 필요한 것이 바로 투자입니다. 투자는 돈을 모아두기만 하는 것이 아니라 그 돈이 스스로 돈을 벌어오게 만들기 때문입니다.

시간이 지나면서 줄어드는 돈의 실질 가치

투자라고 하면 왠지 위험한 이미지가 먼저 떠오르기도 합니다. '주식으로 한탕 노리는 거 아냐?' '코인 샀다가 반 토막 났다던데…' 이런 이야기가 떠오르며 더더욱 망설이게 됩니다. 하지만 투자와 투기는 분명히 다릅니다.

투자는 미래의 수익을 기대하고 합리적인 분석과 판단을 바탕으로 돈을 다루는 것이고, 투기는 단기간에 큰 수익을 노리는 매매 방식입니다. 투기는 감정에 휘둘리기 쉽기 때문에 금융 초보자에게는 적합하지 않습니다. 우량한 기업의 주식을 장기적으로 보유하면서 배당을 받는 것은 투자이고, 정체불명의 코인을 아무 정보 없이 샀다가 다음 날 팔 생각을 하는 건 투기도 아니고 도박에 가깝다고 볼 수 있죠. 투자는 성급하게 결과를 기대하는 활동이 아닙니다. 시간과 인내, 그리고 기본적인 공부가 필요한 과정입니다. 무엇보다 '한 방에 성공'이 아니라 '조금씩 성장'하는 것을 목표로 합니다.

## 작고 안전하게 시작하는 투자

처음으로 투자를 하고자 마음먹은 사람이라면 누구나 돈을 잃을지도 모른다는 두려움부터 느낍니다. 그 두려움은 돈이 소중하다는 마음에서 나오는 자연스러운 감정입니다. 오히려 무섭지 않은 게 이상한 거죠. 이 감정 덕분에 우리는 더 신중해질 수 있습니다. 다만 여기서 꼭 기억해야 할 점이 있습니다. 두렵다고 해서 아무것도 안 하고 있으면 돈의 가치는 조용히 줄어들 수밖에 없습니다. 그러니 무리하게 큰 수익을 노리기보단 '잃지 않는 투자'를 목표로 천천히 시작하는 걸 추천합니다.

그럼 투자는 어떻게 시작하면 좋을까요? 처음엔 작은 규모로 안전하게 시작하는 게 중요합니다.

먼저, 돈의 성격을 먼저 구분해야 합니다. 생활비나 비상금이 아닌 여유자금으로만 투자해야 합니다. 지금 당장 쓰지 않아도 되는 돈이어야 합니다. 무리해서 대출받거나 생활비까지 넣는 건 절대 금물입니다.

돈의 성격을 구분했다면 투자 방법과 종류를 알아봐야 합니다. 투자에는 주식만 있는 게 아닙니다. ETF, 펀드, 채권, 금, 달러, 부동산 등 다양한 투자 수단이 있습니다. 그중에서 자신의 관심사와 상황에 맞는 투자 방식을 천천히 탐색하는 과정이 필요합니다.

그런 다음, 소액부터 시작해 보는 겁니다. 처음부터 100만 원, 500만 원씩 넣을 필요는 전혀 없어요. 10만 원, 30만 원 정도로 아주 적은 금액으로 투자 감각부터 익혀보세요. 실제로 내 돈이 움직이는 걸 보면 투자에 대한 감이 조금씩 생깁니다. 처음엔 손해를 보더라도 학원비라고 생각하세요. 투자 초보 시절에는 누구나 실수합니다. 실수를 통해 배운다면 그 경험이 다음 투자의 자산이 될 수 있다는 점이 중요하죠.

투자를 한다는 건 단지 돈을 불리는 기술만 배우는 게 아닙니다. 그 과정을 통해 우리는 자연스럽게 경제를 보는 눈, 세상의 흐름, 자산의 가치에 대해 주목하게 됩니다. 뉴스에 나오는 기업 실적이나 금리 인상이 더 이상 남의 일이 아니게 되고, 돈에 대해 이야기하는 것이 부끄럽지 않게 되면서 미래를 스스로 설계하는 시야도 점점 넓어집니다.

이런 변화들이 바로 투자자가 되어가는 과정에서 얻는 진짜 보상입니다.

여러분이 생각하는 '투자'와 '투기'의 경계는 무엇인가요? 여러분은 지금 어떤 태도로 자산에 접근하고 있나요?

### 실천 미션

간단한 설문 형태로 투자 심리 성향을 체크하고, 보수형/중립형/공격형 중 어떤 투자 스타일에 가까운지 스스로 파악해 봅시다.

|  | 보수형 | 중립형 | 공격형 |
| --- | --- | --- | --- |
| 투자 시 어떤 감정이 더 자주 드는가? | 불안 | 무덤덤 | 기대 |
| 손실을 얼마나 감당할 수 있는가? | 절대 안 됨 | 10% | 20% |
| 얼마나 자주 투자 계좌를 들여다보는가? | 한달 1회 이하 | 주 1회 | 매일 |
| 시장 뉴스나 경제 흐름을 얼마나 챙기는가? | 전혀 안 봄 | 가끔 | 자주 |

## 02

# ETF? 펀드? 초보자가 쉽게 따라 할 수 있는 투자법

#간편한 투자 #투자 바구니 #분산투자 효과까지? #전문가에게 맡기자

처음 투자를 시작하려고 하면 가장 먼저 부딪히는 벽이 있습니다. "어떤 종목을 골라야 하죠?" "뉴스는 너무 어렵고 차트는 더 모르겠어요." "그냥 남들 따라 사도 되는 걸까요?" 실제로 개별 주식을 직접 고르는 건 초보자에게 쉬운 일이 아니죠. 그래서 최근에는 주식을 직접 고르는 것보다 더 쉽고 간편한 투자법이 인기를 끌고 있습니다. 그게 바로 ETF와 펀드입니다. ETF와 펀드는 쉽게 말해 전문가가 대신 골라 여러 곳에 자산을 분산해 주는 방법입니다.

## ⚖️ 펀드, 전문가에게 맡기는 투자

펀드Fund는 전문가(운용사)가 여러 투자자의 돈을 모아서 대신 투자해 주는 상품입니다. 예를 들어 '성장주 펀드'에 가입하면 운용사는 그 돈을 모아 미국의 애플, 구글, 테슬라 같은 기업에 나눠 투자합니다. 투자자는 그 펀드에 돈을 맡기고 그 안에서 나오는 수익을 지분만큼 나눠 가지는 거죠.

펀드의 장점은 직접 종목을 고르지 않아도 된다는 점입니다. 펀드에 가입하는 것만으로도 주식뿐만 아니라 채권, 부동산, 해외 자산 등 다양한 자산에 자동으로 분산투자됩니다. 1만 원, 5만 원처럼 소액으로도 시작할 수 있습니다. 물론 단점도 있습니다. 전문가가 관리하다 보니 수수료(보수)가 다소 있습니다. 주식처럼 바로 사고파는 게 아니라서 환매에 시간이 걸리는 경우도 많습니다.

펀드는 은행이나 증권사, 보험사 등에서 가입할 수 있고 매달 일정 금액을 자동으로 넣는 적립식 투자 방식도 가능합니다. 자동이체만 해두면 알아서 굴러가는 투자라는 점에서 시간이 부족한 직장인이나 투자 초보자에게 특히 잘 맞는 방식입니다.

## ⚖️ ETF, 직접 사고팔 수 있는 펀드

ETFExchange Traded Fund는 '상장지수펀드'라는 뜻입니다. 말

이 조금 어렵게 느껴지지만 생각보다 간단한 개념입니다. ETF는 펀드를 주식처럼 직접 사고팔 수 있도록 만든 상품입니다. 펀드처럼 전문가가 구성한 투자 바구니인데, 증권사의 홈트레이딩시스템Home Trading System, HTS이나 모바일트레이딩시스템Mobile Trading System, MTS을 통해서 직접 매수하고 매도할 수 있는 것이죠. 예를 들어 'KODEX 200 ETF'는 코스피200에 포함된 우량주 전체에 한꺼번에 투자하는 효과가 있고, 'TIGER 미국S&P500 ETF'는 미국 상위 기업 500군데에 자동으로 분산투자를 하게 됩니다.

ETF의 장점은 주식처럼 실시간으로 거래가 가능하고 일반 펀드보다 수수료가 낮은 편입니다. 반도체, 전기차, 친환경 등 특정 산업 테마에 손쉽게 투자할 수 있습니다. 역시 단점도 있습니다. 매수·매도 시점을 본인이 직접 판단해야 하고 단기간에 너무 자주 사고팔면 오히려 수수료와 세금 부담이 커질 수 있습니다.

### 펀드와 ETF 비교

| 항목 | 펀드 | ETF |
| --- | --- | --- |
| 거래 방식 | 금융사 창구 또는 앱에서 가입 | 주식처럼 실시간 매매 가능 |
| 운용 주체 | 펀드매니저가 적극 운용 | 대부분 시장 지수 추종(수동적 운용) |
| 수수료 | 비교적 높음(1~2%) | 낮음(0.1~0.5%) |
| 유동성 | 환매에 며칠 소요 | 실시간 매도 가능 |
| 투자 접근성 | 자동이체 설정으로 간편 | HTS, MTS 앱 사용 |
| 최소 투자 금액 | 보통 1만 원 이상 | 수천 원부터 가능(1주 단위로 구매) |
| 추천 대상 | 간편하고 자동화된 투자를 선호하는 경우 | 직접 매매로 감각을 익히고 싶은 경우 |

ETF와 펀드는 종목을 직접 고르고 분석하기 어렵거나 바쁘고 공부할 시간이 부족한 분들에게 아주 좋은 투자 상품입니다. ETF는 '직접 사고파는 주식형 펀드', 펀드는 '자동으로 운용되는 관리형 투자 서비스'로서 큰 금액 없이도 시작할 수 있고 무엇보다 금융 지식이 많지 않아도 따라 하기 쉽습니다.

처음부터 모든 걸 완벽하게 하려 하기보다 매달 소규모로 투자하며 감각을 익히는 게 좋습니다. 넓은 투자의 세계에서 ETF와 펀드는 그 입구를 안전하게 열어주는 훌륭한 길잡이입니다.

### 생각해볼 질문

ETF는 직접 사고팔아야 하고, 펀드는 전문가가 운용해 줍니다. 여러분의 성향에는 어떤 방식이 더 잘 맞을 것 같나요?

### 실천 미션

관심 있는 테마를 2~3개 정하고, 그 분야에 맞는 ETF를 검색해 이름, 구성 종목, 최근 수익률을 표로 정리해 봅시다.

**실전 투자 가이드**

# ETF, 펀드 편

**Step 1** 투자 목적을 분명히 하자

안정적인 수익을 원하나요? ➡ 배당 중심 ETF·펀드
장기 성장을 원하나요? ➡ 글로벌 인덱스 ETF·펀드
특정 산업에 관심 있나요? (예: 2차 전지, 반도체) ➡ 테마형 ETF (단, 리스크 높음)

**Step 2** 이런 ETF·펀드부터 시작해보세요

| 상품명 | 설명 | 유형 |
| --- | --- | --- |
| KODEX 200 | 코스피200 지수를 추종하는 대표 ETF | 국내 주식형 ETF |
| TIGER 미국S&P500 | 미국 500대 기업에 분산투자 | 해외 주식형 ETF |
| KINDEX 나스닥 100 | 미국 나스닥 상위 기술주 중심 투자 | 성장형 ETF |
| RISE 글로벌주식분산액티브 | 전 세계 ETF에 자동 분산투자 | 글로벌 펀드 |

**Step 3** 상품 고를 때 확인할 3가지 포인트

- **운용보수** 낮을수록 투자자의 부담이 줄어듭니다.
- **운용자산 규모** 규모가 클수록 안정성과 유동성이 좋습니다.
- **설정일** 오래된 펀드일수록 성과와 운용력이 검증된 상품입니다.

**Step 4** 꼭 기억할 팁

- 단기 수익보다 꾸준한 투자 습관 만들기가 더 중요합니다.
- ETF를 매매할 땐 거래 수수료도 고려하세요.
- 펀드는 환매 시점에 따라 수익률이 바뀔 수 있으니 만기 구조를 확인하세요.

## 03

# 금, 달러, 암호화폐···
# 대체 투자가 뭐야?

#그래도 금은 금이다 #지구의 기축통화 #암호화폐 #투자 시 주의할 점

'대체 투자'란 말 그대로 전통적인 투자 방식이 아닌 다른 자산군에 투자하는 것을 말합니다. 보통 주식이나 채권처럼 기존의 금융시장 외의 자산군을 의미하죠. 대표적인 대체 자산으로는 금, 달러, 암호화폐가 있습니다.

금은 실물자산으로서 오래전부터 인플레이션을 방어하는 수단으로 활용되었습니다. 달러는 전 세계가 인정하는 기축통화이자 대표적인 안전자산입니다. 암호화폐는 탈중앙화된 디지털 자산으로, 미래의 금융 시스템에 대한 기대가 담긴 자산이죠. 그 외에도 원자재(석유, 곡물, 구리 등), 부동산, 예술품 등도 대체 자산으로 분류됩니다. 이러한 자산은 전통 자산군과 다른 방향으로 움직일 가능성이 높기 때문에 일반적으로 위험 분산의 수단으로 자주 활용됩니다.

### ⚖️ 금, 위기의 시대에 더욱 빛나는 자산

금은 수천 년 전부터 신뢰받는 실물자산으로 자리 잡아왔습니다. 전쟁이나 경제 위기, 통화 불안 등 큰 위기가 닥쳤을 때 사람들은 어김없이 금을 찾습니다. "그래도 금은 금이다"라는 말 한 번쯤 들어보셨을 겁니다. 왜 그럴까요?

금은 실제로 존재하는 자산이고 전 세계 어디에서나 통용될 수 있으며 공급량이 한정되어 희소성이 높기 때문입니다. 실제로 2008년 글로벌 금융 위기와 2020년 코로나 팬데믹 당시에도 금값은 큰 폭으로 상승했습니다. 불확실한 시대일수록 금은 심리적 안정감을 주는 '위기의 보험' 역할을 톡톡히 해냅니다.

그럼 개인 투자자는 어떻게 금에 투자할 수 있을까요? 예전에는 금반지나 골드바 같은 실물 금을 많이 샀지만, 아무래도 보관하기 불편하고 세금 문제가 복잡하다는 단점 때문에 요즘은 금 통장이나 금 ETF를 더 선호합니다. 금 ETF는 소액으로도 투자할 수 있고 실시간 매매도 가능하다는 장점이 있죠. 대표적인 금 ETF로는 'KODEX 골든선물(H)' 또는 'TIGER 금은선물' 등이 있습니다.

## 달러, 전 세계가 인정하는 안전자산

달러는 말 그대로 '지구의 기축통화'라고 해도 과언이 아닙니다. 전쟁이 나도 금융 위기가 닥쳐도 사람들은 흔들리는 자국 통화보다 달러를 더 믿고 보유하려는 경향이 있습니다. 그만큼 달러는 국제 금융 시스템에서 가장 신뢰받는 통화입니다. 그래서 많은 투자자들이 주식이나 채권이 불안할 때 혹은 환율이 크게 요동칠 때 달러를 안전자산으로 활용하곤 합니다.

개인들은 달러에 어떻게 투자할 수 있을까요? 먼저 가장 쉬운 방법은 은행에서 외화 통장을 개설하는 것입니다. 외화 통장을 개설하면 환차익과 이자수익을 동시에 기대할 수 있지만 환율 변동에 주의하셔야 합니다. 또 다른 투자 방법으로는 'KOSEF 미국달러선물', 'TIGER 미국달러선물' 같은 달러 ETF가 있는데, 이런 상품들은 공통적으로 미국 달러의 가치에 따라 수익이 달라지게 됩니다.

달러 기반 자산 펀드 중에는 미국 국채, 달러표시채권에 투자하는 펀드가 있는데, 이런 펀드에 투자하면 달러 수익과 자산 안정성을 동시에 추구할 수 있습니다. 단, 투자 시 원화 기준으로 수익을 따지면 환차손이 발생할 수 있으니 환율이 어떻게 움직일지에 대한 감각도 함께 익히는 것이 중요합니다.

## ⚖️ 암호화폐, 디지털 세상의 새로운 자산

비트코인, 이더리움처럼 불과 몇 년 전만 해도 장난감처럼 여겨졌던 암호화폐가 이제는 글로벌 자산 시장에서 당당한 투자 자산으로 자리 잡았습니다. 특히 기관 투자자들까지 참여하면서 더 이상 '투기성 자산'으로만 취급할 수 없는 시대가 되었습니다.

암호화폐의 특징은 발행량이 제한되어 있어 희소성이 있고 블록체인 기술 기반으로 투명성과 보안성이 우수하다는 점입니다. 전 세계 어디서든 송금과 사용이 가능한 구조로, 기존 금융 시스템과 다른 패러다임을 제시합니다.

암호화폐 투자를 할 땐 비트코인, 이더리움 등 검증된 주요 자산 위주로 선택하고, 전체 자산의 1~5% 수준의 소액으로 분산투자하면서 단기 차익보다는 장기 보유 관점에서 접근하는 것이 바람직합니다. 단, 거래소의 보안성, 세금 체계, 입출금 정책 등은 미리 꼼꼼히 확인해야 합니다.

| 대체 자산 | 핵심 개념 | 특징 | 투자 방법 | 리스크 요인 |
| --- | --- | --- | --- | --- |
| 금 | 실물자산 | 희소성, 인플레이션 방어 | 금 ETF, 금 통장 | 가격 변동, 금리 상승기 약세 |
| 달러 | 기축통화 | 안전자산, 글로벌 거래 기반 | 외화예금, 달러 ETF, 달러채권펀드 | 환차손, 국가 정책 영향 |
| 암호화폐 | 디지털 자산 | 탈중앙화, 투명한 거래 | 비트코인, 이더리움 직접 투자 | 높은 변동성, 거래소 위험 |

## ⚖️ 대체 자산을 고려해야 하는 시기

대체 자산이 제 역할을 톡톡히 할 때가 따로 있습니다. 주식시장이 과열되거나 고점에 있을 때, 경기 침체, 금리 급등, 인플레이션, 전쟁 등으로 불확실성이 클 때 그리고 자산 포트폴리오에 방어력과 안정성을 더하고 싶을 때입니다. 대체 자산은 단독으로 고수익을 기대하기보다는 전체 포트폴리오의 리스크를 줄이고 장기적 안정성을 높이는 역할을 한다는 사실을 명심하세요.

> **생각해 볼 질문**
>
> 인플레이션, 금리 인상, 지정학적 리스크 등 최근 경제 상황에서 어떤 대체 자산이 주목받고 있나요? 여러분은 그 흐름을 얼마나 읽고 있나요?

> 🎯 **실천 미션**
>
> 1주일간 금, 달러, 암호화폐 관련 뉴스 3개를 스크랩하고 그 뉴스가 해당 자산에 어떤 영향을 줄 수 있는지 간단히 정리해 봅시다.

실전 투자 가이드

# 대체 자산 편

**step 1** 금 투자, 이렇게 해보세요.
- ETF로 소액 투자부터 시작하세요. (예: KODEX 골드선물(H), TIGER 금은선물)
- 은행 금 통장도 편리합니다. 금을 실물로 보관할 필요 없고 1,000원 단위로 거래할 수 있습니다.

**step 2** 달러 투자, 생각보다 어렵지 않아요
- 외화 예금 통장을 만든 뒤 환율이 낮을 때 분할매수하세요.
- 달러 ETF(KOSEF 미국달러선물)로 실시간 대응도 가능합니다.
- 환차익보다 '자산 보존'을 우선 목표로 생각하세요.

**step 3** 암호화폐 투자, 반드시 체크하세요
- 비트코인, 이더리움 같은 검증된 코인 중심으로 투자해야 합니다.
- 자산의 1~5% 내외 소액으로 투자하는 것을 권장합니다.
- 업비트, 빗썸 등 국내 제1금융권 제휴 거래소를 이용하고, 2단계 인증과 콜드월렛(인터넷에 연결되지 않은 상태에서 암호화폐를 보관하기 위해 사용하는 지갑) 보관 등 보안은 철저히 확인하세요.

## 04

# 투자 수익률보다 중요한 리스크 관리법

\#큰 손실은 피하기 #투자 비중 설계 #손절 라인 #리스크는 분산하자

    많은 분들이 투자를 시작할 때 가장 먼저 떠올리는 질문이 있습니다. '이번 투자로 얼마나 벌 수 있을까?' 당연한 질문이지만 사실 진짜 투자 고수들은 조금 다르게 접근합니다. 이들은 수익률보다 먼저 '내가 얼마나 잃을 수 있을까?', 즉 손실 범위부터 생각합니다. 투자에서 살아남기 위해선 단기간에 높은 수익을 내는 것보다 큰 손실을 피하고 오래 버티는 것이 더 중요하기 때문입니다.

### ⚖️ 수익률보다 중요한 건 '잃지 않는 것'

한번 이렇게 상상해 보세요. 100만 원으로 투자했는데 어느 날 갑자기 50% 손실이 났습니다. 이제 계좌에는 50만 원이 남아 있겠죠? 이때 다시 100만 원으로 회복하려면 얼마의 수익률이 필요할까요?

정답은 무려 100%입니다. 50만 원이 다시 100만 원이 되려면 2배가 되어야 합니다. 이처럼 손실이 커지면 커질수록 회복에 필요한 수익률도 기하급수적으로 커지는 구조를 '손실의 비대칭성'이라고 부릅니다. 그래서 투자에서는 이기기 위한 싸움보다 지지 않기 위한 구조를 만드는 게 훨씬 중요합니다. 작은 이익보다 큰 손실을 피하는 전략이 필요한 이유가 여기에 있습니다.

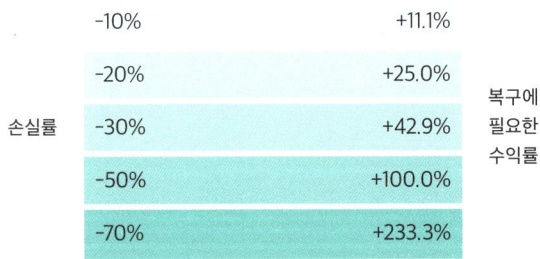

### ⚖️ 리스크 관리란 무엇일까요?

'리스크 관리'란 내가 감당할 수 있는 손실 범위를 먼저 정해놓고 그 안에서 최대한 합리적인 선택을 하는 전략을 의미합니다. 리스크 관리의 핵심은 다음 3가지로 정리할 수 있습니다.

<u>분산투자</u>　한 자산에 몰아넣지 말고 다양하게 나누기
<u>비중 조절</u>　자산 규모와 리스크 성향에 맞게
　　　　　투자 비중 정하기
<u>손절 라인</u>　일정 손실 구간에 도달하면
　　　　　과감히 정리하는 원칙 세우기

　처음엔 괜찮아 보이더라도 한번 크게 손실을 겪으면 투자 심리가 무너지는 경우가 많습니다. 이때 대부분은 손실 금액을 복구하기 위해 더 큰 금액을 넣거나 감정적인 매매를 반복하게 되고, 이는 결국 손실을 더 키워 시장에서 퇴장해야 하는 상황으로까지 이어질 수 있습니다.

　반대로 리스크 관리를 잘하는 투자자는 조금씩 수익을 쌓고 때로는 하락장을 견디며 장기적으로 시장에 머무를 수 있는 체력과 전략을 갖추고 있습니다. 사실 앞서 소개한 3가지 원칙만 잘 지켜도 갑작스러운 시장 변동성에도 훨씬 안정적인 투자 흐름을 만들 수 있습니다.

　투자 고수라고 불리는 사람들을 보면 공통적으로 리스크 관리에 아주 철저합니다. 워런 버핏은 자신의 투자 원칙 중 첫 번째는 절대 잃지 않는 것이고, 두 번째는 첫 번째 원칙을 잊지 않는 것이라고 말했죠. 세계적인 헤지 펀드 매니저 레이 달리오<sub>Ray Dalio</sub>도 '분산투자는 당신이 가질 수 있는 유일한 무료 점심'이라고 말한 적이 있습니다.

이들이 말하는 핵심은 결국 같습니다. 수익은 시장이 주는 보너스고 투자자가 할 수 있는 건 리스크를 통제하는 일뿐이라는 것입니다.

### 생각해 볼 질문

여러분의 지난 투자에서 손해를 봤다면, 그 이유는 무엇인가요? 그때 손절 기준은 있었나요?

### 실천 미션

리스크 허용도를 계산해 봅시다. 현재 여유자금 중 잃어도 심리적으로 흔들리지 않을 수 있는 최대 금액을 숫자로 정리해 보세요.

**예시**

총 200만 원 중 손실 허용 한도는 30만 원

**실전 투자 가이드**

# 리스크 관리 편

**step 1** 투자에 쓸 수 있는 총액 정하기

- 투자금은 월급의 10~20%, 여유자금의 30~50% 이하인 게 좋습니다.
- 생활비, 비상금은 절대 투자에 사용하지 마세요.
- 감당할 수 있는 손실액을 먼저 계산해 보세요.

> **예시**
> 나는 50만 원까지 손실은 괜찮다.

**step 2** 자산별 비중 나누기

자산을 분산해 두면 한쪽 시장이 폭락해도 포트폴리오가 크게 흔들리지 않아요.

투자금
- 국내 ETF 40%
- 해외 ETF 30%
- 대체 자산 20%
- 개별 주식 10%

**step 3** 손절 라인 설정하기

- 손절 기준이 없으면 막연히 오를 거란 생각으로 손실을 더 키우게 됩니다.
- 감정이 아니라 숫자로 기준을 세워야 합니다.

> **예시**
> 이 종목은 -10%가 되면 정리한다.

- 한번 정한 기준은 웬만하면 지키려고 노력하세요.

# 05

# 배당주 투자, 안정적인 현금흐름 만들기

#투자로 월급 받기 #안정성 #현금흐름 #하락장에서도 든든한 방패

주식으로도 월세처럼 매달 수익을 받을 수 있는 방법이 있습니다. 그 방법이 바로 배당주 투자입니다. 주가가 오르지 않아도 일정 시기에 현금을 지급받는 투자법이 바로 배당 투자입니다. 쉽게 말해 현금흐름이 생기는 투자라고 생각하시면 됩니다.

요즘처럼 금리는 낮고 정기 예금 수익률도 예전만 못한 시대에 배당주는 현실적이고 안정적인 자본 소득을 가져다줄 수 있습니다.

## 배당, 이윤에 대한 감사 보너스

기업이 한 해 동안 장사를 잘해서 수익이 나면 그 이익 중 일부를 주주에게 '감사 보너스'처럼 나눠주는 것이 바로 '배당'입니다. 예를 들어 어떤 기업이 주당 1,000원의 배당금을 지급한다고 발표하면, 해당 시점에 그 주식을 갖고 있는 투자자들은 말 그대로 보너스처럼 1,000원을 받을 수 있습니다. 배당은 1년에 한 번 지급하는 경우도 있고 분기별로 3개월에 한 번 혹은 매달 지급하는 경우도 있습니다. 지급 방식으로는 통장에 현금으로 주는 '현금 배당', 일정 비율만큼 주식을 추가로 지급하는 '주식 배당'이 있습니다.

모든 기업이 배당을 주는 건 아닙니다. 배당은 기업의 이익이 꾸준히 발생하고 안정적인 경영이 가능한 경우에만 지속적으로 지급할 수 있기 때문입니다. 보통 통신업(예: SK텔레콤, KT), 금융업(예: 신한지주, KB금융, 하나금융지주), 에너지·유틸리티(예: 한국전력, 한국가스공사), 정책성 공기업(예: 기업은행, 포스코홀딩스 등)과 같은 업종이 대표적인 배당주 산업군입니다.

|  | 배당주 | 일반 주식 |
| --- | --- | --- |
| 수익 구조 | 배당금 + 주가 상승 | 주가 상승 |
| 현금흐름 | 정기적인 현금 지급 | 없음 |
| 변동성 | 비교적 낮음 | 시장 상황 따라 크게 변동 |
| 선호 투자자 | 안정형, 은퇴 준비자, 소득 지향자 | 성장 추구형, 단기 매매자 |
| 보유 기간 전략 | 장기 보유에 유리 | 타이밍 중심 단기 보유도 가능 |

또한, 미국에는 매달 배당을 주는 ETF나 기업도 많아서 월 배당처럼 정기적인 현금흐름을 설계하고 싶은 투자자에게 특히 유리합니다. 대표적인 예로는 리얼티인컴(O), AGNC 등이 있습니다.

배당수익률의 계산법은 다음과 같습니다.

배당수익률 = (주당 배당금 ÷ 주가) × 100

예를 들어 주가가 5만 원이고 연간 배당금이 2,500원이라면, 배당수익률은 5%가 됩니다. 다만 배당수익률이 높다고 무조건 좋은 건 아닙니다. 기업의 실적이 뒷받침되지 않으면 배당을 중단하거나 주가가 하락해 전체 수익률이 나빠질 수도 있기 때문입니다. 꾸준한 실적과 적정 수준의 배당이 가장 안정적인 조합이라고 볼 수 있습니다.

### ⚖️ 배당주 투자, 어떤 점이 좋을까?

배당주 투자의 장점은 주가와 관계없이 수익을 확보할 수 있다는 점입니다. 주가가 정체하거나 오르지 않아도 배당금만으로 일정한 수익을 확보할 수 있습니다. 배당은 은퇴 이후에도 활용할 수 있는 현금흐름이 됩니다. 월급을 받지 못하는 시기에도 일정 금액 이상의 배당이 들어온다면 그 자체로 생활비를 보조하는 역할을 하게 됩니다. 또한, 하락장에서도 방어력이 높습니다. 투자자들이 함부로 배당주를 매도하지 않기 때문에 주가의 낙폭이 제한적일 수 있습니다. 이건 심리적으로도 꽤 큰 안정감을 줍니다.

> **생각해볼 질문**
>
> 배당금으로 다시 투자하는 전략은 왜 강력할까요? 복리의 힘은 여러분의 자산 성장에 어떤 영향을 줄 수 있을까요?

> 🎯 **실천 미션**
>
> 배당 캘린더를 만들어봅시다. 현재 관심 있는 국내외 배당주 또는 ETF 3개를 고른 뒤 배당 기준일, 지급일, 배당 주기(연/분기/월)를 달력에 정리해 봅시다.

실전투자가이드

# 배당주 투자 편

**Step 1** 배당 캘린더 확인하기

배당 기준일 전에 주식을 보유해야 배당금을 받을 수 있어요.
배당 기준일은 각 증권사 앱, 네이버 금융, DART에서 쉽게 확인할 수 있습니다.

**Step 2** 좋은 배당주 고르는 기준

- ☐ 꾸준함: 최근 3~5년 이상 배당을 계속 지급했는가?
- ☐ 안정성: 실적 대비 배당금이 과도하지 않은가?
- ☐ 성장성: 향후 실적 성장 가능성은 충분한가?
- ☐ 업종 특성: 규제가 심하지 않고 안정적인 산업인가?

**Step 3** 배당주 투자, ETF로 쉽게 시작하기

| ETF명 | 특징 |
| --- | --- |
| KODEX 고배당 | 국내 고배당 기업 중심 |
| TIGER 배당성장 | 배당도 주고 실적 성장도 기대되는 기업 위주 |
| Global X 수익형 ETF | 미국 월 배당 상품 다수 포함 |
| 리얼티인컴(O) | 미국 대표 월 배당 리츠(부동산에 투자하여 얻은 수익으로 배당을 지급하는 회사) |

**Step 4** 배당주 투자 시 꼭 기억할 것

- 배당락일(배당금을 받을 권리가 사라지는 날) 이후 주가 하락에 주의하세요. 배당락일 이전에는 주식 가격이 배당금을 포함한 가격으로 형성되지만, 배당락일 이후에는 배당금이 제외된 가격으로 조정되기 때문입니다. 단기 매매보다 장기 보유 전략을 추천합니다.
- 배당금으로 동일 종목이나 ETF를 재매수하는 배당금 재투자 전략으로 복리 효과를 극대화하세요.
- 국내 배당은 2,000만 원 초과 시 금융소득 종합과세 대상이기 때문에 세금을 고려해야 합니다. 미국 배당은 15% 원천징수 후 지급하기 때문에 추가 과세가 없다는 것도 알아두세요.

## 06

# 인덱스 펀드 vs 개별 주식, 어디에 투자해야 할까?

#인덱스 펀드 #낮은 리스크 #지수 따라가자 #개별 주식 #공부하는 맛

　처음 주식 투자를 시작하려고 할 때 이런 고민 한 번쯤 해보셨을 겁니다. '삼성전자부터 사볼까?' '아니야, 그냥 ETF가 더 안전하다던데?' '차트는 잘 모르겠고 뉴스도 어렵던데 그럼 나는 뭘 해야 하지?' 이럴 때 자주 비교되는 2가지 투자 방식이 바로 인덱스 펀드(또는 ETF)와 개별 주식입니다. 둘 다 주식 투자의 한 형태이지만 투자 방식과 접근 철학은 완전히 다릅니다.

## 인덱스 펀드, '지수'만 믿고 따르는 투자

인덱스 펀드는 말 그대로 '지수Index'를 그대로 따라가는 투자 방식입니다. 예를 들어 '코스피200 인덱스 펀드'는 국내 대표 기업 200개사에 자동으로 투자되고, 'S&P500 ETF'는 미국 상위 500대 기업에 분산투자됩니다. 쉽게 말해 누가 잘할지 모르니 그냥 팀 전체를 사버리는 방식인 거죠.

인덱스 펀드는 다양한 종목에 자동으로 분산투자되기 때문에 리스크가 낮다는 게 장점입니다. 종목을 일일이 고르지 않아도 되니 간편하기도 하고요. 수수료가 낮고 장기적으로 시장 수익률에 준하는 안정적인 성과를 기대할 수 있습니다.

인덱스 펀드의 단점은 개별 주식처럼 급등하는 수익은 기대하기 어렵다는 점입니다. 특정 기업이 100% 올라도 전체 지수엔 큰 영향을 주지 못합니다. 그러나 시장이 하락하면 지수도 함께 떨어지기 때문에 손실을 피하기 어렵습니다.

## 개별 주식 투자, 스스로 선택하는 투자

개별 주식 투자는 말 그대로 특정 기업 한 곳에 직접 투자하는 방식입니다. 예를 들어 삼성전자, LG에너지솔루션, 현대차 같은 종목을 스스로 선택해서 매수하는 거죠.

개별 주식의 장점은 잘만 고르면 10%, 50%, 100% 이상의 수익도 가능하다는 점입니다. 또한, 기업의 성장성, 산업 이슈에 따라 전략적으로 대응할 수 있고, 직접 분석하고 선택한 종목이 오르면 성취감과 재미를 느낄 수 있다는 점 역시 장점입니다.

반대로, 잘못 고르면 큰 손실을 볼 수도 있습니다. 기업의 재무 상태, 업황, 뉴스 등을 직접 분석해야 하기 때문에 시간과 공부가 필요하죠. 주가에 따라 감정적으로 매매하기 쉬워 손실이 커질 수도 있습니다.

| 항목 | 인덱스 펀드/ETF | 개별 주식 |
| --- | --- | --- |
| 투자 대상 | 시장 전체(지수 구성 종목 전체) | 특정 기업 한 곳 |
| 수익률 기대 | 중간(시장 수익률) | 낮을 수도, 매우 높을 수도 있음 |
| 리스크 | 낮음(자연스러운 분산 효과) | 높음(종목 리스크 반영) |
| 감정 소모 | 거의 없음 | 큼(기대, 불안, 후회 등) |
| 투자 시간 | 적음 | 많음 |
| 추천 대상 | 투자 초보자, 직장인, 바쁜 사람 | 분석과 공부를 즐기는 투자자 |

투자에 정답은 없습니다. 하지만 각자 어울리는 방식은 반드시 존재합니다. 인덱스 펀드는 꾸준함과 복리의 힘을 믿는 투자자에게, 개별 주식은 각 기업을 이해하고 시장을 분석하는 재미를 느끼는 투자자에게 어울립니다. 어떤 방식이든 꾸준히 공부하고 감당 가능한 비중으로 시작한다면 누구나 자신만의 투자 스타일을 만들어갈 수 있습니다. 처음에는 작게, 하지만 꾸준하게! 그게 투자에서 가장 강력한 전략입니다.

장기적인 투자 목표(예: 자산 증식, 은퇴 자금 마련, 현금흐름 확보 등)을 생각했을 때, ETF와 개별 주식 중 어느 쪽이 여러분에게 잘 맞을 것 같나요?

### 🎯 실천 미션

100만 원으로 아래의 모의 포트폴리오를 구성한 뒤, 3개월간 수익률을 비교 실험해 봅시다. 실전 데이터를 통해 자신에게 맞는 투자 스타일을 확인할 수 있습니다.

| A안 | B안 | C안 |
|---|---|---|
| 100% ETF | 70% ETF + 30% 개별주 | 100% 개별주 |

실전 투자 가이드

# ETF, 개별 주식 편

**Step 1** 투자 비중 먼저 정하기 (혼합 전략 예시)

- 투자금의 70%는 S&P500, KODEX 200처럼 장기 수익을 기반으로 하는 ETF를 매수해 보세요.
- 나머지 30%는 개별 주식으로 구성해 보세요. 이때 개별 주식은 관심 테마, 기업, 배당주 등 전략적으로 구성하는 것 잊지 마세요.

**Step 2** 투자 전 체크하기

∨ ETF 선택 시 체크리스트

- ☐ 국내·해외 지수 기반의 대표 상품인가?
- ☐ 운용사, 수수료, 거래량은 안정적인가?
- ☐ 장기적으로 보유할 만한 시장 대표성을 갖고 있는가?
- ☐ 추천 상품
  국내: KODEX 200,
  　　　TIGER 코스피 배당 성장
  해외: TIGER 미국S&P500,
  　　　KINDEX 미국나스닥100

∨ 개별 종목 접근 시 체크리스트

- ☐ 최근 몇 년간 실적이 꾸준한 기업인가?
- ☐ 업황, 산업 흐름과 성장 가능성을 이해하고 있는가?
- ☐ 재무제표를 읽을 수 있는가?
- ☐ 계획된 매수·매도 기준을 갖고 있는가?

**Step 3** 투자 루틴 만들기(예시)

- **월요일** 인덱스 ETF 정기 매수 확인하기
- **수요일~금요일** 기업 뉴스, 실적 발표 일정 체크하기
- **주말** 한 주의 투자 현황 정리하고, 다음 주 전략 구성하기

## 07 채권 투자, 안전한 투자 수단 이해하기

#정기적인 이자 수익 #예측 가능 #안정적 #채권의 신용등급?

'주식은 너무 출렁여서 무서운데, 그래도 돈을 그냥 둘 수는 없고…' 주식처럼 하루에도 몇 번씩 오르락내리락하는 자산은 심적으로 벅찰 때가 많습니다. 그럴 때 보다 안정적이고 예측 가능한 투자를 원하신 다면 바로 채권 투자가 좋은 대안이 될 수 있습니다.

### 채권, 수익을 예측할 수 있는 계약

채권은 쉽게 말하면 돈을 빌려주고 정해진 이자와 함께 돌려받는 계약이라고 생각하시면 됩니다. 어떤 기관이나 기업에 돈을 빌려주면 매년 또는 반기마다 이자(표면금리)를 지급받다가 만기일에 원금까지 돌려받는 구조입니다.

채권은 원금을 지키면서도 일정한 이자를 받을 수 있는 고정 수익형 자산입니다. 특히 자산이 어느 정도 쌓인 분들, 은퇴를 앞둔 분들, 혹은 처음 투자를 시작하는 분들께 적합한 투자 방식입니다.

| 채권 종류 | 돈을 빌려가는 주체 | 대표 예시 |
| --- | --- | --- |
| 국채 | 국가(정부) | 한국 국채, 미국 국채 등 |
| 지방채 | 지방자치단체 | 서울시 채권, 부산시 채권 등 |
| 회사채 | 기업 | 삼성전자 채권, 현대차 채권 등 |

채권 투자의 장점은 수익을 예측할 수 있다는 점입니다. 정해진 이자를 받기 때문에 주가처럼 출렁이지 않고 매년 일정한 수익을 계획할 수 있다는 장점이 있습니다.

다음으로, 원금 손실 가능성이 낮습니다. 특히 정부나 신용등급이 높은 기업의 채권은 만기까지 보유하면 거의 손실 없이 원금과 이자를 받을 수 있습니다.

마지막으로, 채권은 주식과 반대되는 흐름을 보이기도 합니다. 주식시장이 불안할 때 채권은 오히려 안정적으로 움직이는 경우가 많아 포트폴리오 전체의 위험을 분산하는 데 큰 도움이 됩니다.

## ⚖️ 채권 투자의 리스크

많은 사람들이 채권을 예금처럼 '그냥 묻어두는 것'으로 생각하지만, 사실 채권도 시장에서 사고팔 수 있는 자산입니다. 채권에도 물론 리스크는 있지만, 주식과는 성격이 다른 리스크입니다.

먼저 신용 리스크가 있습니다. 채권을 발행한 기업이나 기관이 파산하면 이자나 원금을 제때 받지 못할 수도 있습니다. 그래서 채권에는 신용등급이라는 기준이 있습니다. AAA 〉 AA 〉 A 〉 BBB 〉 BB 순으로 높을수록 안전하지만 반대로 수익률은 낮아집니다.

다음으로는 금리 리스크가 있습니다. 금리가 오르면 기존 채권의 가치가 떨어지기 때문에 중간에 매도할 경우 손실이 날 수도 있습니다. 하지만 만기까지 보유한다면 이 리스크는 회피할 수 있습니다. 채권 투자 시 안정성을 원한다면 국채나 우량 기업 채권부터 시작하는 게 좋습니다.

### 생각해볼 질문

안정성과 수익성 중 어디에 더 가치를 두고 있나요? 여러분의 투자 성향을 반영한 채권의 비중은 얼마가 적절할까요?

### 🎯 실천 미션

증권사 앱에 접속해 '소액 채권'을 검색한 뒤, 신용등급 A 이상, 만기 1~3년 상품을 매수해 봅시다.

# 채권 투자 편

**실천 투자 가이드**

### Step 1 투자 목적 확인하기

채권은 아래 항목에 해당하는 투자자에게 아주 잘 맞는 투자 수단입니다.
- ☐ 나는 자산을 보존하고 싶다.
- ☐ 매달 또는 매년 예측 가능한 현금흐름이 필요하다.
- ☐ 주식처럼 자주 들여다봐야 하는 투자는 부담스럽다.

### Step 2 투자 방식 선택하기

| 투자 방식 | 설명 | 추천 대상 |
|---|---|---|
| 채권 ETF | 다양한 채권을 묶은 상품, 매매가 쉽고 소액 투자가 가능 | 처음 투자하는 분, 분산을 원하는 분 |
| 채권형 펀드 | 전문가가 운용해 주기 때문에 일정 수수료가 발생 | 간편하게 맡기고 싶은 분 |
| 직접 투자 | 만기, 이자율, 신용등급을 보고 직접 매수하는 방법 | 스스로 선택하고 싶은 분 |

### Step 3 채권 선택 시 체크포인트

- ☐ **만기** 1년, 3년, 10년… 만기가 길수록 금리는 높지만 유동성은 낮아집니다.
- ☐ **이자율(표면 금리)** 매년 받는 이자 수익률, 실제 수익률과 차이가 있을 수 있어요.
- ☐ **신용등급** AAA, AA 등급일수록 안정성이 높아요.
- ☐ **금리 환경** 금리 상승기에는 단기채를, 하락기에는 장기채를 주로 선호합니다.

**Step 4** 맞춤형 채권 투자 플랜 예시 확인하기

나는 바쁜 직장인,
적당한 안정과 수익 둘 다 원해요.

① 자산의 30% 정도는 국채 ETF 또는 우량 채권형 펀드에 투자한다.
② 나머지는 채권 만기에 맞춰 분산 보유(3년/5년)한다.
③ 매월 이자가 들어올 수 있도록 만기 시기를 분산한다.

나는 열정적인 초보 투자자,
직접 비교한 뒤 선택하고 싶어요.

① 증권사 앱에 접속해 채권의 신용등급, 수익률, 만기를 선택한다.
② 10만 원 이하의 채권을 매수한다.
③ 중도에 매도하지 않고 만기까지 보유한다.

## 08

# 장기 투자 vs 단기 투자, 어떤 전략이 더 유리할까?

`#장기 투자 #안정적 #인내심을 쌓자 #단기 투자 #심리 관리는 필수`

투자할 때, 무조건 오래 버텨야 돈을 벌 수 있는 걸까요? 아니면 타이밍을 잘 잡아서 사고팔아야 할까요? 주변에서는 무조건 버티는 게 답이라는 사람도 있고, 한 번에 수익을 챙겨야 한다고 말하는 사람도 있습니다. 하지만 투자에는 정답이 하나만 있는 게 아닙니다. 중요한 건 여러분의 성향, 투자 목적, 그리고 일상 패턴에 맞는 전략을 찾는 것이죠.

## 장기 투자와 단기 투자의 차이

'장기 투자'는 말 그대로 몇 개월에서 몇 년, 길게는 수십 년까지 한 종목을 오래 보유하면서 수익을 추구하는 방식입니다. 대표적인 전략으로는 인덱스 ETF 정기 적립, 우량주 장기 보유, 배당주로 현금흐름을 만드는 방식입니다. 워런 버핏, 피터 린치Peter Lynch 같은 전설적인 투자자들도 모두 장기 투자자로 유명합니다.

장기 투자는 복리 효과를 극대화할 수 있고 시장이 일시적으로 하락하더라도 시간이 지나면서 회복 가능성이 크기 때문에 안정적입니다. 자주 사고팔지 않기 때문에 감정적인 매매가 줄어들고 세금, 수수료 등의 비용도 상대적으로 적습니다. 그러나 단점으로는 수익을 실현하기까지 시간이 오래 걸릴 수 있고, 긴 시간 동안 보유했음에도 결과가 좋지 않을 가능성도 있다는 점입니다. 무엇보다 인내심과 믿음이 필요하죠.

'단기 투자'는 몇 시간, 며칠, 길면 몇 주 안에 수익을 실현하려는 전략입니다. 흔히 '단타', '스윙 매매'라고도 부르죠. 이 방식은 차트 분석, 뉴스 흐름, 시장 심리 변화를 빠르게 읽고 짧은 시간 안에 사고팔며 수익을 쌓아가는 방식입니다.

단기 투자는 시장 변화에 빠르게 대응할 수 있고 자금 회전이 빠르기 때문에 수익을 얻을 수 있는 기회가 자주 발생합니다. 상승장이 오면 짧은 시간에 큰 수익을 낼 수도 있습니다. 하지만 단점도 분명합니다. 하루에도 수익률이 -10%에서 +10%를 오가며 큰 변동성을 보이기 때문에 그만큼 리스크도 큽니다. 타이밍을 놓치면 손실이 크게 확대될 수 있고, 시간과 에너지를 많이 소모하기 때문에 감정적으로 휘둘리지 않기 위한 심리 관리가 굉장히 어렵습니다.

　장기 투자와 단기 투자, 꼭 둘 중 하나만 선택할 필요는 없습니다. 요즘은 장기와 단기 혼합 전략으로 투자하는 분들도 많습니다. 예를 들어 자산의 80%는 장기 투자용 ETF, 우량 배당주 등에 투자해 안정성을 확보하고, 나머지 20%는 관심 있는 종목이나 단기 흐름을 타는 종목에 투자할 수도 있습니다. 이렇게 하면 한쪽에 치우치지 않고 장기적 안전성과 단기적 기회 모두를 잡을 수 있는 구조가 됩니다. 다만, 단기 매매를 시도할 때는 '이건 공부하고 실험하는 영역이다'라는 인식이 꼭 필요합니다. 모든 자산을 단기 투자에 넣어버리면 감정도 잃고 돈도 잃게 될 수 있다는 걸 잊지 마세요.

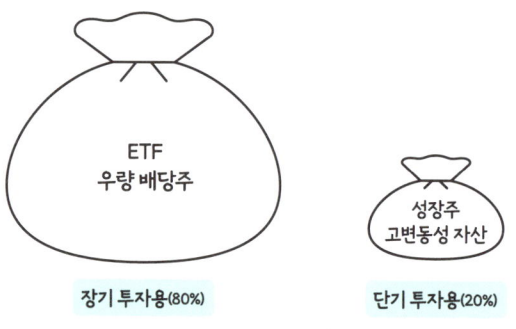

혼합 전략 예시

**생각해볼 질문**

여러분이 수익을 가장 잘 냈던 방식은 장기 투자였나요, 아니면 단기 투자였나요? 혹은 두 방식 모두 경험해 보지 않고 판단하고 있지는 않은가요?

**🎯 실천 미션**

혼합 포트폴리오를 만들어봅시다. 100만 원을 아래처럼 나눠 투자 설계를 해봅시다.

100만 원

70만 원(장기) — 미국 S&P500 ETF, 배당주 등

30만 원(단기) — 변동성 높은 종목, 실험용 계좌

**실전 투자 가이드**

# 혼합 투자 전략 편

### Step 1  장·단기 혼합 포트폴리오 예시

- 장기 투자(70~80%): S&P 500, 코스피 200 ETF, 배당주, 우량주 분할매수
- 단기 투자(20~30%): 테마 종목 단타, 업종 뉴스 스윙, 해외 트렌드 종목 등

장기는 '버팀목', 단기는 '기회' 입니다. 포트폴리오에 안정성과 유연성을 동시에 부여하는 게 좋습니다.

### Step 2  장기 투자 루틴 만들기

- 매달 자동이체로 ETF나 배당주에 투자하세요.
- 포트폴리오는 분기마다 리밸런싱해야 합니다.
- 1~5년 정도 지켜보면서 장기적 흐름에 집중해 봅시다.

### Step 3  단기 투자 루틴 만들기

- 매일 아침, 관심 종목과 관련된 뉴스를 확인합니다.
- 손절이나 익절 기준을 미리 설정해야 합니다.
- 과매매를 방지하기 위해서 1일 1매매 원칙을 반드시 지킵시다.

### Step 4  전략 셀프 점검 체크리스트

아래 체크리스트에서 '예'가 많다면 장기 투자 중심으로 구성하고, '아니오'가 많다면 단기 투자가 적합하므로 연습을 먼저 시작해야 합니다. 반반이라면 혼합 전략으로 시작하기 적합하겠죠?

| 질문 | 예 | 아니오 |
| --- | --- | --- |
| 하루 1시간 이상 투자에 쓸 시간이 있나요? | ○ | ○ |
| 감정에 휘둘리지 않고 손절, 익절 기준을 지킬 수 있나요? | ○ | ○ |
| 주가 변동 그 자체보단 자산을 천천히 쌓는 데 관심이 있나요? | ○ | ○ |
| 당장 수익보다 오래 버티는 구조가 중요하다고 생각하나요? | ○ | ○ |

## "나스닥은 미국 대표 지수니까 언젠간 오르겠지"라는 착각

많은 투자자들이 인덱스 투자, 특히 나스닥100과 같은 대표 지수에 투자하면 무조건 수익이 난다고 믿습니다. "미국은 우상향합니다", "나스닥은 미래 산업에 투자하는 것이기 때문에 언젠가는 오릅니다"라는 말이 투자 커뮤니티나 유튜브에서 자주 떠돕니다. 실제로 나스닥100은 테슬라나 엔비디아 같은 종목들이 포함되어 있어 혁신 산업의 대표 지수로 여겨지고 장기적으로 꾸준히 우상향해 왔지요.

하지만 문제는 투자 타이밍이나 상품 구조에 대한 이해 없이 이 단순한 믿음을 무작정 적용하는 것입니다. '인덱스 투자는 무조건 안전하다'는 인식은 반은 맞고 반은 틀립니다. 지수도 결국 시장의 영향을 받기 때문에 단기적으로 크게 하락하기도 하고 회복까지 오랜 시간이 걸릴 수 있습니다. 특히 고점에서 매수했다면 장기 투자라 하더라도 큰 인내심이 필요합니다.

예를 들어 2021년 말 나스닥이 정점을 찍었을 당시 많은 투자자들이 지금 사도 늦지 않았다며 나스닥 ETF를 대거 매수했습니다. 하지만 이후 금리 인상과 긴축 정책이 이어지면서 기술주 중심의 나스닥은 큰 조정을 받았습니다. 나스닥을 추종하는 ETF는 물론이고, 특히 레버리지 구조를 가진 상품은 더 큰 손실로 이어지고 말았습니다.

결국 인덱스 투자도 '언제' '무엇을 통해' 투자하느냐가 매우 중요합니다. 단순히 지수 이름만 보고 매수하는 것이 아니라 지금 시장이 어느 국면인지, 내가 투자하는 상품이 단순 추종형인지, 레버리지인지 꼼꼼히 따져야 합니다.

또한, 인덱스 투자의 성과는 대부분 '들인 시간'과 '진입한 타이밍'으로 결정됩니다. 아무리 지수가 좋더라도 고점에 들어가면 수년간 원금이 회복되길 기다려야 할 수도 있습니다. 반대로 하락장 이후에 들어갔다면 생각보다 빠르게 수익을 얻을 수도 있죠.

 '언젠간 오른다'는 막연한 기대만으로는 인덱스 투자에서 오히려 낭패를 보기 쉽습니다. 인덱스 투자는 상품의 구조, 시장의 흐름, 그리고 나 자신의 투자 성향을 이해한 후에야 비로소 안정적인 투자 수단이 될 수 있습니다.

# { 7장 }

# 당신의 돈을 더 크게 만들기

# 01

# 현명한 자산 증식 전략, 예·적금만으로는 부족하다

#저금리 시대 #돈의 가치 #분산 투자 #장기 투자 #돈이 일하게 하자

돈을 모으려고 할 때 가장 먼저 생각하는 방법은 아마 은행 적금이나 예금일 것입니다. 은행에 돈을 맡겨두면 안전하고 약간의 이자도 얻을 수 있으니 위험 부담 없이 자산을 불릴 수 있을 것처럼 느껴집니다. 하지만 요즘 같은 저금리 시대에는 적금과 예금만으로 큰돈을 만들기엔 한계가 있습니다. 물가상승률까지 고려하면, 은행 이자를 받기 위해 돈을 묶어두는 방법은 돈의 실제 가치를 오히려 떨어트릴 수도 있습니다.

그렇다면 어떻게 해야 현명하게 자산을 증식할 수 있을까요? 답은 간단합니다. 내 돈이 더 열심히 일하도록 만들어야 합니다. 이를 위해선 투자를 활용한 전략적인 자산 관리가 필요합니다. 여기서는 적금과 예금 외에 돈을 불릴 수 있는 똑똑한 방법들을 알아보겠습니다.

## ⚖️ 내 돈을 일하게 만드는 똑똑한 자산 증식 전략

우선, 목표를 설정하고 재무 계획을 세웁니다. 투자하기에 앞서 자신의 재무 목표를 분명하게 정하세요. 예를 들어 10년 후 주택 마련, 60세까지 은퇴 자금 마련 등 구체적인 목표를 정합니다. 목표가 있어야 얼마의 돈과 수익률이 필요한지 계산할 수 있으니까요. 목표를 세웠다면 달마다 저축할 수 있는 금액과 현재 자산을 파악해 투자 계획을 세워보세요.

투자를 시작하기 전엔 예비 자금을 확보해야 합니다. 모든 돈을 투자에 몰아넣기 전에 갑작스러운 지출에 대비해 6개월 치 생활비에 준하는 비상 자금을 예금으로 확보해 두세요. 남는 여유자금으로 조금씩 투자하기 시작하는 거죠. 처음부터 큰 금액을 투자하기가 부담스럽다면, 소액으로도 투자할 수 있는 펀드나 ETF에 월 적립식으로 투

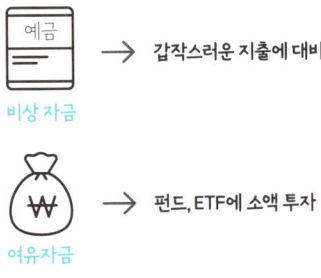

자하는 걸 추천합니다. 이렇게 하면 적금에 돈을 넣듯 투자에도 꾸준히 돈을 넣게 되어 복리 효과를 누릴 수 있습니다.

현명한 자산 증식의 핵심은 분산투자입니다. "한 바구니에 담지 말라"라는 말처럼, 다양한 자산에 돈을 나누어 투자하면 한 곳에서 손해를 보더라도 다른 곳에서 이익이 생겨 위험을 줄일 수 있습니다. 일부 자금은 예금으로 안전하게 보관하고, 나머지는 주식, 채권, 펀드, 부동산 등 여러 분야로 나누세요. 분산된 포트폴리오는 장기적으로 더 안정적인 성장 곡선을 만들어줍니다.

투자를 시작했다면 장기적인 관점으로 꾸준하게 지켜봐야 합니다. 일확천금을 노리기보다는 5년, 10년 이상 꾸준히 지켜보겠다는 마음으로 투자에 접근하는 게 좋습니다. 시간이 길어질수록 복리의 마법이 커지고 일시적인 시장 변동에도 덜 흔들리게 됩니다. 또한, 투자는 한 번에 수익을 거두고 끝내는 일이 아니라 꾸준히 관리하고 보완해 나가는 과정입니다. 정기적으로 투자 성과를 점검하고 시장 흐름을 공부하면서 계획에 맞게 포트폴리오를 조정하세요.

예금과 적금은 안전자산이지만 이것만으로는 부족합니다. 이제는 용기를 내어 그 이상으로 나아가야 합니다. 처음에는 낯설고 두려울 수 있지만 적은 금액부터 차근차근 투자하면서 자산 증식의 길에 첫발을 내디뎌보세요. 어느새 돈이 일하는 속도가 빨라지는 것을 체감하게 될 것입니다.

예금 이자만으로 미래의 목표를 달성할 수 있을지 생각해 보세요. 만약 부족하다면 어떤 투자를 시작할 수 있을까요?

### 🎯 실천 미션

현재 가입된 예금과 적금의 이자율을 확인하고, 그 돈을 투자했을 때의 예상 수익률과 비교해 봅시다. 적은 금액이라도 새로운 투자 상품에 가입하는 건 어떨까요?

# 02

# 연금은
# 선택 아닌 필수

`#노후 준비` `#퇴직연금` `#연금저축펀드` `#IRP` `#미래의 나를 지키자`

    혹시 노후 준비를 나중의 일로 미루고 있나요? 노후 준비를 위한 연금은 더 이상 선택이 아닌 필수입니다. 평균 수명은 늘어나고 있고 국민연금만으로는 노후 생활을 감당하기 어려운 시대죠. 지금 30, 40대인 사람이 은퇴할 때쯤이면 연금의 중요성은 더욱 커질 것입니다. 은퇴 이후에도 현재와 비슷한 삶의 질을 유지하려면 지금부터 퇴직연금과 개인연금을 준비해야 합니다.

## ⚖️ 연금 자산 제대로 준비하기

　대한민국 국민이라면 누구나 가입할 수 있는 국민연금은 노후 생활의 기본적인 안전망이지만 매달 받는 연금액이 충분하지 않을 수 있습니다. 국민연금은 소득의 일부만 대체하기 때문에 현재 월급의 100%를 기대했다간 실망하게 되죠. 인구 구조의 변화로 미래엔 연금 재정이 어려워질 수 있다는 우려도 있습니다. 따라서 국민연금 외에도 추가적인 연금 자산을 쌓아야 합니다.

　직장인이라면 회사에서 퇴직연금이 쌓이고 있을 것입니다. 퇴직연금에는 DB형(확정급여형)과 DC형(확정기여형)이 있는데, DC형의 경우 본인이 퇴직연금 계좌의 자금을 어떻게 투자할지 선택할 수 있습니다. 만약 회사가 DC형 퇴직연금이라면 가만히 두지 말고 그 계좌 안에서 펀드나 ETF 등에 투자하여 수익을 키워보세요. 회사가 대신 운영해주는 DB형이라도 별도로 개인형퇴직연금IRP 계좌를 만들어 추가로 적립할 수 있습니다. IRP나 연금저축 계좌에 돈을 넣으면 연말정산 때 세액공제 혜택도 받을 수 있으니 그야말로 일석이조입니다.

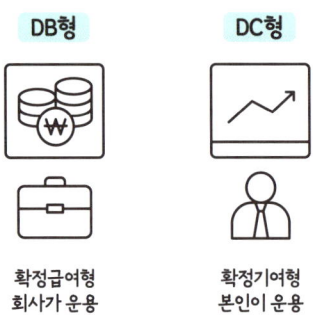

퇴직연금 외에도 개인이 가입할 수 있는 개인연금 상품들이 많습니다. 연금저축펀드, 연금보험, IRP 등 이름은 다양하지만 목적은 같습니다. 개인이 노후에 받을 연금을 미리 준비할 수 있도록 돕는 것이죠. 매달 월급에서 일정 금액을 자동이체로 개인연금에 납입해 보세요. 월 30만 원을 투자했을 때 1년이면 360만 원, 10년이면 3,600만 원입니다. 여기에 투자 수익이 붙으면 훨씬 더 큰 금액으로 돌아오겠죠? 20대부터 시작하면 가장 좋겠지만 30, 40대인 지금 시작해도 늦지 않았습니다. 중요한 것은 지속적으로 납입하는 꾸준함이니까요.

## 연금 자산, 굴리고 지키기

연금 계좌에 넣은 돈은 가만히 두기보다는 적극적으로 운용해야 합니다. 연금저축펀드나 IRP의 경우, 그 안에서 다양한 금융 상품(예: 채권형 펀드, 주식형 펀드, ETF 등)에 투자할 수 있습니다. 너무 공격적으로 투자해 연금 자산을 잃으면 곤란하겠지만 보수적으로 예금에만 넣어두는 것도 물가상승률을 따라가지 못합니다. 연금 자산은 비교적 안정적인 상품 위주로 투자하되, 물가상승률 이상으로 성장할 수 있도록 균형 있게 굴리는 것이 중요합니다. 또한, 연금은 가능하면 중도에 해지하지 말고 노후까지 유지해야 합니다. 중도에 해지하면 세제 혜택도 반납해야 하고 노후 자산도 줄어들어 미래의 내가 힘들어집니다.

지금부터는 연금을 먼 미래의 일로 치부하지 말고 최우선 순위로 고려해 봅시다. 연금은 미래의 나에게 보내는 월급입니다. 오늘의 소비를 조금 줄여 연금 계좌에 넣는 것은 은퇴 후의 나에게 매달 생활비를 선물하는 일입니다. 노후 준비는 빠를수록 좋고, 꾸준할수록 빛을 발합니다.

### 생각해볼 질문

혹시 은퇴 후 매달 얼마나 필요할지 생각해 본 적이 있나요? 현재 국민연금 외에 추가로 준비하고 있는 연금이 없다면 어떤 계획을 세울 수 있을까요?

### 실천 미션

이번 달 말까지 연금저축이나 IRP 계좌를 개설하고 소액이라도 납입해 보세요. 이미 계좌가 있다면, 올 한 해 목표 금액을 정하고 자동이체로 꾸준히 적립해 봅시다.

## 03

# 부동산, 언제 사고 언제 팔아야 할까?

#공급과 수요 #정책 변화 #경기의 흐름에 주목 #정보는 꾸준히 수집하자

내 집 마련이 목적이든 투자가 목적이든, 부동산을 언제 사고팔아야 할지는 늘 고민거리입니다. 주변엔 지금 안 사면 평생 못 산다고 하는 사람과 곧 폭락할 텐데 기다리라고 하는 사람이 공존하니 혼란스럽기도 하죠. 정답을 미리 알 수 있다면 좋겠지만, 부동산 시장에서 정확한 타이밍을 예측하는 건 전문가에게도 쉽지 않습니다. 대신 부동산 시장의 흐름을 읽는 법을 익혀두면 현명한 결정을 내리는 데 큰 도움이 됩니다.

## 부동산 시장을 움직이는 손

부동산 가격은 단순히 운이나 감으로 정해지지 않습니다. 몇 가지 중요한 요인들이 부동산 시장을 움직이고 있죠.

첫째, 바로 금리입니다. 보통 대출받아 집을 사는 경우가 많기 때문에 이자율이 높아지면 대출 부담이 커져 집을 사고자 하는 수요가 줄어듭니다. 반대로, 금리가 낮으면 돈 빌리기가 수월해지기 때문에 수요가 늘어 부동산 가격이 오르는 경향이 있습니다. 뉴스에서 한국은행의 기준금리 인상·인하 소식은 부동산 시장에도 직접 영향을 줍니다.

둘째, 공급과 수요입니다. 어떤 지역에 새 아파트 공급이 많아지면 일시적으로 가격 상승이 억제될 수 있고, 반대로 인기 지역인데 공급이 부족하면 가격이 급등하기도 합니다. 인구 이동이나 도시 개발 계획 같은 요소도 수요와 공급에 영향을 줄 수 있습니다.

셋째, 부동산 정책의 변화입니다. 양도소득세나 보유세를 인상하는 세금 정책, LTV, DTI 한도를 조정하는 대출 규제, 청약 제도 변경 등 정부의 규제 변화에 따라 시장 분위기가 달라지게 됩니다. 예를 들어 대출 규제를 풀면 구매자가 늘어 가격이 상승할 수 있고, 다주택자 세금을 높이면 투자 수요가 위축될 수 있죠.

마지막으로, 전체적인 경기 흐름도 부동산 시장에 영향을 미칩니다. 경기 침체로 사람들이 미래 소득에 불안감을 가지면 비싼 집 구매를 미루게 되고, 반대로 경기가 좋아지면 소비 심리가 살아나면서 주택 구매를 적극적으로 고려하게 됩니다.

## ⚖️ 부동산을 사고팔 때 도움되는 황금 같은 팁

이제 위의 요인들을 종합해서 부동산을 언제 사고팔면 좋을지 판단하는 팁을 알아보겠습니다.

첫 번째 팁은 '내 집 마련'은 너무 늦추지 않는 것입니다. 실거주할 집을 살 계획이라면 끝없이 기다리기보다 감당할 수 있을 때 사는 것도 한 방법입니다. 당장 거주가 급하지 않다면 가격이 너무 과열되었을 때는 피하고 비교적 안정된 시기를 노려보세요. 하지만 장기적으로 부동산 가격은 우상향해 온 경향이 있으니 너무 늦게까지 기다리면 기회를 놓칠 수도 있습니다.

두 번째 팁은 부동산 가격이 급등한 후엔 신중히 판단하는 것입니다. 최근 몇 년간 가격이 비정상적으로 오른 지역이라면 조심해야 합니다. 부동산도 버블이 생길 수 있기 때문에 감당하기 어려울 정도로 가격이 뛰었다면 한숨 돌리고 상황을 지켜보는 게 좋습니다. 언론에서 '부동산 광풍', '영끌 대출' 등의 단어가 넘친다면 과열 신호일 수 있습니다.

세 번째 팁은 미래 금리와 정책의 방향을 고려하는 것입니다. 앞으로 금리가 오를 것으로 예상된다면 매수보다는 관망하거나 가격 협상을 시도해 볼 수 있습니다. 반대로, 금리가 내려갈 것으로 예상된다면

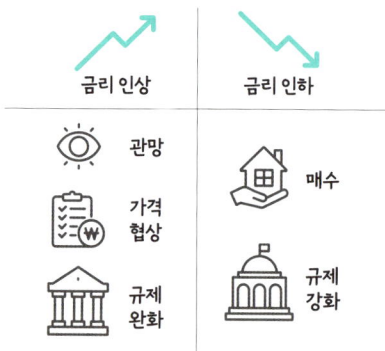

매수를 서두르는 게 유리할 수 있겠죠. 또, 정부가 규제를 풀 기미가 보이면 그 전에 미리 매수하고, 규제를 강화할 것으로 보이면 매도를 서둘러야 불이익을 피할 수 있습니다.

네 번째 팁은 부동산을 팔아야 할 때 유리한 방향을 잘 계산하는 것입니다. 일정 기간 집 한 채를 보유했거나 현재 거주하고 있는 경우, 1가구 1주택자의 양도소득세 비과세 혜택이 있습니다. 이 혜택을 활용하려면 최소 보유 기간 등을 채운 후 파는 것이 유리합니다. 투자 목적으로 여러 채를 보유했다면, 과세 기준이 바뀌거나 더 이상 해당 부동산이 상승할 가능성이 없다고 판단될 때 정리하는 것이 좋습니다.

## 부동산 시장 흐름 읽기

부동산 시장의 흐름을 읽으려면 꾸준하게 정보를 수집해야 합니다. 부동산 관련 뉴스를 체크하고 국토교통부 실거래가 공개시스템이나 부동산 앱 등을 통해 관심 지역의 거래 동향을 살펴보세요. 월별 거래량이나 미분양 주택 수와 같은 지표도 시장의 열기를 보여줍니다. 또한, 부동산 커뮤니티에서 다른 사람들의 의견을 참고할 때도 맹신하기보단 전체적인 분위기를 파악하는 데 활용하세요.

부동산 매매는 목돈이 들어가는 큰 결정인 만큼 마음을 조급하게 먹기보다 신중하게 전략을 세우는 태도가 필요합니다. 남들이 산다고 불안해하지 말고 시장의 흐름을 찬찬히 살펴본 후 여러분의 재정 상황과 목적에 맞게 움직이세요. 결국 부동산도 오르내리는 사이클이 있기 때문에 그 흐름을 이해하고 있으면 남들보다 한발 앞서 대비할 수 있을 것입니다.

### 생각해볼 질문

현재 관심 있는 지역의 부동산 가격은 최근 어떻게 변하고 있나요? 금리나 정책 변화를 고려할 때 지금이 그 지역에 진입하거나 빠지기에 적기라고 생각하나요?

### 실천 미션

인터넷 실거래가 자료를 통해 원하는 지역의 최근 1년간 부동산 가격 추이를 확인해 봅시다. 그리고 금리 동향 뉴스를 살펴보면서 현재 부동산 시장의 상황을 분석해 보세요. 분석한 정보를 바탕으로 내 집 마련 또는 부동산 투자에 대한 자신만의 계획을 세워보는 것도 좋습니다.

## 04

# 주식과 채권으로
# 자산의 버팀목을 세우자

`#포트폴리오 변동성 줄이는 법` `#채권형 ETF`
`#안정적인 수익` `#든든한 버팀목` `#복리 효과까지`

    높은 수익을 좇아 공격적인 투자만 하는 게 능사는 아닙니다. 자산을 지키면서 꾸준히 불려나가는 데에는 배당주와 채권 같은 비교적 안정적인 투자 상품도 큰 역할을 합니다. 은행 이자보다 수익률은 높이면서 위험도는 낮추고 싶다면, 배당금을 주는 배당주와 이자를 주는 채권을 활용해 보세요.

## 월급처럼 배당금 받기 전에 알아야 할 2가지 유의 사항

6장에서 소개했듯, 배당주란 회사가 이익의 일부를 주주들에게 배당금으로 지급하는 주식을 말합니다. 특히 꾸준히 배당금을 지급하는 기업의 주식을 사면 분기별 보너스를 받는 느낌으로 수익을 얻을 수 있습니다. 예를 들어 배당수익률(주가 대비 배당금 비율)이 연 5%인 기업의 주식을 1,000만 원어치 갖고 있다면 1년에 50만 원의 배당금을 받게 됩니다. 은행 예금 이자보다 높은 수익을 거둘 수 있는 것이죠.

배당주는 주가 등락과 관계없이 현금흐름을 만들어준다는 장점이 있습니다. 주가가 오를 때 추가 이익을 볼 수 있는 만큼 내려갈 땐 평가손실이 생기지만, 그동안 받아온 배당금이 있기 때문에 마음이 더 편합니다. 배당주는 은행, 통신, 유틸리티 업체 등 성장성은 높지 않지만 안정성은 높은 업종에서 많이 찾을 수 있습니다. 배당주를 포트폴리오의 한 부분으로 들이면 매년 용돈처럼 받은 배당금으로 재투자할 수도 있습니다.

배당주에 투자할 때는 유의해야 할 사항이 2가지 있습니다. 먼저, 해당 기업이 안정적으로 이익을 내고 있는지, 배당을 꾸준히 해왔는지 살펴봐야 합니다. 갑자기 배당을 늘린 기업보다는 오랫동안 배당을 유지해 왔거나 조금씩 늘려온 기업이 신뢰도가 높습니다.

또한, 배당수익률이 너무 높다면 한번 의심할 필요가 있습니다. 주가 하락으로 배당수익률이 높아 보이는 현상일 수 있으니 기업의 재무 상태를 함께 확인하세요.

## 채권으로 이자 수익 쌓기

　채권은 정부나 기업에 돈을 빌려주고 이자를 받는 투자 방식입니다. 정부가 발행한 국채나 기업이 발행한 회사채를 사면, 약정된 일정마다 정해진 이자율에 따라 이자를 받다가 만기에 원금을 돌려받게 됩니다. 채권은 약속된 이자를 지급하는 상품으로 투자자 입장에선 매우 안정적인 수익원입니다. 만약 신뢰도가 높은 국가나 우량 기업의 채권이라면 원금 손실 가능성도 매우 낮습니다.

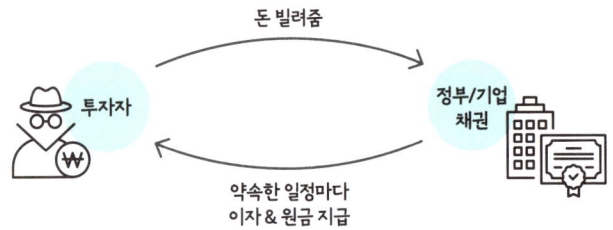

　채권 투자의 장점은 주식시장이 불안할 때 안전판 역할을 해준다는 것입니다. 일반적으로 주식이 폭락할 때 투자자들은 안전한 채권으로 몰리는데, 이때 채권은 가격이 오를지언정 최소한 안정적으로 유지되는 경향이 있습니다. 포트폴리오에 채권을 섞어두면 변동성을 줄이고 안정적인 수익을 확보할 수 있겠죠?
　채권은 증권사를 통해 직접 매수할 수 있지만 큰 금액이 필요하거나 절차가 번거로울 수 있습니다. 대신 채권형 펀드나 채권 ETF를 통해 손쉽게 분산된 채권 포트폴리오에 투자할 수 있습니다. 예를 들어

국공채 펀드에 투자하면 여러 만기와 이자율의 국채에 분산투자하는 효과가 있습니다. 채권은 일반적으로 이자를 6개월에 한 번 혹은 만기에 몰아서 주는 편이지만, 채권 ETF에 투자하면 시장에서 주식처럼 사고팔 수 있고 정기적으로 이자에 해당하는 분배금을 받을 수 있습니다.

## ⚖️ 배당금과 이자로 자산을 눈덩이처럼 굴리는 방법

배당주에서 받은 배당금이나 채권에서 받은 이자를 다시 투자하는 데 쓰면 복리 효과가 생깁니다. 이를테면 배당금으로 추가 주식을 매수하거나 채권 이자로 다른 채권을 사는 식입니다. 그러면 자산이 불어나는 속도가 눈덩이를 굴리는 것처럼 점점 빨라집니다.

물론 배당주와 채권도 단점이나 위험은 있습니다. 배당주는 기업 사정이 나빠지면 배당금이 줄거나 끊길 수 있고, 채권도 금리가 오르면 가격이 떨어지는 금리 위험이 있습니다. 그러나 이러한 특성을 이해하고 장기적으로 보유한다면 큰 문제가 되지 않습니다.

안정적인 현금흐름을 주는 배당주와 채권을 포트폴리오에 적절히 활용하는 걸 추천합니다. 매년 들어오는 배당금과 이자는 투자의 재미를 느끼게 하고, 시장 상황에 크게 흔들리지 않는 든든한 버팀목이 되어줄 것입니다.

### 생각해볼 질문

당신의 투자 성향은 공격적인 편인가요, 보수적인 편인가요? 배당금과 이자 수익의 안정성을 얼마나 가치 있게 느끼는지 생각해 보세요.

### 실천 미션

한국 증시에서 배당수익률이 높은 우량주 한 종목을 찾아봅시다. 그 기업의 최근 5년간 배당 기록을 보면서 꾸준히 배당을 지급했는지 살펴보세요. 그리고 국채나 회사채 펀드 중 하나를 골라 수익률과 이자 지급 방식을 조사해 봅시다. 이렇게 찾은 배당주나 채권형 상품을 소액이라도 포트폴리오에 추가해 보세요.

## 05

# 글로벌 투자,
# 쉽고 간편하게 시작하기

#자산의 달러화 #분산 효과 #환차익 #소액 매수로 시작하자

    국내 투자만으로는 내 자산을 지키고 키우는 데 한계가 있습니다. 해외 유망 기업에 투자함으로써 자산의 일부를 달러화로 보유하면 위험을 분산하고 더 많은 기회를 잡을 수 있습니다. 미국을 비롯한 해외 주식 시장은 우리가 일상에서 사용하는 제품과 서비스를 만드는 글로벌 기업들이 차지하고 있습니다. 해외 주식에 투자하면 애플, 아마존, 구글 같은 기업의 성장을 함께 누릴 수 있는 것이죠. 또한, 달러 투자는 환율 변동에 대비해 내 자산의 가치를 지키는 효과도 있습니다.

## ⚖️ 반드시 해외 투자를 시작해야 하는 3가지 이유

해외 투자는 위험을 분산하는 효과가 있습니다. 한국 경제와 주식 시장이 부진할 때도 해외 다른 나라 시장은 호황일 수 있습니다. 여러 나라에 자산을 분산하면 한 국가의 불황으로 인해 전체 자산이 흔들리는 것을 막을 수 있습니다.

또한, 글로벌 성장의 기회를 잡을 수 있습니다. 세계 1위의 기업들은 대부분 해외, 특히 미국에 있습니다. 국내에서는 투자할 수 없는 혁신 기업이나 신흥국 성장에 참여하려면 해외 투자가 필수입니다.

마지막으로, 달러는 세계 기축통화로 위기 시 안전자산 역할을 합니다. 원화 가치가 떨어질 때 달러를 보유하고 있으면 상대적으로 내 자산 가치를 지킬 수 있는 셈이죠. 예를 들어 국제 경제 불안으로 원-달러 환율이 상승하면(달러 강세) 달러로 보유하고 있던 자산의 원화 환산 가치가 올라갑니다.

**해외 투자를 시작해야 하는 3가지 이유**

## ⚖️ 해외 주식 투자, 이렇게 시작하자

해외 투자 계좌를 개설하는 법은 간단합니다. 기존 증권 계좌에서 해외 주식 거래 기능을 추가하거나 별도로 해외 주식 전용 계좌를 만들 수 있습니다. 요즘은 대부분의 증권사 앱에서 간단히 신청할 수 있습니다.

계좌를 만들었다면 해외 주식을 사기 위해 원화를 해당 국가 통화로 환전해야 합니다. 가장 많이 투자하는 미국 주식의 경우 원화를 달러로 바꿔야 하죠. 증권사 앱에서 환전 기능을 이용하면 실시간 환율로 환전할 수 있습니다. 환전할 때는 반드시 환율 수수료를 고려하세요.

해외 주식 투자가 처음이라면 잘 아는 글로벌 우량 기업이나 대표 지수를 추종하는 ETF로 시작하는 것이 좋습니다. 예를 들어 SPY, VOO처럼 S&P500지수를 추종하는 ETF를 사면 미국 상위 500대 기업에 한 번에 투자하는 효과가 있습니다. 개별 종목으로는 애플, 마이크로소프트 등 튼튼한 기업 위주로 소액 매수를 해보세요. 해외 주식도 한 주 단위로 살 수 있고 일부 증권사는 소수점 단위 매매(소액으로 0.1주 이런 식의 구매)도 지원한답니다.

해외 투자를 할 땐 시차와 거래 특성을 고려해야 합니다. 미국 시장은 한국 기준으로 밤에 열립니다. 낮에 거래 주문을 넣어 예약해 둘 수도 있고, 밤에 직접 실시간 거래를 할 수도 있습니다. 처음엔 시차 때문에 생소할 수 있지만 몇 번 거래하다 보면 익숙해집니다. 또한, 해외 주식은 배당소득세 원천징수, 양도소득세 신고 측면에서 국내 주식과 거래 제도나 세금이 다를 수 있으니 기본적인 규정을 알아두세요.

해외 주식은 현지 통화로 투자 수익이 발생합니다. 주가 상승으로 수익을 실현하거나 배당금을 받으면 달러로 쌓이는데, 이를 다시 원화로 바꾸는 시점에 환율에 따라 손익이 달라질 수 있습니다. 환율이 높을 땐 환전하는 게 유리하지만, 낮을 땐 환전하는 게 불리하니 달러로 계속 가지고 있는 것도 한 방법이죠. 아래에서 소개하겠지만 '달러 예금 통장'으로 빼내어 금리를 받으며 보관하는 것도 고려해 볼 수 있습니다.

## 달러 투자, 꼭 주식만 있는 게 아니다

해외 주식 외에도 달러에 투자하는 방법은 다양합니다. 가장 간단한 것은 은행에서 달러 예금에 가입하는 것입니다. 원화를 달러로 바꿔 예금에 넣어두면 이자도 받고 달러 가치 상승 시 환차익도 기대할 수 있습니다. 또는 달러로 표시되는 미국 국채나 달러채권 펀드에 투자해서 달러 자산에 이자 수익까지 얻을 수 있습니다. 금이나 원자재에 투자하는 것도 간접적으로 달러 자산에 투자하는 효과가 있습니다.

요즘은 소액으로도 해외 투자를 시작하기에 좋은 시대입니다. 해외 주식도 천 원, 만 원 단위로 쪼개서 살 수 있고, 해외 ETF의 종류도 다양하게 나와 있습니다. 중요한 것은 새로운 시장을 향한 배움의 자세입니다. 미국 회사라고 다 좋은 게 아니듯, 각 나라의 경제 상황과 기업 실적을 살펴보면서 투자해야 합니다. 일단 첫발을 내디뎌 보면, 세계의 경제 흐름을 바라보는 시야가 넓어지고 포트폴리오의 안정성도 한층 높아질 것입니다.

> **생각해볼 질문**
>
> 현재 자산의 몇 퍼센트나 해외 자산에 투자하고 있나요? 만약 0%라면, 어떤 해외 자산으로 투자를 시작할 수 있을지 생각해 보세요.

> 🎯 **실천 미션**
>
> 미국 주식이나 해외 ETF 중 하나를 골라 최소 금액으로 매수해 보세요. 예를 들어 글로벌 IT 기업 한 주나 S&P500 ETF 몇만 원어치를 산 뒤 그 나라의 경제 뉴스도 함께 챙겨보는 것입니다. 혹은 은행에 가서 소액이라도 달러로 환전해 외화 통장에 예치해 보는 것도 좋습니다. 작은 실천이 글로벌 투자로 가는 첫걸음이라는 걸 잊지 마세요.

## 06
# 절세 투자 전략, 세금은 줄이고 돈은 불리는 법

#세테크 #ISA #금융소득은 2,000만 원 이하로 #손실도 전략으로

    열심히 투자해서 수익을 내도 세금으로 많이 떼이면 아깝겠죠? 세금을 합법적으로 최소화하는 절세 전략을 알면 손에 쥐는 돈을 더 늘릴 수 있습니다.

    한번 생각해 봅시다. 예금 이자로 100만 원을 벌었다면 실제 내 통장에 들어오는 돈은 얼마나 될까요? 이자 수익의 15.4%가 세금으로 원천징수되니 약 84만 6,000원 정도입니다. 15만 원 이상이 세금으로 빠져나가는 것이죠. 만약 세금을 줄일 방법이 있다면 그만큼 내 수익이 늘어납니다. 투자에서도 마찬가지입니다. 똑같이 수익 5%를 내도 세후 수익인지 세전 수익인지에 따라 장기적으로 큰 차이가 발생합니다. 따라서 세후 수익률을 높이는 것이 자산을 불리는 요건 중 하나입니다. 이제부터는 투자 수익을 극대화하는 또 하나의 방법, 똑똑한 '세테크(세금 재테크)'에 대해 알아보겠습니다.

## 절세를 위한 필수 도구들

앞서 연금 부분에서 다뤘듯, 연금저축계좌나 IRP는 대표적인 절세 통장입니다. 이들 계좌에 돈을 넣으면 연말정산 때 납입액의 일정 비율만큼 세액공제를 받아 돌려받을 수 있습니다. 예를 들어 연금저축에 600만 원, IRP에 300만 원을 납입하면(합계 900만원) 소득 구간에 따라 다르지만 최대 148만 5,000원을 연말정산 때 세금으로 환급받을 수 있습니다. 또한, 연금계좌 안에서 불어난 수익에 대해서는 인출할 때까지 과세를 미뤄주기 때문에 복리 효과를 더욱 크게 누릴 수 있죠. 이처럼 연금저축과 IRP는 노후 대비와 절세를 동시에 잡을 수 있는 일석이조 수단입니다.

다음으로, 개인종합자산관리계좌ISA를 활용할 수 있습니다. ISA는 정부에서 제공하는 만능 통장으로, 예금, 펀드, 주식 등 여러 투자를 한 계좌에서 할 수 있고 일정 조건을 충족하면 수익에 비과세 혜택을 줍니다. 3년 이상 계좌를 유지하면 발생한 수익 중 일정 금액까지는 세금이 붙지 않고, 초과 수익도 낮은 세율로 분리과세됩니다. 예를 들어 ISA에서 1,000만 원의 금융소득이 발생했다면 일반형의 경우 200만 원까지, 서민형은 400만원까지는 비과세 처리되고, 초과분은 일반세율인 15.4%가 아니라 9.9%로 과세가 됩니다. 투자로 돈을 벌 때 세금을 확 줄여주니 적극적으로 활용할 만한 계좌입니다.

한 계좌에서
다양한 투자 가능

일정 금액까지
수익 비과세

낮은 세율로
분리과세

ISA의 혜택

주식에 투자할 때도 발생하는 세금 차이를 염두에 두고 투자 상품을 선택해 보세요. 현재 우리나라에서는 일반 개인이 국내 상장주식에 투자해서 얻은 시세차익에 대해서는 비과세입니다. 즉 주식을 싸게 사서 비싸게 팔아 번 돈에는 세금이 없다는 뜻입니다. 단, 대주주 요건에 해당하거나 향후 세법이 바뀌면 달라질 수 있으니 항상 최신 정보를 확인해야 하죠. 반면, 배당소득이나 채권 이자소득 등은 15.4%의 세금이 부과됩니다. 세후 수익률을 높이려면 이런 세금 차이를 염두에 두고 투자 상품을 선택할 필요가 있습니다. 예를 들어 동일한 조건이라면 배당보다는 주가 상승을 통한 이익이 세금 면에서 유리할 수 있습니다.

부동산에 투자할 때도 세금을 줄일 방법이 있습니다. 가장 중요한 혜택은 1가구 1주택자 양도소득세 비과세 혜택인데요, 2년 이상 보유하고 거주 요건을 충족했을 시 1주택을 팔 때는 시세차익에 세금을 물리지 않습니다. 그러니 집을 살 때부터 이 혜택을 유념하고 잦은 매매는 피하는 게 좋습니다. 또한, 주택청약종합저축에 가입하면 연말정산에 소득공제 혜택(연 납입액 40% 한도로 최대 120만원 공제)도 받을 수 있어 내 집 마련 준비와 절세를 겸할 수 있습니다.

### ⚖️ 알아두면 좋은 기타 절세 팁

첫 번째 팁, 금융소득 종합과세를 주의하세요. 예금 이자나 배당소득 등 금융소득이 한 해에 2,000만 원을 넘으면 종합과세가 되어 더 높은 세율이 적용됩니다. 고액 자산가가 아니더라도 금융소득이 많아지는 상황이라면 배우자와 자산을 적절히 분산시켜 각각 2,000만 원 이하로 유지하는 것도 한 방법입니다. 이는 가족 단위로 절세를 고려하는 고급 전략이니 알아두면 좋습니다.

두 번째 팁, 재투자와 이연 전략입니다. ETF나 펀드 중에는 매년 이익을 현금으로 분배하지 않고 재투자해서 쌓아두는 상품이 있습니다. 이런 상품들은 중도에 현금 유입이 없으므로 세금도 미뤄집니다. 나중에 팔 때 한꺼번에 납부해야 하지만, 그동안 복리로 불어난 효과가 커져서 세금 영향을 상쇄하거나 더 큰 수익을 낼 수 있습니다.

세 번째 팁, 손실을 역으로 활용하는 것입니다. 투자 손실도 때로는 절세 전략으로 활용할 수 있습니다. 예를 들어 해외 주식 A에서 100만 원 이익, B에서 50만 원 손실이 났다면, B를 팔아서 손실을 확정 지으면 순이익 50만 원에 대해서만 세금이 부과됩니다. 해외 주식 양도소득은 손익을 통산할 수 있기 때문입니다. 물론 세금 때문에 일부러 손실을 보는 건 어리석지만 어차피 정리할 투자라면 연말에 손익을 조정하여 세금을 최소화하는 것도 하나의 전략이 되죠.

세금은 어렵게 느껴질 수 있지만, 기본 원칙은 '법이 주는 혜택은 최대한 활용하고, 의무는 지키자'입니다. 절세는 불법이 아닌 합법적인 범위 내에서 세금을 줄이는 것이므로, 위에서 언급한 연금, ISA 같은 제도를 적극적으로 활용하세요. 세금을 아낀 만큼 그 돈을 다시 투자로 이어간다면 돈이 돈을 버는 선순환을 만들 수 있습니다.

### 생각해 볼 질문

지금까지 놓치고 있었던 절세 기회가 있었나요? 연말정산 때 세액공제를 더 받을 수 있었는데 하지 않았다거나 ISA 등 절세 계좌를 활용하지 않고 있었다면 한번 점검해 보세요.

### 실천 미션

이번 기회에 절세 전략을 실천해 보세요. 예를 들어 ISA 계좌를 개설하고 소액이라도 투자하거나, 연말정산에 대비해 연금저축에 추가로 납입해 볼 수 있겠죠. 또는, 납부하고 있는 세금이 얼마인지 확인하고 내년에 줄일 수 있는 방법을 계획해 보는 것도 좋습니다.

## 급등주 따라잡다 지갑이 텅텅, 주식은 마라톤!

**익명의 투자자에게서 온 편지**

저는 평범한 30대 직장인으로 몇 년 전부터 주식 투자를 시작했습니다. 처음에는 용돈 정도의 소액으로 천천히 배우며 투자했는데 차츰 욕심이 생기더군요. 직장 동료들과 점심시간에 모이면 자연스럽게 주식 이야기가 나왔고, 저도 남들처럼 '대박 종목'을 하나쯤 잡아보고 싶다고 생각하게 됐죠.

얼마 전 회사 선배가 어느 중소형 급등주 얘기를 해준 적이 있습니다. 전날 뉴스에도 나오고 주식 커뮤니티에서도 화제가 될 만큼 주가가 단기간에 크게 오른 종목이었죠. 선배는 "내일 또 상한가 치는 거 아냐?"라며 반쯤 농담 섞인 말을 했지만, 저는 그 한마디에 마음이 흔들렸습니다. '지금 안 사면 나만 뒤처지는 거 아닐까?' 하는 조바심이 크게 들었어요. 결국 점심을 먹자마자 휴대폰을 열고 그 주식을 충동적으로 매수했습니다. 평소엔 한 종목에 크게 투자하지 않던 제가 그날은 거의 몰빵 수준으로 자금을 쏟아부었습니다.

그러나 제 기대와 달리 그 주식은 이내 거품이 빠지기 시작했습니다. 다음 날 아침부터 주가가 출렁이더니 곧 급락으로 돌아섰습니다. 모니터를 보며 가슴이 철렁 내려앉았어요. 불과 하루 전만 해도 계좌에 빨갛게 번져 있던 수익이 순식간에 큰 손실로 바뀌어 있었습니다. 머릿속이 하얘져 아무 대응도 못 한 채 멍하게 차트를 바라보다가 결국 눈물을 머금고 손절매를 하고 말았습니다. 그렇게 한때 수익 생각으로 두근거리던 제 지갑은 텅텅 비어 버렸습니다.

이 일을 겪고 나서 저는 크게 반성했습니다. 남들이 다 좋다는 주식이라고 덥석 따라잡는 행동이 얼마나 위험한지 뼈저리게 깨달은 거죠. 특히 단기간에 급등한 종목일수록 그만큼 급락할 위험도 큰 법인데 욕심에 눈이 멀어 기본을 잊고 있었습니다. 투자 고수들이 늘 하는 말처럼, 주식 투자는 단거리 경주가 아니라 마라톤이라는 사실을 다시 마음에 새기게 되었습니다. 이제는 종목을 살 때면 장기적인 기업 가치와 분산투자를 우선으로 생각하면서 한 방의 수익보다는 꾸준한 수익을 목표로 차근차근 나아가고 있습니다. 조급한 마음으로 투자하는 직장인 분들께 제 실수담이 작은 경종이 되길 바랍니다.

{ 8장 }

# 국제 경제 흐름을 이해해야 돈이 보인다

# 01
## 미국 경제가 흔들리면 내 월급도 영향을 받는 이유

#경제 뉴스 #환율 #무역 #글로벌 흐름을 읽자 #물가는 연결된다

지금 이 순간에도 미국의 경제 소식은 쏟아지고 있습니다. 왜 우리는 대한민국에서 살아가는데 미국의 경제 소식에 민감하게 반응해야 할까요? 미국에서 금리를 올린다는데 그게 우리랑 무슨 상관일까요?

지금 우리는 생각보다 훨씬 더 서로 얽혀 있는 글로벌 경제 시스템에서 살고 있습니다. 특히 미국은 전 세계 경제의 중심축이기 때문에 미국의 경제정책이나 시장 변화가 한국을 포함한 다른 나라에 직간접적으로 큰 영향을 미칩니다. 미국은 세계 최대의 경제 규모를 가진 나라입니다. 게다가 전 세계에서 가장 많이 쓰이는 달러를 발행하는데, 이 달러는 세계 대부분의 무역이나 금융 거래의 기준이 됩니다. 즉 미국이 돈을 얼마나 찍고 금리를 어떻게 조절하는지에 따라 전 세계 돈의 흐름이 바뀌게 되는 거죠.

## ⚖️ 미국의 경제 소식이 나에게 미치는 영향

그럼 처음 질문으로 돌아가서 미국이 금리를 올리면 왜 한국이 영향을 받을까요?

간단히 예를 들어볼게요. 먼저 미국이 금리를 올리면 투자자들이 미국으로 돈을 옮기게 됩니다. 미국 예금이나 국채에 투자했을 때 받을 수 있는 이자 수익률이 더 높아지니까요. 그렇게 되면 한국에서 달러가 빠져나가고 환율이 오릅니다. 환율이 오른다는 것은 원화 가치의 하락을 뜻하며 수입 물가가 올라가면서 기업에 비용이 증가하게 됩니다. 기업이 힘들어지면 자연스럽게 고용이 위축되고 우리가 받는 월급에도 영향을 미치게 됩니다. 게다가 물가는 오르는데 반해 실질 소득이 줄어들기 때문에 생활은 더욱 힘들어질 수 있습니다. 이처럼 미국에서 들려오는 한마디 한마디가 한국의 소비자 물가, 기업 실적, 나아가 개인의 지갑 사정에까지 영향을 줍니다. 우리는 이런 세상에서 살아가고 있는 겁니다.

전 세계는 거대한 하나의 시장처럼 움직이고 있습니다. 국내에서 쓰는 물건의 원자재는 해외에서 들여오고, 국내 기업의 수익원 중에서는 수출이 큰 비중을 차지합니다. 특히 우리나라처럼 수출의존도가 높은 경우에는 이러한 영향을 더 많이 받게 되죠. 예를 들어 삼성전자

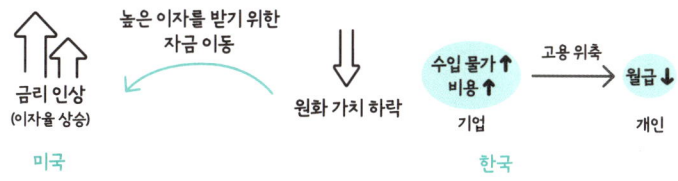

**미국 금리가 한국에 미치는 영향**

는 매출의 절반 이상이 해외에서 발생하고 있고, 현대자동차는 수출이 끊기면 생산 라인이 멈출 수 있습니다. 즉 해외 경제가 흔들리면 국내 기업이 흔들리고 그 기업에 다니는 우리의 일자리나 월급도 흔들릴 수 있는 구조입니다.

## 글로벌 흐름을 읽으면 돈이 보인다

글로벌 경제 흐름을 읽는다는 게 다소 어렵게 느껴질 수 있지만 이를 이해하면 투자뿐 아니라 여러분의 일상과 경제생활에도 실질적인 도움이 됩니다. 미국의 금리 방향에 따라 국내 대출 금리가 바뀌고, 달러가 강세인지 약세인지에 따라 해외여행 경비나 유학 비용도 달라지게 됩니다. 유가, 금리, 환율, 인플레이션 같은 지표는 생활비와 투자 전략에 즉각적인 영향을 주기도 하고요.

이제 여러분에게 미국 경제는 단순히 남의 나라 뉴스가 아닙니다. 대출 이자, 월급, 주식, 물가, 식비, 직장 안정성까지 모두 직접적으로 연결된 문제입니다. 물론 처음부터 복잡한 데이터를 분석할 필요는 없습니다. 하지만 경제 뉴스의 핵심 흐름을 따라가는 습관만 들여도 내 돈을 지키고 불리는 데 아주 큰 도움이 됩니다. 글로벌 경제 흐름을 이해하려는 노력은 세계가 돌아가는 방식과 내 지갑 사정을 연결시키는 첫걸음입니다.

### 생각해볼 질문

미국 경제 소식 중에서 자산에 직접적인 영향을 줬던 소식이 있었나요?

### 실천 미션

자산 중에서 미국과 가장 밀접하게 연결된 상품을 하나 떠올려보세요. 예를 들어 삼성전자, 미국 ETF, 금, 달러 예금 등이 있을 것입니다. 해당 자산이 미국의 금리나 환율 변화에 어떻게 반응했는지 간단히 확인해 봅시다.

## 02 환율이 오르면 뭐가 달라질까? 물가와 환율의 관계

\#현재 원화 가치는? #돈의 구매력 #해외여행 #직구 #인플레이션 조심

요즘 달러 환율이 1,400원을 넘었다는데 이게 우리의 생활에 어떤 영향을 주는 걸까요? 이런 궁금증 누구나 한 번쯤은 가져봤을 겁니다. 그러나 막상 환율이 오르는 이유는 잘 모르겠고 그게 내 지갑 사정에 미치는 영향은 잘 와닿지 않죠. 환율은 우리가 매일 쓰는 돈의 가치와 깊이 연결되어 있는 아주 현실적인 지표입니다.

### 환율이 오르면 일어나는 일

환율은 간단히 말하면 '원화와 다른 나라 돈 사이의 교환 비율'

입니다. 예를 들어 미국 1달러가 1,200원이면 1달러를 사기 위해 1,200원이 필요하다는 뜻입니다. 이 숫자가 오르면 원화가 약해진 것이기 때문에 더 많은 원화를 줘야 1달러를 살 수 있습니다. 이는 곧 돈의 구매력이 떨어졌다는 뜻이기도 합니다. 환율이 오르면 우리가 일상에서 지출하는 여러 비용이 영향을 받게 됩니다.

우선, 해외여행이 비싸집니다. 예를 들어 달러 환율이 1,200원에서 1,400원으로 올랐다고 가정해 봅시다. 미국 여행을 가서 1,000달러를 쓸 예정이었다면, 예전엔 120만 원으로 가능했을 테지만 지금은 140만 원이 필요하게 됩니다. 즉 환율이 오르면 여행지에서 똑같은 소비를 해도 돈이 더 많이 듭니다. 유럽, 일본, 동남아 등 어느 나라든 그 나라의 환율에 따라 여행 경비가 달라지기 때문에 해외여행을 갈 때 우리는 환율부터 확인하게 됩니다. 최근 일본 엔화가 크게 빠졌을 때 우리나라 국민들의 일본 여행이 급증한 것은 환율이 해외여행에 끼치는 영향을 확인할 수 있는 좋은 예입니다.

다음으로, 우리가 자주 이용하는 해외직구도 부담스러워집니다. 해외직구 사이트에서 달러 기준으로 판매되는 제품들은 환율이 오를수록 결제금이 함께 올라갑니다. 예를 들어 100달러짜리 전자기기를 직구할 때 환율이 1,200원이라면 12만 원으로 살 수 있지만 1,400원이면 14만 원을 내야 하는 셈입니다. 해외 쇼핑몰에서 물건을 자주 구매하는 사람들이 환율을 유심히 보는 이유가 바로 이 때문입니다.

마지막으로, 환율은 수입 물가와 국내 물가에도 영향을 미칩니다. 한국은 에너지, 곡물, 원자재 등을 대부분 수입에 의존하고 있습니다.

그런데 수입 대금은 대부분 달러로 결제되기 때문에 달러 환율이 오르면 기업의 수입 비용도 함께 오르게 됩니다. 그 결과는 어떻게 될까요? 기업이 부담한 원가가 올라가고 결국 소비자가 사는 상품과 서비스 가격이 함께 오릅니다. 즉 환율 상승은 간접적으로 물가 상승(인플레이션)으로 연결되는 거죠.

환율이 상승하면? (원화 가치 하락) → 해외여행 비용↑
→ 해외직구 구매가↑ → 국내 물가↑

## 환율이 오르락내리락하는 이유

환율이 매일 변동하는 이유는 다양합니다. 미국 금리가 올라가면 달러의 수요가 높아져서 달러가 강해지고 원화는 상대적으로 약세를 보이게 됩니다. 달러를 사기 위해 한국 주식시장에서 빠져나가는 외국인 투자자들은 원화를 팔면서 나가기 때문에 달러 수요가 상승함에 따라 자연스럽게 원화의 가치가 떨어지게 됩니다.

또한, 무역 차원에서 수출보다 수입이 많아지면 외화가 부족하게 되고 이는 곧 환율 상승으로 이어집니다. 지속적인 무역 적자는 통화 가치 하락으로 이어질 수 있기 때문입니다. 전쟁, 글로벌 금융 불안, 지정학적 리스크와 같은 사건이 발생하는 경우에는 일시적으로 안전자산인 달러에 대한 선호가 급증하게 되고 이내 환율이 상승하게 됩니다. 즉 환율은 단순한 숫자가 아니라 글로벌 자금 흐름과 연결된 복합적인 결과라고 보시면 됩니다.

환율은 여행, 쇼핑, 투자, 유학 등 해외와 연결된 모든 경제 활동에 직접적인 영향을 미치기 때문에 기본적인 환율 흐름을 이해하고 달러의 추세를 파악하는 습관이 필요합니다. 복잡하게 분석하지 않아도 괜찮습니다. 환율이 오르면 달러를 쓰는 모든 게 비싸진다는 원칙만 알고 계셔도 훌륭한 출발입니다.

### 생각해볼 질문

요즘 원-달러 환율이 오르고 있는 이유는 무엇일까요? 그 흐름이 일상생활에 어떤 영향을 줄 수 있을까요?

### 실천 미션

소비 내역에서 미국 경제와 연결된 항목을 찾아 표시해 보세요. 예를들면 유가, 해외직구, 해외여행 경비, 유학비, 달러 환전 등이 있을 것입니다. 환율이 100원만 바뀌어도 비용이 얼마나 변하는지도 간단히 계산하면 더욱 좋습니다.

## 03

# 해외 투자를 하면 어떤 점이 좋을까?

#환차익 효과 #소수점 적립식 거래 #성장 테마주
#해외 투자는 시대의 흐름 #98%의 기회를 잡자

"국내 주식도 어려운데 굳이 해외 투자까지 해야 할까요?" "해외 기업은 너무 멀게 느껴지고 정보도 부족한 것 같아요." 해외 투자에 대해 이렇게 망설이시는 분들이 많습니다. 하지만 요즘은 국내 시장만으로는 좁다고 생각하는 투자자들이 점점 늘고 있고, 이에 따라 해외 주식, 글로벌 ETF, 달러 자산 등으로 포트폴리오를 확장하는 흐름도 강해지고 있습니다.

## 해외 투자를 시작해야 하는 이유

대한민국만 보고 투자하기엔 세계는 너무 넓고 기회는 더 많습니다. 예를 들어 애플, 마이크로소프트, 아마존, 구글, 테슬라 등 세계 시가총액 상위 10대 기업 중 대부분은 미국 기업입니다. 반면, 세계에서 한국 주식시장이 차지하고 있는 비중은 약 1.5% 수준밖에 되지 않습니다. 국내 주식에만 투자하면 전 세계에 분포한 98% 이상의 기회를 놓치고 있는 셈인 것이죠.

해외 투자를 하면 어떤 장점이 있을까요?

첫째, 분산투자 효과가 있습니다. 국내 주식만 보유하면 한국 시장이 하락할 때 전체 자산이 그대로 위험에 노출됩니다. 하지만 미국, 유럽, 아시아 등 다양한 국가 자산을 함께 갖고 있으면 한쪽 시장이 흔들려도 포트폴리오가 넓게 분포되었기 때문에 전체 자산은 안정적으로 유지될 수가 있습니다. 이것이 바로 글로벌 분산 효과입니다.

둘째, 다양한 성장 테마주에 접근할 수 있습니다. 전기차, AI, 우주항공, ESG, 반도체 등 글로벌 산업을 이끄는 기업들은 대부분 해외에 있습니다. 국내에선 관련 기업이 있어도 대부분 간접 수혜주일 가능성이 높습니다. 글로벌 1등 테크 기업으로 애플, 테슬라, 엔비디아를 꼽게 되는데, 국내 기업은 대부분 애플향, 테슬라향, 엔비디아향 기업으로 해당 기업에 밸류체인으로 간접적인 수혜를 받는 기업입니다. 해외 직구를 하는 것처럼 간편하게 성장성 높은 테마에 투자할 수 있다는 점은 아주 큰 장점입니다.

셋째, 환차익 효과도 기대할 수 있습니다. 해외자산은 달러, 위안화 등 외화로 표시되기 때문에 원화가 약세일 땐 자산 가치가 더 올라가는 환차익 효과도 생길 수 있습니다. 물론 반대 상황에선 손해도 발생할 수 있지만 원화 가치가 떨어질 것으로 예상되는 상황에서는 적극적인 해외 투자가 원화의 가치 하락을 효과적으로 방어해 줄 수 있습니다.

## 해외 투자 쉽게 시작하기

해외 투자라고 하면 거창하게 느껴질 수 있지만 요즘은 해외 주식도 증권사 MTS 앱으로 국내 주식처럼 손쉽게 거래할 수 있습니다. 다음과 같은 투자 방식을 참고한다면 초보자들도 어렵지 않게 해외 투자를 시작할 수 있을 것입니다.

우선, 해외 우량주로 시작해 보세요. 애플, 마이크로소프트, 코카콜라 같은 친숙하고 검증된 글로벌 1등 기업 위주로 투자를 시작하면 좋습니다. 누구나 아는 글로벌 기업은 실적과 브랜드 가치가 꾸준하게 유지될 가능성이 높기 때문에 장기 투자에도 유리합니다.

글로벌 시장을 잘 모르겠다면 글로벌 ETF를 활용하는 것도 방법입니다. 미국의 경우 ETF 시장이 크게 발달했기 때문에 ETF를 통해 자산을 효율적으로 투자할 수 있습니다. S&P500 ETF, 나스닥100 ETF, 월 배당 ETF 등을 매수한다면 미국 대표 기업들에 자동으로 분산투자가 됩니다. 글로벌 ETF는 소액으로 시작할 수 있고 개별 기업 분석이 어려운 사람에게 적합합니다.

해외 부동산의 경우, 리츠REITs를 활용해 보세요. 글로벌 투자 중에는 해외 부동산에 투자하는 방법도 있습니다. 부동산은 일반적으로 주식보다 안정적인 투자 자산으로 볼 수 있지만 큰 자본이 필요하다고 생각하기 쉽습니다. 그러나 미국 리츠 ETF를 활용하면 상장된 글로벌 부동산 기업에 투자되어 실물자산에 가까운 수익 흐름을 만들 수가 있습니다.

마지막으로, 초보자에게 가장 적합한 해외 주식 투자 방법으로는 소수점 적립식 거래가 있습니다. 일반적으로 해외 주식의 단위는 달러이고 가격도 1주에 수천 달러인 경우가 많습니다. 그러나 소수점 거래를 활용하면 정해진 원화 단위로 매수할 수 있을 뿐만 아니라 적립식 서비스를 같이 활용했을 때 정기적으로 자동 매수가 가능해서 해외 주식으로 목돈을 모으기에 적합합니다.

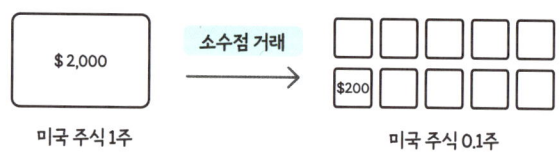

거래 단위의 변화로 투자 접근성 상승 효과

해외 투자는 달러 환율에 따라 수익이 오르내릴 수 있기 때문에 환율 리스크를 항상 고려해야 합니다. 세금 역시 국내와는 다르게 적용되는데, 국내 주식에 비해 높은 세율인 22%의 해외 주식 양도소득세(분리과세)가 적용됩니다. 그리고 미국 시장은 밤에 열리므로 장 개장 시간도 고려해야 하죠. 하지만 이런 요소들은 기초적인 정보만 익히면 얼마든지 대응할 수 있습니다.

해외 투자는 자산을 지키고 키우기 위한 시대의 흐름에 가까운 전략입니다. 예전에는 정보에 접근하기 어렵고 거래도 번거로웠지만, 지금은 클릭 몇 번으로 미국, 유럽, 동남아 시장에 투자할 수 있는 시대입니다. 처음부터 큰돈을 넣을 필요는 없습니다. 매달 10만 원씩이라도 글로벌 ETF에 투자하면서 흐름을 읽어보세요. 해외 투자를 통해 우리는 단순히 돈을 굴리는 기술만 배울 수 있는 게 아니라 세계가 어떻게 움직이는지 볼 수 있는 시야를 함께 키워가게 됩니다.

> **생각해볼 질문**
>
> 매일 쓰는 글로벌 브랜드 중 실제 투자해 본 기업은 몇 군데나 되나요?

> 🎯 **실천 미션**
>
> 소수점 적립식 서비스에 가입하고, 애플 또는 나스닥 ETF를 월 1만 원부터 시작해 보세요. 키워드는 '금액'이 아니라 '경험'입니다. 작은 투자로 해외 투자자로서의 감각을 키울 수 있습니다.

# 04 글로벌 경제 위기 속 무너지지 않는 생활 밀착형 생존 전략

#현금이 왕이다 #과도한 레버리지는 금물 #고정지출 점검하기 #위기를 기회로

2007년 리먼 브라더스가 파산하면서 글로벌 금융시장은 큰 충격을 받았는데요. 2019년 코로나19 팬데믹이 발생하면서 세계는 또 한 번 큰 공포에 휩싸이게 됩니다.

경제 위기는 대부분 갑자기 터집니다. 그리고 그 여파는 생각보다 훨씬 넓게 퍼지죠. 예를 들어 미국 은행이 파산하면 글로벌 자산 시장이 불안해지고, 유럽이 전력 위기를 겪으면 전 세계적으로 에너지 가격이 급등합니다. 원유 가격이 급등하면 자연스럽게 한국의 물가도 오르고, 환율이 폭등하면 수입 비용이 증가하기 때문에 기업 실적이 악화되어 월급과 일자리에도 영향을 미치게 됩니다. 즉 지구 반대편의 사건이 내 삶에 직접 영향을 미치는 시대입니다.

글로벌 경제 위기는 먼 나라의 이야기 같지만 실제로는 당장 우리 지갑, 자산, 일상에 영향을 주는 현실적인 문제입니다. 2008년 글로벌 금융 위기, 2020년 코로나 팬데믹, 그리고 최근의 관세 충격까지 우리는 이미 여러 차례 위기의 충격파를 경험해 왔습니다. 이제는 불확실한 시대에 개인이 돈을 지키는 데 필요한 전략을 고민해 봐야 합니다.

## 글로벌 경제 위기를 견디는 생존 전략

그렇다면 위기 상황에서 우리는 어떤 전략을 취해야 할까요?

첫 번째 전략은 바로 현금으로 유동성을 확보하는 것입니다. "현금이 왕이다"라는 말이 있죠? 경제가 불안할수록 현금의 가치와 활용성이 높아집니다. 급한 상황에서도 자금을 유연하게 운용할 수 있고 기회가 왔을 때 빠르게 투자할 수도 있죠. 일반적으로 3~6개월 치 월급 정도는 비상금으로 보유하는 것이 기본입니다. 현금을 예금, CMA, 단기 채권형 펀드 등 안전한 자산에 분산해서 보관해 두세요.

두 번째 전략은 고정지출을 점검하는 것입니다. 글로벌 경제 위기에 대응하기 위해서는 지출 근육부터 다져야 하는데요. 위기일수록 지출을 줄이는 게 수익을 거두는 것보다 효과적일 수 있습니다. 가입해 놓고 잊은 구독 서비스 지출, 습관적인 카드 소비나 대출 원리금의 자동이체 내역 등을 꼼꼼히 관리해야 합니다. 한 달에 한 번 고정 지출을 점검하는 루틴을 만드는 게 좋습니다. 지출이 줄면 투자할 수 있는 여유자금도 늘어나니까요.

세 번째 전략은 과도한 레버리지를 삼가는 것입니다. 위기 상황에서는 빚이 '위험 증폭기'가 될 수 있습니다. 특히 고금리 시대에는 대출 이자만으로도 부담이 커질 수 있습니다. 투자 자산에 이미 레버리지를 썼다면 단기적으로 활용하고, 손해를 봤다고 해서 무작정 버텨서는 안 됩니다. 내 생각이 틀렸을 때는 포지션을 줄이는 것도 고려해야 합니다. 예상치 못한 상황이 와도 충분히 버틸 수 있는 구조를 만드는 것이 위기를 이기는 첫걸음입니다.

네 번째 전략은 바로 안정적으로 자산을 배분하는 것입니다. 달걀은 여러 바구니에 나눠서 담아야 깨지지 않습니다. 경제가 불안정할 때는 한 종목, 한 자산에 집중하는 방안은 오히려 위험합니다. 주식 100%보다는 주식, 채권, 금, 달러의 조합으로 투자 자산을 구성해 보세요. 국내 자산에만 투자하기보다는 해외 자산으로 분산투자하는 전략도 고려해 보세요. 분산투자를 할 때 ETF를 활용한 글로벌 분산 전략은 초보자에게도 좋은 선택입니다. 특히 위기 대응용 포트폴리오는 지금부터 설계해 둬야 합니다.

### 글로벌 경제 위기 속 체크리스트

| | |
|---|---|
| 위기 전 | - 소비 줄이기<br>- 비상 자금 확보하기<br>- 포트폴리오 점검하기 |
| 위기 중 | - 감정적인 매매 줄이기<br>- 기회가 될 종목 천천히 모으기<br>- 무리한 빚 정리하기 |
| 위기 이후 | - 시장 반등 시 수익 실현하기<br>- 경험을 바탕으로 다음 위기에 대비하기 |

## 위기일수록 투자 기회도 열린다

위기는 위험이지만 동시에 기회이기도 합니다. 실제로 많은 자산가들은 위기에 좋은 자산을 싸게 사서 큰 수익을 올리기도 하죠. 영화 〈빅쇼트〉를 보면 서브프라임 모기지 사태에서 큰돈을 번 투자자들의 이야기가 나옵니다. 우리나라 영화인 〈국가부도의 날〉에서도 IMF라는 위기를 기회로 활용한 투자자가 등장합니다. 아이러니하지만 엄청난 위기는 준비된 사람에게는 큰 기회로 다가옵니다.

다만 여기에는 조건이 있습니다. 현금 여유가 있어야 하고 감정적으로 투자하지 않으며 장기적인 관점으로 기다릴 수 있어야 합니다. 워런 버핏, 존 템플턴 John Templeton 같은 위대한 투자자들도 똑같은 위기를 겪었지만 남들과 다른 마음가짐과 전략으로 기회를 얻었습니다. 글로벌 경제 위기는 피할 수 없는 흐름이지만, 그 흐름 안에서 내가 어떤 위치에 설 수 있는지는 미리 준비함으로써 달라질 수 있습니다.

> **생각해 볼 질문**
>
> 지난 1년 동안 자산 포트폴리오에서 어떤 종목이 위기에 잘 버텼고, 어떤 종목이 가장 크게 흔들렸나요? 앞으로 어떤 기회를 잡을 수 있을지도 한번 생각해 봅시다.

> **실천 미션**
>
> 자산 포트폴리오를 4등분해서 주식, 채권, 현금, 달러 자산의 대략적인 비중을 파악하고, 각각의 위험 자산을 점검해 보세요. 포트폴리오를 분산할 땐 수치를 떠나서 현실적인 안정감을 느낄 수 있도록 조정하는 게 핵심입니다.

## 05

# 뉴스에서만 보던 환율, 투자 도구로 활용하기

`#환율도 투자 도구 #환헤지가 뭐예요? #달러 통장 #환율이 낮을 때 모아두자`

앞서 소개했듯, 환율은 소비 비용에만 영향을 주는 게 아니라 투자 전략의 일부로도 활용할 수 있습니다. 여기에서는 환율을 내 자산을 지키고 불리는 '투자의 변수'로 활용하는 방법을 소개하려고 합니다.

### 환율도 투자 도구가 될 수 있다

환율은 자산의 '가치'를 비교하는 기준이기도 합니다. 예를 들어 달러가 강세일 때는 달러 기반의 자산 가치가 올라가고, 원화가 강세일 때는 환차익이 줄거나 환차손을 볼 수 있습니다. 같은 미국 주식에 투자해도 환율에 따라 실제 수익률이 달라질 수 있는 거죠.

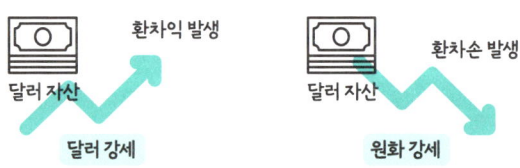

환율에 따른 수익률 변화

그렇다면 투자자가 환율을 활용하는 방법에는 어떤 게 있을까요?

첫째, 달러 자산을 보유하는 전략입니다. 환율이 오르면 달러로 보유하고 있던 자산은 원화 기준으로 평가할 때 가치가 올라갑니다. 그래서 달러 예금, 달러 MMF Money Market Fund(단기 금융 상품에 투자하는 펀드), 달러 ETF 같은 자산을 보유하는 것 자체가 하나의 방어 전략이 됩니다. 특히 환율이 급등하거나 한국 경제가 불안할 때는 원화 자산만 들고 있는 것보다 달러 자산을 일부 가지고 있는 쪽이 위험을 분산하고 자산 가치를 지키는 데 도움이 됩니다. 달러 자산은 고수익을 노리는 수단이라기보다는 환율에 흔들리지 않기 위한 안전벨트라고 생각하는 것이 중요합니다.

둘째, 환헤지 상품을 활용하는 전략입니다. 환헤지란 환율 변동으로 인한 리스크를 피하기 위해 현재 시점에서 미래의 환율을 미리 고정하는 행위를 말합니다. 글로벌 ETF나 해외 펀드에 투자하고 싶은데 환율 변동 때문에 수익이 들쭉날쭉할까 봐 걱정될 수 있습니다. 이럴 때는 환헤지형 ETF를 선택하시면 환율의 영향을 줄일 수 있습니다. 예를 들어 'TIGER 미국나스닥100(환헤지)' 같은 상품은 달러 가치가 오르든 내리든 원화 기준으로 안정적인 수익을 추구할 수 있도록 설계되어 있습니다. 단, 환헤지 상품은 일정한 비용이 발생할 수 있고 달러 강세장에서 수익이 줄어들 수도 있다는 점을 함께 고려해야 합니다.

셋째, 외화 예금이나 정기 적립을 활용하는 전략입니다. 지금 환율이 너무 높아서 달러를 사기 부담스러우신가요? 그럴 땐 오히려 환율이 낮을 때 조금씩 모아두는 전략이 유효합니다. 은행에서 제공하는 '달러 정기 적립식 예금'을 이용하면 환율이 내려갈 때마다 일정 금액씩 달러를 모을 수 있습니다. 이 방식은 마치 달러 환율 버전의 적립식 투자와 비슷하다고 볼 수 있습니다. 시간을 분산해 리스크를 줄이고 장기적으로 달러 강세장이 올 때를 대비할 수 있는 좋은 방법입니다.

넷째, 해외직구나 여행 소비에 환율을 활용하는 전략입니다. 환율은 꼭 투자에만 활용할 필요 없습니다. 환율은 똑똑한 소비를 위한 핵심 요인입니다. 예를 들어 환율이 낮을 때 미리 달러를 환전해 두거나 해외 결제가 가능한 달러 통장을 만들어두면 해외여행이나 직구할 때 실질 구매력을 확보할 수 있습니다. 실제로 자녀 유학을 준비 중인 사람이나 해외 콘텐츠, 앱, 교육 등을 자주 소비하는 사람들은 달러 결제 전략만 잘 세워도 연간 수십만 원을 아낄 수 있습니다.

## 환율 흐름을 예측하는 방법

환율은 많은 요인이 복합적으로 작용하는 만큼 정확하게 예측하기는 어렵습니다. 하지만 몇 가지 주요 흐름을 이해해 두면 왜 오르고 왜 떨어지는지 파악하는 데 큰 도움이 됩니다.

먼저 가장 핵심적인 변수는 '미국의 기준금리'입니다. 미국이 금리를 인상하면 달러 자산의 이자 수익이 높아지기 때문에 글로벌 자금이 미국으로 몰립니다. 이때 자연스럽게 달러는 강세(환율 상승)를 보이고, 반대로 원화는 약세(환율 상승 요인)가 됩니다.

또한, '글로벌 경제의 안정성'도 중요한 변수입니다. 전쟁, 팬데믹, 금융 위기처럼 전 세계적으로 불확실성이 커질 때는 사람들이 위험한 자산보다는 안전자산인 달러를 찾게 됩니다. 이 역시 '달러 강세-환율 상승'으로 이어지는 전형적인 흐름입니다. 반대로, 한국 경제가 호황을 맞고 무역수지가 흑자를 내고 있을 때, 즉 해외에서 한국으로 외화가 많이 들어오는 시기에는 원화가 강세를 보이면서 환율이 하락하는 경향이 있습니다.

외국인 투자자의 자금 유입도 환율에 큰 영향을 줍니다. 외국인이 한국 주식이나 채권에 많이 투자하면 원화에 대한 수요가 늘어나 환율이 하락하는 효과가 생깁니다.

복잡한 경제지표를 전부 보려고 하기보다는 ① 미국 금리 방향, ② 무역수지 흐름, ③ 외국인 투자 동향 이 3가지 흐름만 꾸준히 체크해도 환율을 통해 투자 타이밍을 가늠하는 데 큰 도움이 됩니다.

환헤지 상품과 비헤지 상품은 각각 어떤 상황에 적합할 것 같나요?

### 🎯 실천 미션

달러 환전 알림 서비스를 설정하고, '원-달러 환율이 1,300원 아래로 떨어지면 알림 받기'를 등록해 보세요. 타이밍이 중요한 만큼 감시 시스템을 설정해 두는 것이 핵심입니다. 정보가 빨라야 실행도 빨라진다는 걸 잊지 마세요.

## 06 미중 패권 경쟁에서 우리는 어떻게 대응해야 할까?

#중국의 경제 성장 #패권 경쟁 #한국은 전략적 허브 #글로벌 흐름 읽기

요즘 뉴스를 보면 미국과 중국의 충돌 이야기가 자주 등장합니다. 반도체, AI, 전기차, 군사, 외교, 무역… 모든 분야에서 '기술 전쟁'이자 '체제 경쟁'이 벌어지고 있습니다. 이런 글로벌 패권 경쟁이 한국 경제와 우리의 자산, 일자리, 투자에도 깊은 영향을 줄 수 있다는 사실, 알고 계셨나요? 우리는 미래를 위해서 미중 패권 경쟁이 왜 중요한지, 앞으로 한국은 어떤 위치에 놓일 수 있는지, 그리고 개인은 어떤 태도를 가져야 하는지 고민해 봐야 합니다.

## ⚖️ 미중 갈등, 한국이 민감하게 반응할 수밖에 없는 이유

미국은 오랜 기간 세계 경제, 금융, 군사 등 모든 분야에서 1등을 지켜왔습니다. 하지만 중국이 최근 몇 년간 엄청난 경제성장을 통해 미국을 위협하는 '넘버 2'의 자리에 올라섰죠. 특히 4차 산업혁명 핵심인 반도체, 인공지능, 에너지, 배터리 산업 등에서 중국의 약진은 미국 입장에서 매우 큰 위협으로 느껴지고 있는 상황입니다. 이에 따라 미국은 '중국 봉쇄', 중국은 '기술 자립'이라는 전략을 취하면서 정면충돌이 점점 격화되고 있죠.

왜 한국은 이 싸움에 민감할 수밖에 없을까요? 한국은 지정학적으로도 경제적으로도 미국과 중국 사이에 딱 끼어 있는 나라입니다. 수출 비중으로 보면 중국이 1위 시장이고, 금융·안보·기술 협력 등은 미국과 깊게 연결되어 있습니다. 즉 한국은 어느 한쪽도 놓칠 수 없는 상황입니다. 그래서 미국이 중국에 반도체를 수출하지 말라고 하면 한국 기업은 양쪽 눈치를 볼 수밖에 없습니다. 대표적인 사례가 바로 삼성전자, SK하이닉스 같은 반도체 기업입니다. 미국은 기술 통제를 요구하고 중국은 그에 대한 보복 가능성을 시사하면서 한국 기업은 그야말로 샌드위치 신세가 되고 있죠.

미중 경쟁은 단기간에 끝나지 않습니다. 이건 체제와 기술 주도권을 건 장기전입니다. 우리는 이런 시대를 살아가면서 단기적인 주가 변동만이 아니라 구조적 변화에도 대비하는 시야를 가져야 합니다. 특정 국가에만 의존하는 수출 구조나 특정 소재, 부품에 대한 특정 국가

의존도 역시 위험합니다. 따라서 기업들도 공급망 재편, 생산기지 분산 등을 고민하고 있는 상황이죠. 개인도 마찬가지입니다. 산업 변화와 글로벌 흐름을 읽는 안목 없이 단기 뉴스만 보고 투자한다면 점점 시대 흐름에 뒤처질 수 있습니다.

## 미중 패권 경쟁에 대비하는 태도

먼저 산업 흐름을 읽는 눈을 키워야 합니다. 반도체, 배터리, AI, 신재생 에너지 등 미래 핵심 산업에 대한 기본적인 이해도는 이제 필수입니다. 어떤 산업이 보호받고 어디서 기회가 생기는지 꾸준히 살펴보길 바랍니다.

또한, 수차례 강조하지만 ETF를 통한 글로벌 분산투자는 필수입니다. 특정 국가에 대한 리스크를 줄이려면 미국·중국·신흥국 등 다양한 시장에 분산투자하는 게 좋습니다. 어느 한쪽에만 베팅하는 시대는 지났습니다.

환율과 수출입 흐름을 관찰하는 습관도 필요합니다. 미중 경쟁은 원화 환율에도 큰 영향을 주기 때문에 수입 물가, 소비자 물가, 금리, 주식시장에 모두 영향을 미칩니다. 그러므로 경제 뉴스를 보면서 이 흐름이 내 돈과 어떻게 연결되는지 관찰하는 습관이 반드시 필요합니다.

미중 패권 경쟁은 앞으로 수년, 수십 년간 지속될 중요한 흐름입니다. 그리고 이 갈등 속에서 한국 경제는 양측 모두와 연결된 전략적 허브의 역할을 할 수밖에 없습니다. 지금 우리가 해야 할 일은 변화의 흐름을 무서워하지 않고 이에 차분히 대비하는 습관을 들이는 것입니다. 미중 갈등은 우리가 통제할 수 없지만, 그 안에서 자산과 일자리를 지키고 기회를 잡는 건 충분히 준비할 수 있는 영역입니다.

### 생각해볼 질문

여러분은 지금 미국과 중국 관련 자산에 얼마나 투자하고 있나요?

### 실천 미션

현재 투자하고 있는 산업이나 직장과 관련된 산업이 미중 갈등의 영향을 얼마나 받을지 리스트를 작성해 봅시다. 예를 들면 반도체, 2차 전지, AI, 희토류, 원자재 등과 같은 산업군으로 구분할 수 있겠죠. 여러분이 몸담은 영역이 얼마나 패권 경쟁에 노출되었는지를 점검해야 합니다.

## 07

# 글로벌 경제 뉴스, 이젠 똑똑하게 써먹자

`#뉴스 해석 3단계` `#키워드 잡기` `#흐름을 읽기` `#나와 연결하기`

경제 뉴스를 보다 보면 어려운 단어들이 많습니다. 미 연준 금리 동결, 환율 1,400원 돌파, FOMC 긴축 기조 유지… 처음엔 무슨 말인지 모르겠고 나랑 관련도 없어 보입니다. 하지만 알고 보면 이 뉴스들은 나의 대출 이자, 소비 물가, 주식 수익률, 월급에 직접적으로 영향을 미치는 정보입니다. 뉴스를 어떻게 읽고 활용하는지에 따라 투자 실력이 갈리는 셈이죠. 지금부터는 경제 소식을 생활과 투자에 연결 지을 수 있도록 초보자가 글로벌 경제 뉴스를 똑똑하게 읽을 수 있는 방법을 알려드리겠습니다.

## ⚖️ 경제 뉴스를 봐야 하는 이유

뉴스는 미래를 예지할 순 없지만 지금 시장의 분위기를 보여주면서 이어질 상황을 예상하곤 합니다. 예를 들어 미국이 금리를 인상할 가능성이 높다는 뉴스를 본다면 우리는 한국도 금리 인상 가능성이 높아지고 대출 이자, 환율, 주식시장도 영향을 받을 것이라고 예상해 볼 수 있습니다. 중국의 수출이 부진하다는 뉴스를 본다면 글로벌 원자재 수요가 둔화되고 한국 수출 기업들의 실적이 하락할 가능성 높다고 예상해 볼 수 있겠죠. 이처럼 뉴스의 흐름만 잘 따라가도 다음 달의 소비, 투자, 자산 배분을 더 똑똑하게 결정할 수 있게 됩니다.

## ⚖️ 초보자를 위한 뉴스 해석 3단계

1단계, 뉴스 속 '키워드'를 잡는 연습부터 하세요. 모든 기사를 처음부터 끝까지 다 읽을 필요는 없습니다. 초보자에게 가장 중요한 건 자주 등장하는 단어를 눈에 익히는 것입니다. 자주 등장할수록 중요한 단어라고 생각하면 됩니다. 예를 들면 기준금리, 인플레이션, 국제 유가, 고용 지표, 무역수지, 환율, 긴축, 완화, 유동성 같은 단어들이 있습니다. 이런 단어들이 반복해서 나온다는 건 지금 시장에서 가장 중요한 변수라는 뜻입니다. 처음에는 '저 단어가 자꾸 나오네?' 정도로만 인지해도 좋습니다. 익숙해질수록 자연스럽게 의미를 감 잡을 수 있습니다.

2단계, 시장의 감정 흐름을 읽어보세요. 뉴스는 사실만 전달하는 게 아니라 그 상황에 대한 '시장의 반응'을 함께 보여줍니다. 예를 들어 이런 표현들 보신 적 있으시죠? "○○ 우려에 코스피 하락세" "호재 기대감에 반등 시도" "긴축 완화 기대에 기술주 상승세" 이 문장들에는 정보보다 더 중요한 메시지가 담겨 있습니다. 바로 지금 시장이 어떤 감정선을 따라 움직이고 있는지를 설명하고 있죠. 시장에는 불안, 기대, 공포, 관망 같은 정서가 반영되기 때문에 이를 읽을 줄 알면 지금 투자자들이 어떤 심리로 움직이는지 파악할 수 있습니다.

3단계, 경제 뉴스 속 소식이 나와 어떤 관련이 있는지 연결해 보세요. 예를 들면 미국이 금리를 올린다는 뉴스를 본 뒤 '그럼 내 대출 이자도 올라가겠구나', '달러 강세가 되면 환율이 오르면서 해외여행 비용도 늘겠다'라고 뉴스와 나의 삶을 연결해 보는 것입니다. 만약 국제 유가가 상승 중이라는 기사를 봤다면 '주유비도 오르고 전기 요금도 영향을 받겠구나', '정유 관련 ETF나 종목들이 움직일 수도 있겠다'라고 생각할 수 있겠죠. 이렇게 뉴스를 소비와 투자에 연결하는 연습을 반복하다 보면 뉴스가 남의 얘기가 아니라 내 돈 얘기로 느껴지게 됩니다.

| 시간 | 할 일 | 설명 |
| --- | --- | --- |
| 1분 | 뉴스 헤드라인 3개 훑어보기 | 금리, 환율, 물가, 원자재, 미중 이슈 포함된 제목 위주로 읽어보세요. |
| 1분 | 오늘의 키워드 선정하기 | (예시) "달러 강세", "인플레이션", "중국 수출 감소" |
| 2분 | 나와의 연결 고리 적기 | "이게 내 소비, 투자, 생활에 어떤 영향을 줄까?" |
| 1분 | 감정과 흐름 점검하기 | "지금 시장은 불안/기대/혼조 상태인가? 그렇다면 투자 태도를 조절하는 기준을 세워야겠다" |

글로벌 경제 뉴스는 어렵지 않습니다. 뉴스는 소비를 줄여야 할 시점인지 투자 포트폴리오를 조정해야 할 시점인지 환율 변동에 대비해야 할 타이밍인지 알려주는 생활형 내비게이션입니다.

처음엔 복잡해 보이더라도 '키워드 잡기', '흐름 읽기', '나와 연결하기' 이 3단계만 익히면 금융상식과 투자 감각이 동시에 자라게 됩니다. 뉴스를 그냥 지나치지 마세요. 정보는 기회가 되고, 뉴스는 곧 돈이 됩니다.

### 생각해 볼 질문

경제 뉴스를 읽고 투자한 적이 있었나요? 그 행동이 수익으로 이어졌는지 손실로 이어졌는지 한번 되짚어 보세요.

### 실천 미션

경제 뉴스를 읽을 때, 요일별로 루틴을 실천해 보는 것도 좋습니다.

| | 예시 |
|---|---|
| **월요일** | 미국 금리, 환율, 유가 등 주요 경제지표 확인하기 |
| **화요일** | 글로벌 ETF나 해외 주식 종목 찾아보기 |
| **수요일** | 경제 뉴스 헤드라인 중 내 생활과 밀접하게 연관된 기사 하나 정독하기 |
| **목요일** | 소비 패턴 중 글로벌 이슈에 영향을 받는 항목 찾기 |
| **금요일** | 한 주간 가장 많이 본 키워드 정리하고 복습하기 |
| **주말** | 부담 없이 관련 책을 읽거나 유튜브로 해설 영상 보기 |

# 중요한 건 흐름,
# 뉴스만 믿고 투자했다가 본 쓴맛

### 익명의 투자자에게서 온 편지

해외 경제 뉴스를 열심히 챙겨보는 40대 직장인인 저는 투자에 도움이 될 만한 글로벌 소식이라면 빠뜨리지 않고 확인하곤 합니다. 국제 경제 흐름을 알아야 돈이 보인다는 말에 나름 최신 뉴스를 따라가며 투자의 근거로 삼았죠. 그런데 얼마 전에는 그런 뉴스에 너무 기대를 걸었다가 된통 당한 일이 있었습니다.

며칠 전, 저는 뉴스를 통해 "미국 연준이 기준금리를 동결할 것"이라는 소식을 접했습니다. 금리 인상 기조가 멈춘다는 이 호재 소식에 속으로 쾌재를 불렀어요. '이제 시장이 한숨 돌리고 주가가 오르겠구나!' 하며 기대에 부풀었죠. 마침 가지고 있던 현금을 어디에 투자할지 고민하고 있었던 터라 그 뉴스를 보고 즉시 주식 비중을 확 늘렸습니다. 확신에 찬 마음으로 미국 시장 ETF와 국내 대형주 몇 종목을 한꺼번에 매수했죠. 뉴스만 믿고 행동에 옮긴 게 지금 생각하면 참 성급했습니다.

하지만 예상은 보기 좋게 빗나가고 말았습니다. 금리 동결 발표가 있던 다음 날, 증시는 잠깐 반등하는 듯하더니 곧 하락세로 돌아서는 게 아니겠어요? 잔뜩 사둔 종목들도 줄줄이 내려앉았습니다. 처음엔 믿지지 않았습니다. "좋은 뉴스가 나왔는데 왜 주식이 내려가지?" 머리가 혼란스러웠죠. 알고 보니 시장은 이미 금리 동결 가능성을 반영하고 있었고, 발표 후에는 차익을 실현하기 위해 매물을 내놓거나 향후 경기 둔화 우려 같은 다른 악재에 더 집중했다고 하더군요. 저는 그제야 상황을 이해했지만 이미 제 계좌는 적잖은 손실을 입은 뒤였습니다. 한동안 망연자실했지만 결국 스스로 판단 미숙을 인정할 수밖에 없었습니다.

이 실패를 통해 저는 큰 교훈을 얻었습니다. 뉴스 하나만 믿고 투자하는 게 얼마나 위험한지 몸소 깨닫게 된 것이죠. 앞으로는 당장 눈에 띄는 단편적인 소식보다 국제 경제의 큰 흐름과 맥락을 살피는 데 더 집중하려 합니다. 경제 뉴스는 참고 자료일 뿐 맹신해서는 안 된다는 사실을 뼈아프게 배웠습니다. 특히 글로벌 이슈는 변수도 많고 예측하기 어려우니 앞으로는 섣불리 확신에 차서 베팅하기보다는 여러 지표를 고려하면서 신중히 움직여야겠다고 다짐하는 계기가 됐죠. 투자의 길에서는 한 걸음 물러나 큰 그림을 보는 눈이 필요합니다. 저는 오늘도 그 교훈을 가슴에 새기며 한층 더 성장한 투자자가 되려 노력하고 있습니다.

# Special Part 01

## 금융 상품 실전 투자 마스터하기

## 01

# 투자의 첫 단추는 자기 포지션 파악하기

#재무 포지션 파악하기 #나의 투자 성향은?
#자산과 부채 규모 #내 삶의 금융 지도를 그리자

투자를 시작할 때 우리는 종종 종목이나 계좌 개설부터 서두릅니다. 하지만 투자의 첫걸음은 바로 자신의 '재무 포지션'을 파악하는 것부터 시작합니다. 나 자신이 지금 어디에 서 있는지 알아야 어디로 어떻게 나아가야 할지 방향이 정해집니다.

### 투자의 첫 단추, 나의 재무 포지션 파악하기

투자 전략을 결정짓는 중요한 요소에는 자산 수준, 월 수입 구조,

직업의 안정성, 부양가족의 유무 등이 있습니다. 이 중 하나라도 간과하면 남들이 성공했다는 투자법이 내게는 독이 될 수 있습니다.

예를 들어 35세 A 씨는 주택담보대출 상환 중에 커뮤니티에서 본 테마주에 무리하게 투자를 감행했습니다. 주변 사람들이 수익을 냈다는 말을 듣고 빨리 따라잡아야겠다는 조급한 마음에 투자했지만, 주가가 급락하면서 대출 상환에도 차질이 생기고 말았습니다.

반면, 맞벌이로 안정적인 수입을 유지하던 37세 B 씨는 ETF, 예금, 연금저축 등으로 자산을 분산해 투자했습니다. 갑작스러운 시장 변동에도 흔들림 없이 장기 계획대로 포트폴리오를 유지하며 자산을 차곡차곡 쌓아가고 있습니다.

이처럼 자신의 '재무 포지션'을 명확히 파악한 투자자는 시장의 유혹에도 휘둘리지 않고 자신만의 페이스로 자산을 키워나갈 수 있습니다. 투자 전략을 세울 때 고려해야 하는 것은 '남들이 뭘 샀느냐'가 아니라 '나는 어떤 투자자가 되어야 하느냐'입니다.

자신의 재무 포지션을 파악할 때, 투자 성향은 다음처럼 나눌 수 있습니다.

| | |
|---|---|
| 공격형 포지션 | • 주로 20~30대<br>• 부양가족이 없고 소득이 안정적인 경우<br>• ETF, 주식 중심의 자산 증식 전략이 필요 |
| 안정형 포지션 | • 40대 이상<br>• 외벌이 또는 자녀가 있는 가정<br>• 예금, 채권, IRP 중심의 자산 보호 전략이 필요 |
| 균형형 포지션 | • 30대 후반~40대 초반 맞벌이 가정<br>• 주식과 채권 비중을 절반으로 나눠 갖는 혼합 전략이 필요 |

이 포지션은 고정된 것이 아닙니다. 결혼, 출산, 이직, 은퇴 등의 이벤트에 따라 언제든 변할 수 있습니다. 1년에 한 번은 포지션을 다시 점검하고, 그에 맞춰 투자 전략도 재정비하는 것이 중요합니다.

## 투자에 앞서 반드시 점검해야 할 6가지

투자를 시작하기 전, 아래 6가지 항목을 꼭 점검해 보세요. 이 과정은 내게 맞는 투자 방향을 정하는 나침반 역할을 합니다.

첫째, '나이와 투자 가능 기간'입니다. 투자 기간은 나이에 따라 달라질 수 있습니다. 20대는 장기 투자 여력이 충분하지만 50대는 자산을 지키는 전략이 우선입니다.

둘째, '자산과 부채 규모'입니다. 예금, 부동산, 주식 등 전체 자산에서 대출을 뺀 순자산을 계산해 보세요. 종잣돈이 부족하고 부채가 많다면, 투자보다 부채 상환이 우선일 수도 있습니다.

셋째, '소득 구조와 안정성'입니다. 정규직인지 프리랜서인지, 외벌이인지 맞벌이인지에 따라 투자 여력과 리스크 감내 범위가 달라질 수 있습니다.

넷째, '가족 구성과 부양 책임 유무'입니다. 미혼인지, 자녀가 있는지, 부모님을 부양 중인지 파악해야 적절한 투자 전략을 세울 수 있습니다. 부양 책임이 크면 보수적인 투자 전략이 적절하겠죠?

다섯째, '현금흐름과 비상 자금 확보 여부'입니다. 월 고정비와 비상시 사용할 여유자금이 최소 3~6개월 치 준비되어 있는지 확인하세요.

여섯째, '투자 목표와 위험 성향'입니다. 노후 준비, 내 집 마련, 자녀 교육 등 나의 투자 목적은 무엇인지, 또 수익률과 손실 허용 범위는 어느 정도인지 점검합니다.

이 항목들을 점검하는 것은 내 삶에 꼭 맞는 금융 지도를 그리는 과정입니다. 내 위치를 정확히 알아야 나에게 맞는 투자 전략을 세울 수 있습니다. 시간을 내어 위 6가지 항목을 문서나 노트에 작성해 보세요. 순자산, 소득 구조, 투자 목표를 수치로 정리한 후, 여러분만의 투자 원칙 3가지를 함께 기록하면 더 좋습니다.

## 02

# 20대,
# 지금부터 시간을 사라

#시드머니보다 습관 #투자는 작게 #나만의 투자 루틴 #꾸준함이 복리다

    20대의 가장 큰 자산은 '돈'이 아니라 '시간'입니다. 이 시기의 투자에서는 많은 돈을 벌겠다는 목표보다 좋은 습관을 들이는 것이 훨씬 중요합니다. 아직 시드머니가 부족한 사회 초년생이라면, 무리하게 주식에 전부 투자하거나 유행 중인 고수익 상품에 투자하기보다는 안정적으로 투자 습관을 들일 수 있는 금융 상품으로 투자를 시작하는 것이 좋습니다.

    대표적으로 소액 ETF 투자가 있습니다. ETF는 펀드처럼 다양한 종목에 분산투자할 수 있으면서도 주식처럼 사고팔 수 있어 진입장벽이 낮습니다. 매달 10만 원씩이라도 꾸준히 투자하면 시장 흐름에 대한 감도 생기고 복리 효과도 누릴 수 있습니다.

연금저축펀드 및 IRP도 20대에게 유리한 상품입니다. 연 900만 원 한도 내에서 납입하면 연말정산에서 최대 16.5%의 세액공제 혜택을 받을 수 있고, 은퇴 시 매우 낮은 연금소득세(5.5%~3.3%)로 연금을 수령할 수 있습니다. 여기에 더해 달러 예금을 활용하면 환차익과 동시에 외화 분산 효과도 누릴 수 있습니다. 특히 20대는 여행이나 유학, 해외 결제 등 달러 소비가 종종 있을 테니 실생활에서도 그 효과를 느끼기 좋습니다.

결론적으로, 20대는 높은 수익률을 노리기보단 꾸준하게 투자를 실천하는 것을 목표로 두어야 합니다. 투자에 익숙해질 수 있도록 소액 투자로 경험을 쌓으며 자신만의 투자 루틴을 만들어가는 것이 장기적으로 가장 강력한 자산이 됩니다.

## ⚖ 사회 초년생을 위한 월 30만 원 투자 플랜

아직 월급이 많지 않은 사회 초년생이더라도 투자 습관은 얼마든지 만들 수 있습니다. 가장 중요한 건 '계획'과 '지속'이죠. 아래는 사회 초년생을 위한 월 30만 원으로 구성할 수 있는 현실적인 포트폴리오입니다.

| 금액 | 종목 | 전략 |
| --- | --- | --- |
| 10만 원 | ETF 자동이체 | 코스피200, S&P500 ETF 등 지수 추종형 상품으로 분산투자 |
| 10만 원 | 연금저축펀드 | 세액공제 혜택을 누리며 장기 투자 기반 마련 |
| 5만 원 | 달러 예금, 외화 적립식 상품 | 환율 리스크를 관리하면서 달러 자산 축적 |
| 5만 원 | CMA 계좌, 비상금 통장 | 언제든 꺼내 쓸 수 있는 생활자금 확보 |

이 플랜의 핵심은 거창하지 않더라도 꾸준히 자동이체로 투자하는 습관을 들이는 것입니다. 월급이 들어오자마자 빠져나가게 설정하면, 소비 전에 먼저 저축이 되는 '선저축-후소비' 구조가 자연스럽게 만들어집니다.

이렇게 시작한 작은 실천이 3년, 5년 후에는 놀라운 차이를 만들어냅니다. 수익률보다 먼저 관리되는 건 '패턴'입니다. 돈을 다루는 습관은 한 번 체득하면 그 자체가 자산이 됩니다.

## 버는 힘보다 모으는 습관이 복리다

흔히 많이 벌면 많이 모을 수 있다고 생각하지만, 많이 벌어도 모으는 습관이 없으면 돈은 빠져나가기 마련입니다. 20대에 버는 힘을 기르는 것보다 모으는 습관을 들이는 게 더 중요한 이유입니다. 수입은 늘기도 하고 줄기도 하지만, 습관은 한 번 몸에 배면 평생을 지켜주니까요.

지금 30만 원을 모으는 사람은 10년 뒤 300만 원을 불리는 데 더 익숙해집니다. 반면, 버는 족족 쓰는 사람은 연봉 1억 원이 넘어도 저축 하나 제대로 못 할 수 있습니다. 이 둘이 차이 나는 이유는 20대에 쌓은 '마인드셋'과 '루틴'이 다르기 때문입니다.

'복리'는 이자 계산에서만 쓰이는 말이 아닙니다. 좋은 투자 습관 자체가 복리입니다. 오늘 쌓은 습관이 내일을 바꾸고, 바꾼 내일이 모여 미래를 설계할 수 있습니다. 지금 당장 큰돈을 벌 수 없어도 괜찮습니다. 시간이 흐를수록 꾸준히 쌓인 투자 습관이 그 어떤 자산보다 강력한 힘을 발휘할 테니까요.

## 03

# 30대, 커리어와 자산을 함께 키워야 할 시기

`#자산 형성 #리스크 관리 #핵심은 균형 #안정적인 설계`

30대는 커리어와 자산 모두를 동시에 성장시켜야 하는 시기입니다. 결혼, 주택 마련, 출산과 같은 인생의 큰 변화가 몰려오는 시기이기도 하죠. 이 시기엔 '자산을 키우는 공격적인 투자'와 '가정을 지키는 리스크 관리' 사이에서 균형을 잡는 것이 핵심입니다.

예를 들어 한창 커리어를 쌓고 있는 직장인 C 씨는 연봉이 점점 오르고 있지만 결혼을 앞두고 있어 자금이 빠듯하다고 해봅시다. 이럴 때는 투자 수익률만 좇기보다는 안정성과 유동성을 모두 고려해 자산을 배분하는 게 좋습니다. 주식과 ETF에 일정 부분 투자하면서도 비상금 역할을 해줄 예금이나 CMA, 그리고 주택청약통장 등 중장기 자산도 함께 준비하는 게 좋죠.

30대는 아직 투자 시간이 넉넉하기 때문에 성장형 자산에 많은 비중을 둘 수 있지만, 대출이나 자녀 계획 같은 현실적인 변수를 반드시 고려해야 합니다. 특히 대출이 있다면 원리금 상환 계획을 투자 계획과 함께 설계해야 재무적으로 흔들리지 않을 수 있습니다.

## 본격적인 세테크, 연금과 IRP 병행 전략

30대는 세금에 대해서 본격적으로 신경 써야 하는 시기입니다. 연말정산뿐만 아니라 종합소득세, 연금세액공제, 절세형 투자 전략까지 이해하고 활용할 필요가 있습니다.

먼저, 연금저축펀드와 개인형 퇴직연금 계좌(IRP)를 적극적으로 활용하면 연간 최대 900만 원까지 16.5%~13.2%의 세액공제를 받을 수 있습니다. 단기적으로는 연말정산 때 환급금을 받을 수 있고, 장기적으로는 노후 자산을 만드는 기반을 마련할 수 있죠.

또한, 프리랜서나 부업을 병행하는 직장인이라면 종합소득세 신고를 통해 세액공제 항목을 챙기는 것이 중요합니다. 실제로 월 10만 원씩 연금저축펀드에 1년간 납입하면 약 20만 원에 가까운 세금을 환급받을 수 있는데요. 이때 IRP를 함께 운용할 경우 그 효과는 배가 됩니다.

이 외에도 주택청약종합저축, 중개형 ISA 등 절세 혜택이 있는 금융 상품을 병행하면 30대의 투자 효율은 훨씬 높아질 수 있습니다.

## ⚖️ 부부·자녀 계획에 따른 금융 설계 시나리오

30대는 인생의 여러 변화가 동시에 찾아오는 시기입니다. 결혼, 출산, 육아 등 가족 단위의 계획이 생기면서 나 개인의 투자 계획이 아닌 가계 전체의 재무 설계가 필요해지죠.

예를 들어 맞벌이 부부라면 서로의 급여와 소비 패턴을 분석해 고정지출과 여유자금을 분리해 예산을 짜야 합니다. 이때 한 사람의 수입으로는 생활비를 감당하고 다른 한 사람의 수입으로는 저축 및 투자를 하는 '1+1 전략'을 쓸 수 있습니다. 또, 자녀 계획이 있다면 2~3년 안으로 필요한 교육비, 출산 준비 자금 등을 미리 예산화한 뒤, 적금, CMA, 보험 등 이를 커버할 수 있는 상품을 준비해야 합니다. 아울러 육아휴직에 따른 소득 공백에 대비해 유동성 높은 예금의 비중을 늘리거나, 납입 유예가 가능한 보험을 설계하는 것도 필요합니다. 그리고 가정 전체의 금융 안전망을 위해 종신보험이나 실손보험 등의 리스크 관리 상품에 가입하는 것도 이 시기에 고려해야 할 필수 항목입니다.

정리하자면, 30대의 금융 전략은 개인의 자산을 증식하는 것을 넘어 '가족의 삶을 안정적으로 설계하는 것'으로 확장됩니다. 지금 내가 혼자인지, 부부인지, 부모인지에 따라 금융 계획을 바꿔야 하죠.

## 04
# 40대, 내 자산이 일하게 만들어야 할 시점

`#돈을 굴리자 #지출 압박에 대비하는 법 #안정적인 현금흐름 #지속 가능성`

40대는 그동안 모은 자산을 본격적으로 굴리는 시기입니다. 30대까지는 소득과 지출의 균형을 맞추며 종잣돈을 만드는 데 집중했다면, 40대부터는 그 자산이 스스로 수익을 낼 수 있도록 만드는 것이 핵심입니다.

동시에 자녀 교육비, 주택 대출 상환, 부모 부양 등으로 지출 압박도 본격화되기 때문에 공격적인 투자만으로는 한계가 있습니다. 이 시기의 핵심 전략은 바로 '균형 잡힌 성장'입니다. 수익을 추구하되 안정성을 함께 고려하는 구조를 짜야 합니다.

## 40대 자산 관리의 4가지 핵심 전략

첫째, 자산을 굴리는 구조로 포트폴리오를 다시 설계하는 전략이 필요합니다. 기존 포트폴리오가 종잣돈을 만드는 것에 집중되었다면, 이제는 모인 종잣돈을 적절하게 분산하여 포트폴리오를 재구성해야 합니다. 주식, 채권, 부동산, 대체 투자 등 다양한 자산군으로 분산투자하는 전략이 필요합니다. 특히 배당주, 채권형 ETF, 리츠 등 안정적인 현금흐름을 만들어주는 안전자산의 비중을 점차 늘리는 것이 중요합니다. 이때 공격적인 자산으로 시세 차익을 추구하는 것이 아니라 '현금흐름'을 중심으로 자산 구조를 바꾸는 것이 포인트입니다.

둘째, 보험이나 보장성 자산을 리밸런싱하는 전략이 필요합니다. 40대가 되면 투자 포트폴리오뿐만 아니라 보험 포트폴리오를 다시 점검해야 합니다. 30대에 가입한 보험에 과도한 보험료를 지불하고 있거나 불필요한 보장은 없는지 점검할 필요가 있습니다. 40대엔 소득이 증가하고 가족 구성이 변화하기 때문에 보장 금액을 조정할 필요도 있습니다. 의료비, 실손보험, 자녀 교육비 대비 등 목적에 맞게 조정하고 불필요한 중복 보장은 정리하는 게 좋겠죠.

셋째, 교육비, 주택 비용 등 중장기적인 지출 계획을 세워야 합니다. 아무래도 자녀가 중고등학교나 대학교에 진학할 경우 교육비가 급증할 수밖에 없습니다. 이를 대비하여 40대부터 적립식 펀드, 장기채 투자 등을 적극적으로 활용해야 합니다. 가족이 함께 살 주택을 살 때는 대출 상환 계획, 이자 부담, 리모델링 비용 등까지 포함해 총체적인 계획을 세워야 하는 시기입니다.

넷째, 현금흐름 자산을 만들어야 합니다. 재차 강조하지만 월급 외의 '현금흐름 자산'을 반드시 확보하세요. 예를 들어 매 분기마다 배당금을 주는 배당주나 매월 이자를 주는 채권형 ETF에 투자하는 걸 추천합니다. 자산의 일부는 꾸준한 배당과 이자 수익을 낼 수 있도록 투자를 자동화시키고, 이를 통해 얻은 수익을 다시 투자에 사용하며 복리 효과를 누리는 거죠. 생활비의 일부를 배당소득 같은 현금흐름으로 충당할 수 있다면 경제적 자유에 한 걸음 더 가까워지는 셈입니다.

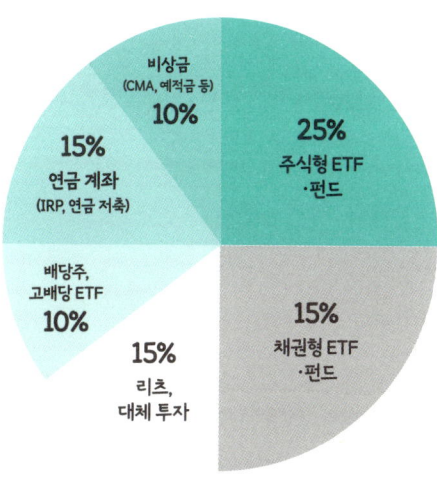

40대 추천 포트폴리오 예시

## 40대의 흔한 실수를 피하자

    40대는 30대에 투자했던 것처럼 공격적 투자 방식을 유지해서는 안 됩니다. 생애 주기상 40대부터 리스크에 크게 취약해지기 때문에 투자 포트폴리오의 리스크를 낮춰야 합니다. 교육비, 주택 자금에 대한 대비 없이 단기 수익에만 집중해서도 안 됩니다. 40대에는 교육비와 주택 자금처럼 큰돈이 필요하기 때문에 장기적인 플랜이 있어야 유동성 위기를 겪지 않습니다. 그렇다고 너무 보수적으로 접근하다가 불필요한 보험에 가입하는 것도 주의해야 합니다. 지나친 보험료로 인해 매달 현금흐름이 부족해지면 자산을 증식시키기 어려워지겠죠.

    공격보다 '지속성', 수익보다 '안정성'을 중시하면서도 기회를 놓치지 않는 유연한 태도가 필요합니다. 지금부터 자산을 운용하는 기준을 '수익률'이 아닌 '현금흐름과 지속 가능성'으로 바꿔보세요. 그것이 바로 다음 단계를 향하는 40대 투자자의 현명한 자세입니다.

# 05

# 50대, 자산 보호와 현금흐름 확보가 핵심

#50대는 인출하는 시기 #자산을 보호하자 #계획적인 사용 #연금 자산

    50대는 공격적 투자보다는 지속 가능성 있는 투자를 실행하고 자산을 보호하는 게 중요한 시기입니다. 이 시기에는 은퇴를 몇 년 앞두고 있거나 이미 조기 은퇴를 고려하는 분들이 많죠. 더 이상 투자를 통해 큰 수익을 노리기보다는 지금까지 쌓아온 자산을 어떻게 꺼내 쓸 수 있을지 고민이 필요합니다.

    그렇다고 투자를 멈춰야 한다는 말은 아닙니다. 오히려 지금부터는 자산이 꾸준히 현금흐름을 만들어낼 수 있도록 설계해야 합니다. 최근에는 은퇴 이후에도 소비 생활과 여가 생활을 즐기며 사회활동에 적극적으로 참여하는 50~60대를 '액티브 시니어 Active Senior'로 표현합니다. 최근 50~60대는 사회생활과 경제생활을 하는 경우가 많기 때문에 은퇴 이후의 삶을 위해 투자도 적극적으로 해야 할 필요성이 커졌습니다.

## ⚖️ 50대 자산 관리의 4가지 핵심 전략

첫째, 안정성과 유동성을 중심으로 포트폴리오를 재편하는 전략입니다. 50대부터는 상대적으로 공격적인 자산인 주식의 비중은 줄이고, 방어적인 자산인 채권, 배당주, 리츠 같은 금융 상품을 중심으로 자산을 재구성해야 합니다. 시장이 급변하더라도 영향을 덜 받는 저변동성 자산의 비중을 늘려야 향후에도 포트폴리오를 안정적으로 유지할 수 있습니다. 단기 자금은 CMA(예탁금을 단기 금융 상품에 투자해 수익을 창출하는 계좌), 예·적금, MMF(단기 금융 상품에 투자하는 펀드) 등으로 이자소득을 놓치지 않으면서 유동성도 함께 확보해야 합니다.

둘째, 연금 자산을 점검하고 시뮬레이션을 돌리는 전략입니다. 은퇴를 얼마 남기지 않은 시점이기 때문에 국민연금 수령 예상액을 확인하고, 개인연금(IRP, 연금저축펀드)을 개시할 시점도 전략적으로 조절해야 합니다. 부부 기준으로 언제부터 얼마씩 수령할지, 부족한 생활비를 어떤 수단으로 채울지 시뮬레이션해 보는 것이 좋습니다. 월세 수입, 배당금처럼 연금 외 현금흐름이 가능한 자산을 병행할 수 있다면 더욱 안정적인 설계가 가능합니다.

셋째, 지출 구조를 점검하고 여유자금을 관리해야 합니다. 향후 필요한 지출 내역을 자세하게 점검하는 과정이 필요합니다. 자녀 교육비, 결혼 자금, 부모 간병비, 부채 상환 등 지출 항목을 구체적으로 정리하고, 언제 어떤 방식으로 사용할지 미리 계획해 두세요. 여유자금을 투자할 때는 투자 시기별로 만기일을 적절하게 조정하여 주먹구구식으로 투자되지 않도록 꼼꼼하게 관리하는 것도 잊지 마세요.

넷째, 50대는 적립하는 시기가 아니라 '인출'하는 시기라는 걸 기억하세요. 40대까지는 주로 적립의 시기로 안정적인 노후를 위해 돈을 지출하기보다는 꾸준하게 모으는 시기입니다. 그러나 50대부터는 본격적으로 인출하는 시기이기 때문에 자산을 최대한 유지하면서 모은 돈을 계획적으로 사용해야 합니다. 특히 월 배당형 상품을 활용하여 달마다 현금흐름을 확보한다면, 은퇴 이후 연금 소득만으로 현금흐름을 보강할 수 있습니다.

**50대 추천 포트폴리오 예시**

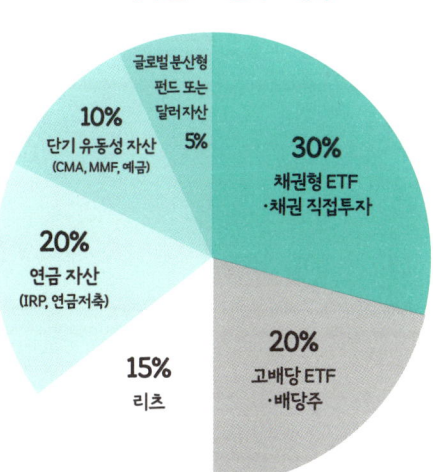

## ⚖️ 50대의 흔한 실수 피하자

은퇴가 가까워졌다고 해서 투자 자체를 중단하면 현금 가치가 크게 하락하는 위험이 생길 수 있어요. 평균 수명이 늘어난 상황에서 은퇴 이후의 안정적인 현금흐름을 확보하려면 투자에 집중하는 기간이 더욱 필요합니다. 연금 준비 없이 퇴직금을 한 번에 사용하는 것 역시 자산을 고갈시킬 수 있는 매우 위험한 행동입니다. 또한, 자녀 교육비와 결혼 자금을 무리하게 지원하면 노후 자금이 크게 부족할 수 있으니 균형 있는 판단이 필요합니다.

아직 늦지 않았습니다. 지금부터라도 자산의 구조를 바꾸고 은퇴 후 필요한 돈을 언제, 어디서, 어떻게 확보할지를 구체적으로 설계해 두세요. 쓸 돈과 남겨둘 돈을 구분하고 생활비는 어디서 충당할 수 있을지 명확히 정하는 것이야말로 투자자의 마지막 승부입니다.

# 06

# 실제 금융인들은 어떻게 투자하고 있을까?

#연령대별 투자 전략 #성향과 목표에 맞게 #금융인의 투자는? #나만의 포트폴리오

많은 분들이 PB에게 이런 질문을 던지십니다. "직업이 금융인이면 투자는 어떻게 하세요?" 직업상 다양한 금융 상품을 다루고 고객의 포트폴리오를 설계하다 보니 자연스럽게 '투자의 기준'과 '습관'이 생깁니다.

이번 장에서는 이 책의 저자이자 현역 PB인 저희 두 명의 투자 방식을 바탕으로 연령대별 실전 전략을 소개하려 합니다. 이론이 아닌 실전 경험을 바탕으로 포트폴리오를 구성하고 각자의 성향과 목표에 맞게 자산을 배분하고 있습니다.

## 30대 PB의 자산 구성과 월간 투자 루틴

저는 30대 중반의 현직 증권사 PB입니다. 매일 고객의 투자 전략을 설계하면서 자산을 관리하는 일을 하고 있지만, 그만큼 제 자산을 어떻게 운용할지도 늘 고민하고 있습니다. 제 자산을 운영하는 방식이 엉망이라면 고객에게 조언을 하는 입장에서 신뢰를 줄 수 없다고 생각하기 때문입니다.

저는 투자 성향이 비교적 방어적인 스타일이라 무리해서 수익을 추구하기보다는 안정성과 지속 가능성을 우선합니다. 주요 투자 자산은 미국 주식과 ETF를 중심으로 구성하고 있으며 이외에도 IRP, 연금저축펀드, ISA 등 절세형 금융 상품도 적극적으로 활용하고 있습니다.

제 자산 구성은 다음과 같습니다.

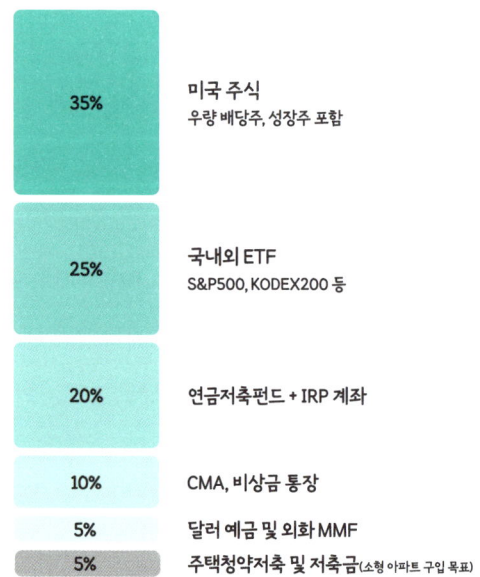

매달 월급이 들어오면 아래와 같은 투자 루틴을 실행하고 있습니다.

| | |
|---|---|
| ETF 자동이체 | • 국내(KODEX200)와 해외(S&P500) ETF를 매월 일정 금액으로 정기 투자 |
| 연금저축펀드 및 IRP | • 연간 최대 납입 한도인 1,800만 원을 입금하여 절세 효과 극대화<br>• 주로 미국 주식형 ETF로 운용<br>• 나머지 자금은 채권형 펀드 |
| 미국 주식 분할매수 | • 주가 흐름과 환율을 고려해 매월 1~2회 소액으로 분산투자 |
| 매월 유동성 달러 RP + 원화 CMA 비상금 | • 예기치 못한 상황에 대비해 유동성 확보 |

지출 구조는 고정비 200만 원, 유동비 200만 원, 그리고 나머지 자금을 투자 및 저축에 배정하고 있습니다. 여윳돈이 생기면 추가로 ETF를 매수하거나 채권형 펀드에 적립하여 추후 기회를 노리고 있습니다.

저는 투자를 단순히 수익을 내기 위한 행위로 보지 않고 생활 습관으로 생각하고 있습니다. 매달 일정한 루틴을 꾸준히 유지하는 것이야말로 시장에 휘둘리지 않고 장기적으로 자산을 성장시키는 가장 좋은 방법이라고 믿고 있습니다.

### ⚖️ 40대 PB의 자산 구성과 월간 투자 루틴

저는 40대 초반의 증권사 현직 PB입니다. 글로벌 투자에 전문성을 가지고 활동하고 있으며 매일 글로벌 시황과 매크로, 주식, 채권 등 해외 자산을 분석하여 투자에 적용하고 있습니다. 제가 직접 경험한 투자 상품과 직접 분석한 종목을 토대로 고객에게 자산 관리 서비스를 제공하고 있습니다.

저는 다소 보수적인 인베스팅Investing(기업의 가치에 초점을 맞춰 장기적 성장을 예측하여 이득을 취하는 방식)와 다소 공격적인 트레이딩Trading(가격 변동을 예측하여 매매 차익으로 이득을 취하는 방식)을 조화롭게 운용하고 있으며 절세 효과를 가진 금융 상품을 보조적으로 활용하고 있습니다. 투자 종목으로는 성장주와 주도주를 선호하며 매크로 분석을 통해서 자산 배분 효과를 추구하고 있죠.

제 자산 구성을 보실까요?

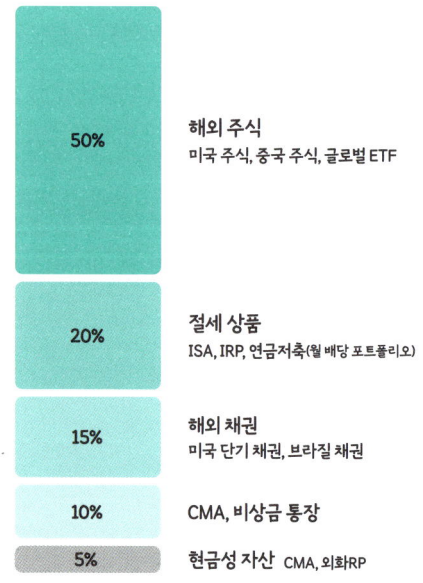

저는 매달 월급이 들어오면 일정 금액이 자동이체로 빠져나가도록 투자를 자동화하고 분기별로 포트폴리오를 리밸런싱합니다. 금융 상품은 절세 계좌를 통해 월마다 ISA, IRP, 연금저축 등에 적립하고 있죠. 자녀 교육비와 증여를 미리 준비하고 있습니다.

저의 자산 운용 전략을 요약하자면 ① 글로벌 자산 배분을 적극적으로 활용하고, ② 연금 및 절세 상품은 월 배당 중심으로 현금흐름을 설계하고 있으며, ③ 자녀 교육비를 대비할 수 있도록 포트폴리오를 설계하고 있습니다. 무엇보다도 포트폴리오를 다변화하여 리스크를 분산하는 것을 중시하고 있죠.

같은 금융업에 종사하는 PB도 삶의 상황, 성향, 가구 구성에 따라 투자 방식이 완전히 달라집니다. 주목해야 할 점은 그들이 모두 '자기만의 투자 시스템'을 가지고 있다는 점입니다. 누군가의 포트폴리오를 그대로 따라 하기보다는 그들의 전략에서 배울 수 있는 구조, 루틴, 사고방식을 흡수하세요. 자동화된 시스템으로 감정이 개입되는 상황을 방지하면서 각자의 목표에 맞춘 실전 투자 전략을 세우는 것이야말로 전문가가 실전에서 실수 없이 장기적으로 승부하는 방식입니다.

# 07 투자에서 절대 하지 말아야 할 5가지 실수

#이것만은 피하자 #몰빵 투자 #과신과 방치는 금물
#무작정 따라하기? #리스크 관리

　투자를 시작하면 "절대 몰빵하지 마세요"라는 조언을 많이 들을 수 있습니다. 하지만 실제로 투자자들이 가장 많이 저지르는 실수가 바로 '몰빵'입니다. 이외에도 무분별한 따라 하기, 근거 없는 자신감, 장기 투자의 오해, 리스크 무시에 이르기까지 실전 투자에서 자주 반복되는 패턴이 있습니다. 이번 챕터에서는 현직 PB들이 실제 현장에서 자주 마주하는 투자자의 실수 유형과 이를 예방하는 방법을 구체적으로 소개하려고 합니다.

### ⚖️ PB의 조언 1
"분산 없이 한 종목에 올인하는 몰빵 투자?"

첫 번째 실수는 지인에게 반도체주가 곧 급등한다고 들었다며 한 종목에 전 재산을 투자하는 것입니다. 이런 경우, 예상과 달리 주가가 하락하면 심리적으로 무너지면서 장기 투자도 포기하게 됩니다. 투자 금액은 자산의 일부로 제한하세요. 전체 자산의 10~20% 이내에서 고위험 자산을 시도하고, 나머지는 분산투자한다는 투자 원칙을 지켜야 합니다.

### ⚖️ PB의 조언 2
"수익이 나면 내 탓, 손실 나면 시장 탓?"

두 번째 실수는 몇 번의 단기 수익을 얻은 뒤 투자 감각이 있다고 착각해 레버리지 투자를 확대하는 것입니다. 무리해서 투자했을 때 반등을 기대하며 버티다간 더 큰 손실로 연결됩니다. 수익도 손실도 결과일 뿐, 중요한 것은 그 과정의 '합리성'에 있습니다. 모든 투자는 확률 게임입니다. 감정보다는 원칙으로 대응해야 한다는 걸 잊지 마세요.

⚖️ **PB의 조언 3**

"SNS·유튜브를 맹목적으로 따라 하기?"

세 번째 실수는 인플루언서가 추천한 종목이나 ETF를 근거 없이 매수하는 것입니다. 남의 말을 생각 없이 따라 하면 해당 자산에 변동이 있을 시 리스크에 대응하지 못해 손절하기 쉽죠. 정보를 참고하되 왜 투자하는지에 대한 자신만의 기준이 필요합니다. 그러기 위해선 상품의 구조, 수익원, 변동성, 내 포트폴리오와의 궁합을 반드시 체크해야 합니다.

⚖️ **PB의 조언 4**

"사두면 언젠가는 오를 거라는 장기 투자자의 착각?"

네 번째 실수는 영업이익, 매출, 재무 상태 등 기업의 판매 동향이나 투자 계획 등에 변화가 생겼거나 해당 산업이 위축되고 있음에도 불구하고 무작정 버티는 것입니다. 이런 상황은 장기 투자가 아닌 '장기 방치'로 변질되면서 회복 불가능한 손실을 입을 수 있습니다. 장기 투자는 정기 점검이 동반되어야 합니다. 연 1~2회 정도 포트폴리오를 리밸런싱하고, 투자하고 있는 기업의 실적을 반드시 체크해야 합니다.

## ⚖️ PB의 조언 5
### "하락장도 성장의 일부라고 착각하는 태도"

다섯 번째 실수는 "10년 묻어둘 거니까 괜찮아"라며 고위험 자산 비중을 확대하는 것입니다. 리스크를 무시하다간 장기 하락장에서 계좌 손실률이 50% 이상 발생할 수 있습니다. 장기 투자자일수록 리스크 관리가 더 중요합니다. 현금성 자산, 달러 자산, 채권 등으로 안전판을 반드시 마련해 두세요.

실전 투자에서는 수익보다 '생존'이 더 중요합니다. 자산을 지키지 못하면 다음 기회도 잡을 수 없습니다. 이 장에서 소개한 5가지 실수는 많은 투자자들이 한 번쯤은 겪는 시행착오입니다. 그러나 미리 인지하고 대비한다면 충분히 피할 수 있는 위험이기도 합니다. 여러분이 아직 초보 투자자라면 수익을 늘리는 전략보다 먼저 '손실을 줄이는 구조'를 만드는 게 우선입니다.

## 08

# 나만의
# 투자 로드맵 그리기

#든든한 투자 지도 #자산 배분율
#50만 원으로 투자하는 법 #나만의 투자 루틴

    마지막으로, 각자 자신의 상황에 맞게 직접 투자 설계도를 그려보는 시간을 가져보려고 합니다. 여기까지 읽으셨다면 방향 없는 투자는 오히려 손해로 이어질 수 있다는 사실을 아실 겁니다. 투자란 단순히 돈을 넣는 행위가 아니라 미래의 흐름을 설계하는 작업이니까요. 그렇기 때문에 자신만의 투자 로드맵을 그려보는 것이 중요합니다.

## ⚖️ 나만의 투자 로드맵 그리기

먼저 자신의 투자 성향에 적합한 상품을 체크해 보세요. 높은 수익을 추구하고 리스크를 감내할 자신이 있다면 주식과 ETF를 중심으로 투자 전략을 세우는 게 적합합니다. 일정한 수익으로 안정성을 추구하는 중립형이라면 ETF와 채권, 배당주 혼합 전략이 적합하고요. 원금을 보존하는 게 가장 중요한 안정형이라면 채권, 예금, 연금을 중심으로 포트폴리오를 구성하는 게 좋겠죠.

자신의 투자 성향을 파악했다면 아래의 연령대별 자산 배분 예시를 참고해서 종목별로 적합한 자산 배분율을 결정해 보세요.

| 연령대 | 주식/ETF | 채권/현금 | 연금/기타 |
|---|---|---|---|
| 20대 | 70% | 20% | 10% |
| 30대 | 60% | 25% | 15% |
| 40대 | 40% | 35% | 25% |
| 50대 | 30% | 40% | 30% |

이 표는 절대적인 기준이 아니라 참고용이기 때문에 개인 상황(소득, 자녀 유무, 주택 보유 등)에 따라 조정해야 합니다.

월 투자금별로도 투자 시나리오를 설계해 볼 수 있는데요. 만약 투자금이 월 50만 원이라면 국내 ETF에 20만 원, IRP 또는 연금저축 펀드에 15만 원, 채권형 ETF 또는 금 펀드에 10만 원, 예비 자금(CMA 등)에 5만 원으로 자산을 배분할 수 있습니다.

투자금이 월 100만 원으로 조금 더 넉넉하다면, 글로벌 ETF에 30만 원, 국내 배당 ETF에 20만 원, IRP나 연금저축펀드에 20만 원, 리츠 또는 대체 투자에 10만 원, 달러 예금에 10만 원, CMA나 비상금에 10만 원으로 투자해볼 수 있습니다.

만약 투자금이 월 300만 원이라면 어떻게 배분할 수 있을까요? 이 경우에는 종합 포트폴리오를 구성해 볼 수 있습니다. 성장성 자산 40%, 방어형 자산 40%, 예비 자금 20%로 비율을 나눈 뒤, 그 안에서 배당, 연금, 자녀 교육비, 부동산 대응 자산 등으로 세분화할 수 있습니다.

마지막으로, 자신만의 투자 루틴을 만드는 것을 추천합니다. 예를 들어 매월 1일은 투자금 자동이체일, 매월 말은 투자 현황을 점검하고 리밸런싱하는 날로 투자 루틴을 만들어보세요. 분기마다 한 번씩 포트폴리오를 점검하면서 자산 분포를 확인하고, 반기에 한 번은 세금, 수익률, 수수료 등 전체적으로 금융 상품의 구조를 재점검하는 게 좋습니다.

투자에도 설계도가 필요합니다. 투자를 할 때 단계를 나누고 목표를 설정하고 시스템을 만들면 위험한 순간이 와도 크게 흔들리지 않습니다. 내가 어떤 성향의 투자자고 어떤 목표를 향해 얼마 동안 어떻게 자산을 만들수 있을지 오늘부터 직접 그려보시길 바랍니다. 이 로드맵은 시간이 지날수록 여러분의 '부의 지도'가 되어줄 것입니다.

## 09

# 현직 PB가 추천하는
# 실전 금융 상품 12선

#이제는 실전이다 #투자 꿀종목 #PB가 주목하는 상품
#뭘 사면 되는데요?

현직 PB로서 2025년 5월 현재 미국 ETF, 미국 배당주, 미국 리츠, 채권 등의 유망 상품을 엄선했습니다. 각 상품군별로 대표 종목 3가지씩을 골라 실전 투자에 적합한 이유를 설명하려고 합니다.

### ⚖️ 미국 ETF: 장기 성장과 분산투자를 위한 ETF

먼저, 'Vanguard S&P 500 ETF(VOO)'입니다. 미국 대표 지수인 S&P 500을 추종하는 초저비용 ETF입니다. 애플, 마이크로소프트 등 미국 상위 500대 기업에 폭넓게 분산투자하며, 연 0.03%의 매우 낮은 운용보수로 장기 투자에 유리합니다. 지난 5년간 연평균 15% 안팎의 안정적인 수익률을 보여왔고, 미국 경제의 성장에 꾸준히 올라타는 효과를 기대할 수 있죠.

다음으로, 'Invesco QQQ Trust(QQQ)'입니다. 나스닥100 지수를 추종하는 ETF로, 애플, 구글, 테슬라 등 빅테크 기업 중심의 성장주 포트폴리오입니다. 기술주 비중이 높아 변동성은 다소 크지만, 지난 5년간 연평균 17% 이상의 높은 성과를 기록하며 성장주의 힘을 입증했습니다. 운용보수는 0.20%로 약간 있는 편이지만, 미래 유망 기술 분야에 집중적으로 투자하고픈 투자자에게 적합합니다. 한마디로, 미국 혁신 기업들의 성장 과실을 함께 할 수 있는 ETF라고 볼 수 있습니다.

마지막은 'Schwab U.S. Dividend Equity ETF(SCHD)'입니다. 고배당주에 투자하는 미국 ETF로, 배당 성장주들을 엄선하여 담고 있습니다. 배당 귀족주들과 이익 안정성이 높은 기업들로 구성되어 있어 시장 평균보다 비교적 변동성이 낮고 꾸준한 현금흐름을 제공합니다. 운용보수는 0.06%로 저렴하며 현재 배당수익률도 약 3~4% 수준으로 매력적입니다. 은퇴 투자자에게 안정적인 배당 수익을 주면서 지난 5년간 연 12%대의 준수한 성과를 보였기 때문에 배당과 성장 두 마리 토끼를 노릴 수 있는 ETF라고 할 수 있습니다.

## 미국 배당주: 꾸준한 현금흐름을 주는 우량 배당주

첫 번째로 소개할 미국 배당주는 전 세계에 탄산음료를 판매하는 생활 필수 소비재 기업 '코카콜라(KO)'입니다. 62년째 매년 배당을 증액해 온 배당왕 기업으로서 경기와 무관하게 안정적인 현금흐름을 창출해 투자자들에게 오랫동안 신뢰를 주고 있으며 현재 배당수익률도 약 3% 내외로 안정적입니다. 경기가 어려워도 사람들이 콜라는 마시기 때문에 실적 변동이 크지 않고 배당 지급 여력도 탄탄하죠. 장기 투자 관점에서 배당 재투자를 통한 복리 효과를 노리기 좋은 종목입니다.

다음은 '존슨앤드존슨(JNJ)'입니다. 헬스케어 업계의 글로벌 리더로, 의약품부터 의료기기, 소비자 건강 제품까지 다각화된 사업 포트폴리오를 갖춘 기업입니다. 60년 넘게 매년 빠짐없이 배당을 늘려온 대표적인 배당 귀족주이며 현재 배당수익률은 약 3%대로 건강한 편입니다. 의약품 부문에서 꾸준하게 현금을 창출하고 있고, 견고한 브랜드 파워를 바탕으로 안정적인 실적을 자랑합니다. 존슨앤드존슨에 투자한다면 경제환경과 무관하게 분기마다 배당금을 꼬박꼬박 받는 기쁨을 누릴 수 있습니다.

마지막은 '셰브론(CVX)'입니다. 글로벌 메이저 정유·에너지 기업으로, 유가 상승의 수혜를 보는 동시에 안정적으로 배당을 지급하는 종목입니다. 원유 채굴부터 정제, 판매까지 통합 사업을 영위해 현금 창출력이 뛰어나고 부채 비율도 낮아 배당 지속성이 높습니다. 이미 36년째 매년 배당을 증가시켜 온 전통 있는 배당주이며 현재 배당수익률도 약 5% 안팎으로 매우 후합니다. 에너지 업종 특성상 주가 변동성이 있지만, 탄탄한 재무구조와 주주 환원 정책 덕분에 장기 보유 시 배당금으로 수익을 확보하기에 유리한 종목입니다.

## 미국 리츠: 부동산 임대 수익에 투자하는 리츠 상품

첫 번째로 소개할 미국 리츠는 '리얼티 인컴(O)'입니다. 월 배당주로 유명한 상장 리츠로, 상업용 부동산을 보유하고 임대료를 받아 매달 배당을 지급합니다. 미국 전역의 편의점, 약국, 할인점 등을 임차인으로 두고 있어 임대 포트폴리오가 안정적입니다. 현재 배당수익률은 약 5.6% 수준으로, 이는 S&P500 평균이나 미국 10년물 국채 금리(약 4%대)보다도 높은 수준입니다. 배당 안정성도 높아 25년 넘게 배당을 늘려왔으며 보수적인 투자자에게 은행 이자 이상의 월 현금흐름을 제공하는 매력적인 상품입니다.

다음은 '프롤로지스(PLD)'입니다. 세계 최대 규모의 물류센터 리츠로, 아마존을 비롯한 전자상거래와 유통 기업들이 이곳의 물류 창고를 임차해 쓰고 있습니다. 전자상거래 성장에 따라 물류 수요가 증가하면서 장기적인 성장성이 높고, 공실률이 낮아 꾸준한 임대료 수입을 올리고 있습니다. 배당수익률은 현재 약 3.7% 정도로, 리츠치고는 높지 않은 편이지만 매년 배당을 인상하며 성장하는 배당성장형 리츠입니다. 미국과 유럽 등에 핵심 물류 자산을 보유해 규모의 경제를 누리고 있기 때문에 경기 변동에도 보다 안정적으로 배당금을 받을 수 있는 성장형 부동산 투자로 손꼽힙니다.

마지막은 '아메리칸 타워(AMT)'입니다. 미국 및 글로벌 통신 타워를 보유한 인프라 리츠로, 이동통신 기지국 임대 사업을 합니다. 스마트폰 데이터 사용량 증가와 5G 구축 등에 힘입어 임대 수요가 꾸준히 늘어나는 분야죠. 배당수익률은 약 3% 수준으로, 높지는 않지만 분기 배당금도 매년 증가하고 있습니다. 최근에도 배당을 4.9% 인상하여 배당수익률이 3.14%로 상승했습니다. 통신 인프라는 한번 구축하면 오랫동안 안정적인 현금흐름을 창출하는 자산이기 때문에 아메리칸 타워는 앞으로 꾸준한 배당 성장과 함께 자본이득까지 노릴 수 있는 리츠로 평가됩니다.

## 채권: 이자 수익과 안정성을 갖춘 채권 투자 상품

가장 먼저 추천하고 싶은 투자 상품은 '미국 국채'입니다. 미국 정부가 지급을 보장하는 가장 안전한 채권으로, 만기까지 보유하면 원금과 이자를 확실히 받을 수 있습니다. 특히 미국 10년물 국채 금리는 2025년 현재 연 4%대 중반까지 올라와 있어 채권 가격이 많이 떨어진 상황인데요. 일부 전문가들은 최근 장기 국채의 금리가 급등하는 상황을 '일생일대의 투자 기회'로 평가하며 지금 미 국채를 저가 매수하면 향후 금리 하락 시 큰 시세차익도 기대할 수 있다고 조언하고 있습니다. 직접 국채에 투자해도 되지만 더욱 손쉽게는 미국 국채 ETF(TLT 등)를 통해 장기 국채에 투자할 수도 있습니다.

다음은 '투자등급회사채'입니다. 신용등급 BBB 이상의 우량 기업들이 발행하는 회사채로, 국채보다 이자율이 조금 더 높으면서도 비교적 안전한 편입니다. 구글, 디즈니 같은 대기업들의 회사채가 이에 해당하죠. 2025년 현재 미국 투자등급회사채의 금리는 약 5% 내외까지 상승하여 매력적인 수준입니다. 예를 들어 미국 투자등급회사채에 폭넓게 분산투자하는 'iShares iBoxx 투자등급회사채 ETF(LQD)'의 만기수익률이 5.4% 정도입니다. 다만, 회사채는 기업의 신용위기에 민감하니 개별 종목보다는 ETF처럼 분산된 형태로 투자하는 것을 추천합니다.

마지막으로, '하이일드 채권'입니다. 신용등급이 낮은 기업들이 발행하는 고위험 고수익 채권입니다. 일명 정크 본드 Junk Bond라고도 부르죠. 리스크가 있는 대신 이자율이 매우 높아 현재 연 7~8%대 수익률을 기대할 수 있습니다. 예컨대 'iShares 하이일드 회사채 ETF(HYG)'의 수익률이 약 7.4%에 달합니다. 경기 호황기에는 높은 이자 수익을 지급해서 매력적이지만, 불황기에는 채무불이행 위험이 올라가 손실이 발생할 수 있으니 포트폴리오의 일부 비중으로만 제한적으로 투자하는 것이 바람직합니다. 하이일드 채권은 주식과 상관관계가 낮아 분산투자 효과도 있으니 소액을 섞어 수익률을 높이는 용도로 활용해 볼 수 있습니다.

**Special Part 02**

# 투자 초보자를 위한
# 실전 금융 용어 사전

# 투자 초보자를 위한
# 실전 금융 용어 사전

**주식** 회사의 지분을 나타내는 증서로, 이를 보유하면 그 회사의 주주가 됩니다. 주식에 투자한다는 것은 특정 기업의 소유권 일부를 사서 그 기업의 성장과 이익에 참여하는 것입니다. 주가는 시장의 수요와 공급, 기업의 실적 등에 따라 변동하며, 주식을 팔 때 가격 차익이나 배당금 등으로 수익을 얻습니다.

**채권** 정부, 기업 등이 자금을 조달하기 위해 발행하는 일종의 차용증서입니다. 채권을 사면 그 기관에 돈을 빌려주는 것이기 때문에 약속된 이자를 정해진 기간마다 받다가 만기에 원금을 돌려받습니다. 채권은 발행 기관의 신용에 따라 안전성이 결정되는데, 일반적으로 주식보다 위험이 낮고 수익도 안정적인 편입니다.

**펀드** 여러 투자자들의 돈을 모아 전문가(펀드매니저)가 주식, 채권 등에 투자하여 운용하는 상품입니다. 펀드에 투자하면 소액으로도 분산투자 효과를 볼 수 있고, 펀드매니저의 운용 역량에 따라 수익이 납니다. 펀드는 투자 대상에 따라 주식형 펀드, 채권형 펀드, 부동산펀드 등으로 나뉘는데 공통적으로 운용 보수가 발생합니다.

**ETF(상장지수펀드)** 인덱스 펀드를 증권 거래소에 상장시켜 주식처럼 사고팔 수 있게 만든 상품입니다. 예를 들어 코스피200 ETF는 코스피200에 속한 기업들에 투자하는 펀드를 주식시장에 상장하여 투자자들이 실시간으로 거래할 수 있게 한 것입니다. ETF는 운용 보수가 낮고 주식처럼 편리하게 매매할 수 있으며 분산투자 효과를 볼 수 있다는 게 장점입니다.

**예금/적금**  둘 다 은행에 돈을 맡기고 이자를 받는 방식입니다. 예금(정기예금)은 목돈을 한꺼번에 일정 기간 맡기는 것이고, 적금(정기적금)은 매달 일정 금액을 꾸준히 넣는 방식입니다. 같은 금리라면 예금이 적금보다 최종 이자 수령액이 많습니다(적금은 돈이 점차 모이므로 평균 예치금이 적기 때문입니다). 쉽게 말해 예금은 한 번에 저축하는 것이고, 적금은 나누어 저축하는 것으로 구분할 수 있습니다.

**이자**  돈을 빌리거나 맡겼을 때 지급하는 대가입니다. 은행에 돈을 맡겼을 때는 이자를 받고, 돈을 빌렸을 때는 이자를 냅니다. 이자율은 연간 비율로 표시됩니다. 만약 예금 이자율이 2%라면 1년 맡겼을 때 원금의 2%를 이자로 받을 수 있다는 뜻입니다. 단리는 원금에만 이자가 붙는 방식이고, 복리는 이자까지 합산한 금액에 다시 이자가 붙는 방식입니다.

**배당(배당금)**  기업이 이익의 일부를 주주들에게 분배하는 것입니다. 주식을 보유하고 있으면 회사가 정한 시점에 배당금을 받을 수 있는데, 이를 배당 소득이라고 합니다. 배당을 많이 주는 주식을 배당주라고 부르며, 배당수익률(주가 대비 배당금 비율)이 투자 지표로 활용됩니다. 배당금은 기업의 정책과 실적에 따라 늘거나 줄 수 있습니다.

**수익률**  투자한 원금 대비 얼마나 이익을 거두었는지를 백분율로 나타낸 것입니다. 예를 들어 100만 원 투자해서 1년 후 110만 원이 되었다면 수익률은 +10%입니다. 반대로 90만 원이 되었다면 -10% 수익률(손실)을 기록한 것이죠. 연평균 수익률은 여러 해의 투자 성과를 연 단위로 평균치를 계산한 것이고, 실질 수익률은 물가상승률을 감안한 수익률을 의미합니다.

**대출**  필요한 자금을 금융기관에서 빌리는 것을 말합니다. 대출을 받으면 원금(본래 빌린 돈)과 그에 대한 이자를 갚아야 합니다. 대출에는 집이나 자동차 등을 담보로 돈을 빌리는 담보대출과, 별 담보 없이 신용을 바탕으로 빌리는 신용대출이 있습니다. 일반적으로 담보대출이 금리가 더 낮고 한도가 높습니다. 대출을 받을 때는 금리, 상환 기간, 상환 방법(원금균등상환, 원리금균등상환 등)을 꼼꼼히 따져봐야 합니다.

**신용(신용등급)** 금융기관이 개인의 신뢰도를 판단하는 척도입니다. 신용등급 혹은 신용점수가 높으면 돈을 빌려갔을 때 잘 갚을 사람으로 평가한 것이기 때문에 대출 한도나 금리에서 유리한 대우를 받습니다. 신용카드 사용 실적, 대출 상환 이력, 연체 기록 등이 신용도에 영향을 줍니다.

**LTV** 부동산 가치 대비 얼마나 대출받을 수 있는지를 나타내는 비율로, 담보인정비율이라고 합니다. 예를 들어 집값이 1억 원이고 LTV 60%라면 최대 6,000만 원까지 담보대출이 가능하다는 뜻입니다. 정부는 부동산 시장 안정을 위해 지역별, 주택 가격별로 LTV 한도를 조정합니다.

**DTI** 개인의 소득 대비 부채 상환 부담을 나타내는 지표로, 총부채상환비율이라고 합니다. 연 소득이 5,000만 원인 사람이 1년에 2,000만 원을 대출 원리금 상환에 쓴다면 DTI는 40%입니다. 금융기관은 DTI를 보고 대출을 무리하게 받고 있는지 평가하며, 정책적으로 일정 비율 이상 대출이 나오지 않도록 제한하기도 합니다.

**전세** 한국의 독특한 주택 임대차 형태로, 목돈(보증금)을 임대인에게 맡기고 그 대신 월 임대료 없이 일정 기간 거주하는 방식입니다. 계약 종료 시 보증금을 돌려받습니다. 전세 보증금은 거주 기간 동안 집주인이 활용하고, 임차인은 매달 주거비(월세)를 내지 않는 것이 특징입니다.

**월세** 주택이나 건물을 임차할 때 매달 임대료를 내는 일반적인 임대차 형태입니다. 전세와 달리 소액의 보증금과 월세를 지급하며 거주합니다. 최근에는 전세와 월세의 중간 형태인 반전세(보증부 월세)도 있는데, 이는 보증금을 좀 더 내고 그만큼 월세를 낮추는 방식입니다.

**청약(주택청약)** 분양 주택을 받기 위해 신청하는 절차입니다. 청약에 당첨되면 정해진 분양가에 내 집을 마련할 수 있는 기회를 얻습니다. 청약을 위한 통장(주택청약종합저축)에 가입해 꾸준히 납입하면 가점이나 우선순위를 얻을 수 있으며, 무주택 기간, 부양가족 수 등의 조건에 따라 당첨 확률이 달라집니다. 청약은 내 집 마련의 한 방법으로, 인기 지역은 경쟁률이 매우 높습니다.

**경상소득/자본소득** 경상소득은 근로소득, 사업소득처럼 일을 해서 꾸준히 얻는 소득을 말하고, 자본소득은 이자, 배당, 임대료, 시세차익처럼 자산이 벌어다 주는 소득을 말합니다. 금융 문맹을 탈출하려면 경상소득에만 의존하지 않고 자본소득을 늘리는 것이 중요합니다. 일해서 번 돈으로 자산을 사고, 그 자산이 다시 돈을 벌게 하는 선순환 구조를 만들어야 장기적인 부를 이룰 수 있습니다.

**분산투자** 자산을 여러 곳에 나누어 투자하는 것을 뜻합니다. 다양한 자산(주식, 채권, 부동산 등)이나 여러 종목에 투자하면 한 곳에서 손실이 나도 다른 곳의 이익으로 만회할 수 있어 투자 위험이 줄어듭니다. 포트폴리오를 구성할 때 기본이 되는 원칙입니다.

**리스크** 투자는 위험(리스크)과 수익이 항상 동반됩니다. 일반적으로 고위험 고수익, 저위험 저수익의 경향이 있습니다. 은행 예금은 매우 저위험이지만 수익도 낮고, 주식은 변동성이 큰 고위험 자산이지만 높은 수익을 기대할 수 있습니다. 투자자는 자신의 위험 감내도에 따라 적절한 자산을 선택해야 하며, 높은 수익을 좇을수록 그만큼 손실 가능성도 커진다는 것을 이해해야 합니다.

**모르면 호구 되는
금융상식**

1판 1쇄 발행 | 2025년 07월 28일
1판 2쇄 발행 | 2025년 11월 10일

지은이 김호균, 도현수
펴낸이 김기옥

경제경영사업본부장 모민원
경제경영팀 박지선, 양영선
마케팅 박진모
경영지원 고광현
제작 김형식

디자인 푸른나무디자인
일러스트레이션 최광렬
인쇄·제본 민언프린텍

펴낸곳 한스미디어(한즈미디어(주))
주소 04037 서울특별시 마포구 양화로 11길 13(서교동, 강원빌딩 5층)
전화 02-707-0337 | 팩스 02-707-0198 | 홈페이지 www.hansmedia.com
출판신고번호 제 313-2003-227호 | 신고일자 2003년 6월 25일

ISBN 979-11-94777-36-6 (03320)

이 책은 저작권법에 따라 보호받는 저작물이므로 무단 전재와 무단 복제를 금합니다.
잘못 만들어진 책은 구입하신 서점에서 교환해 드립니다.